A TRAVERS LE PALAIS

DU MÊME AUTEUR

—

POITIERS. — IMPRIMERIE OUDIN.

A TRAVERS

LE PALAIS

HOMMES ET CHOSES JUDICIAIRES

PAR

A.-J. DALSÈME

PARIS

E. DENTU, ÉDITEUR,

LIBRAIRE DE LA SOCIÉTÉ DES GENS DE LETTRES

PALAIS-ROYAL, 15-17-19, GALERIE D'ORLÉANS

1881

Tous droits réservés

A TRAVERS LE PALAIS

I

LA MACHINE JUDICIAIRE.

Ceux qui jugent et ceux qu'on juge. — Les quatre-vingts prétoires de Paris et les quatre mille prétoires de France. — Deux millions de procès. — Les trois têtes. — De la Cour de cassation à la Justice de paix. — Économie de temps, économie d'argent. — L'entretien de Thémis. — Le prêtre et l'autel. — Anomalies. — Coulisses d'un budget. — Le fabricant de vinaigre des Quatre-Voleurs, le marchand de sciure de bois et le fournisseur de feux pour enchères. — Bilan des recettes. — Rivalités d'horloges. — Les bagatelles de la porte. — Ce que c'est que le Palais.

La plus belle fonction de l'humanité est celle de rendre la justice, écrivait l'auteur de l'*Essai sur les mœurs des nations*. Voltaire n'en émettait pas moins l'avis qu'on jugeait trop. La proposition n'est-elle pas osée ? Comment regretter que ceux dont c'est le métier de juger jugent, quand on voit une moitié du genre humain s'évertuer à juger l'autre, qui la juge à son tour ! Le monde est un tribunal sans limites dont les sentences, souvent, sont dépourvues de sanction. Mais les prétoires officiels manquent-ils ? Paris en compte à lui seul quatre-vingts dans lesquels, chaque jour, on rend plus ou moins la justice. Le chiffre est majestueux. S'il rencontrait des incrédules, un simple dénombrement les convaincrait.

D'abord, la Cour de cassation. On lui doit le premier rang, bien que les tribunaux soient de deux ordres : judiciaire et administratif. Dans l'ordre administratif, le Conseil d'État occupe le sommet. Il est la Cour de cassation des conseils de préfecture. Laissons de côté le Sénat, haute cour de justice en cas de tentative contre la sûreté de l'État. Quand l'État est tranquille, la haute cour de justice dort. Notons exclusivement pour mémoire la Cour des comptes : elle se prélasse dans le domaine des finances publiques, et c'est autour de la table de Pythagore que ses membres ont coutume de s'asseoir.

Entre la magistrature judiciaire et la magistrature administrative, une institution spéciale participe des deux éléments : le Tribunal des conflits. Cette juridiction mixte n'a à connaître que des querelles d'attribution. Dans les antagonismes du pouvoir administratif avec le pouvoir judiciaire, elle décide de quel côté est la compétence ; elle confirme ou annule l'arrêté de conflit par lequel les préfets réclament le dessaisissement des tribunaux.

Comme Cerbère, donc, la Justice a trois têtes : Tribunal des conflits, Conseil d'État, Cour de cassation. De quoi sont faits ces trois cerveaux ? Sérieux problème anatomique. S'il n'est pas pittoresque, le sujet est instructif. Ceci d'abord, cela après.

La Cour de cassation compte un premier président, trois présidents de chambre, quarante-cinq conseillers, avec un procureur général et six avocats généraux. Le Conseil d'État compte un vice-président, trente-deux conseillers en service ordinaire, parmi lesquels cinq président les sections ; dix-huit conseillers en service extraordinaire, déjà fonctionnaires du gouvernement ; trente maîtres des requêtes, douze auditeurs de première classe, vingt-quatre auditeurs de seconde classe. Le Tribunal des conflits, dont le garde des sceaux est président de droit, compte dix membres élus : trois par le Conseil d'État, trois par la Cour de cassation, deux par ces six membres réunis et deux suppléants ; un vice-président doit son élection à l'ensemble du tribunal ; le ministère public y est représenté par trois commissaires du gouvernement au Conseil d'État, trois avocats généraux à la Cour de cassation ; soit six membres parmi lesquels deux suppléants.

En ce qui touche les subdivisions : pour la Cour de cassation, trois chambres : chambre des requêtes, chambre civile et chambre criminelle ; certaines affaires sont jugées en chambre générale d'audiences solennelles ; d'autres en audience privée ; car, juridiction disciplinaire, la Cour de cassation censure, suspend, révoque les magistrats, redresse les motifs des jugements passionnés. Pour le Conseil d'État, cinq sections : section du contentieux ; section de législation, justice et affaires étrangères ; section de l'intérieur, des cultes, de l'instruction publique et des beaux-arts ; section des finances, des postes et télégraphes, de la guerre, de la marine et des colonies ; section des travaux publics, de l'agriculture et du commerce. De la première de ces sections relèvent surtout les différends entre les particuliers et l'État ; les autres collaborent à la préparation, à l'application, à l'interprétation des lois et décrets ; la réunion des sections porte le nom d'assemblée générale. Quant au Tribunal des conflits, il forme un tout absolu.

Cette triple puissance étend sur le pays sa souveraineté. Comme la tête mène le corps, elle guide d'autres juridictions, dont les attributions sont moins vastes.

Mais ne sortons point de Paris. Voici la Cour d'appel

qui englobe dans son ressort les départements de l'Aube, d'Eure-et-Loire, de la Marne, de la Seine, de Seine-et-Marne, de Seine-et-Oise et de l'Yonne. Un premier président, sept présidents de chambre, soixante-quatre conseillers, avec un procureur général, sept avocats généraux et onze substituts du procureur général : telle est la Cour d'appel. Ses cinq chambres civiles, sa chambre correctionnelle, sa chambre des mises en accusation se réunissent en audiences solennelles pour trancher les procès intéressant l'état des personnes. Voici les deux Conseils de guerre permanents qui rayonnent sur les territoires des 2e, 3e, 4e et 5e régions ; le Conseil de révision, dont l'action s'étend à dix-huit corps d'armée. De même que le Conseil d'Etat est une Cour de cassation administrative, le Conseil de révision est une Cour de cassation militaire ; six membres le composent, présidés par un général. Un colonel ou un lieutenant-colonel préside chaque Conseil de guerre ; il a pour assesseurs un commandant, deux capitaines, un lieutenant, un sous-lieutenant et un sous-officicer. Un capitaine fait office de rapporteur, un commandant remplit les fonctions de commissaire du gouvernement ; le greffier est un officier d'administration, le commis-greffier un adjudant.

Poursuivrons-nous notre inventaire ? Des juridictions intéressent le département de la Seine seul.

Dans l'ordre judiciaire :

Cour d'assises, — chambre ordinaire, chambre des doubles sessions ;

Tribunal de première instance, — sept chambres civiles, quatre chambres correctionnelles ; ajoutons-y la chambre des référés, la chambre des criées, la chambre des expropriations ; pour personnel : un président, onze vice-présidents, soixante-deux juges, quinze juges suppléants, un procureur de la République, vingt-six substituts;

Tribunal de commerce, formé de trente-sept négociants élus;

Conseils des prud'hommes, ou justice de paix de l'industrie, cinquante-deux patrons et autant d'ouvriers désignés à l'élection, avec un président et un vice-président nommés par le chef de l'Etat pour chacun des quatre bureaux : tissus, métaux, produits chimiques, industries diverses.

Dans l'ordre administratif : Conseil de Préfecture.

Descendrons-nous à la juridiction la plus humble, celle dont le pouvoir est restreint à l'enceinte même de Paris? Le Tribunal de simple police et les vingt prétoires de Justice de paix allongeront une liste dans laquelle ne sont compris ni les chambres des notaires, des avoués, des huissiers, des syndics de faillites, des commissaires-priseurs; le Conseil de l'ordre des avocats, armés de pouvoirs disciplinaires qui les érigent en véritables tribunaux; ni le comité d'hygiène, la commission des logements insalubres, dont les décisions devraient faire loi; le Conseil supérieur de l'instruction publique, le Conseil académique, les Conseils de discipline, les Conseils d'enquête, les Tribunaux d'honneur, les arbitres amiables, les Chambres syndicales, enfin, puisque nous en venons aux juridictions d'ordre privé.

Ainsi, on juge au Palais du Sénat; au Palais-Royal, siège du Tribunal des conflits et du conseil d'Etat; à la Cour des comptes, dont l'hôtel incendié doit renaître de ses cendres; au Tribunal de commerce, séjour des magistrats consulaires et des Conseils de prud'hommes; à l'Hôtel-de-Ville, où le Conseil de préfecture retrouvera sa place naturelle; dans les mairies des vingt arrondissements; à l'hôtel des Conseils de guerre, rue du Cherche-Midi; au Palais de justice, où s'enchevêtrent les mailles d'une formidable hiérarchie, depuis le premier président de la Cour de cassation jusqu'au greffier du Tribunal de simple police. Et, encore une fois, nous nous occupons de Paris exclusivement.

Que serait-ce, si je citais les 358 Tribunaux de première instance et les 26 Cours d'appel de France, sans parler des colonies ; les 60 Cours d'assises indépendantes des chefs-lieux de Cours d'appel ; les 2,863 Tribunaux de paix ; les 214 Tribunaux de commerce, les 112 Conseils de prud'hommes ; les 24 Conseils de guerre ; les 10 Conseils et Tribunaux maritimes ; les 3 Conseils de révision ? Nous paraîtrions nous livrer à des calculs de statistique, et le lecteur tient en médiocre estime les chiffres. Il en est dont l'éloquence s'impose, pourtant, quand on songe que sur le sol où nous vivons se dénouent, une année dans l'autre, près de deux millions de procès.

Deux millions ! Le total est de taille à inspirer des réflexions de plus d'un genre. Seriez-vous, par hasard, tenté de le décomposer ? Sans vous préoccuper des fractions, joignez bout à bout les 30,000 dossiers examinés par le Conseil d'Etat, les 1800 pourvois sur lesquels statue la Cour de cassation, les 25 affaires dont le Tribunal des conflits est saisi, les 15,000 causes des Cours d'appel, les 4000 accusés des Cours d'assises, les 200,000 prévenus des Tribunaux correctionnels, les 125,000 affaires inscrites au rôle des Tribunaux civils et les 50,000 jugées sur requête ou sur rapport ; les 230,000 différends, parmi lesquels 6000 faillites, soumis aux Tribunaux de commerce ou aux Tribunaux civils jugeant commercialement ; les 20,000 cas dont les Conseils des prud'hommes décident en bureau particulier et les 10,000 évoqués en bureau général ; les 400,000 décisions contentieuses et les 40,000 décisions administratives rendues par les Conseils de préfecture ; les 6000 causes déférées aux Conseils et Tribunaux maritimes ; les 300 jugements sur lesquels délibèrent les Conseils de révision ; les 400,000 contraventions appréciées par les Tribunaux de simple police, auxquelles les infractions à la loi sur l'ivresse publique participent à peu près pour moitié ; les 350,000 affaires tranchées par les Juges de paix, abstraction faite des dix-neuf-cent mille billets d'avertissement appelant les parties en conciliation...

Reprenons haleine. Aussi bien, puisque le bilan fourni par les Juges de paix nous y convie, ne craignons pas d'insister, en passant, sur les services que rendent ces fonctionnaires, de signaler ceux qu'ils rendraient encore si on étendait leurs pouvoirs.

Nos magistrats cantonaux sont les successeurs directs des viguiers. La viguerie, c'était le canton monarchique. Le seigneur avait d'abord été juge des querelles entre ses vassaux. Mais si la justice était une prérogative, elle était aussi un fardeau. Le maître du fief se lassa. Il choisit un remplaçant. Ce délégué n'était pas payé ; il payait. Naturellement, il se remboursait sur les justiciables. La vénalité des charges n'eut pas d'autre source que ces trafics. Convient-il d'y chercher également l'origine de notre ordre judiciaire moderne, « dont le caractère », dit Guizot dans son *Histoire de la civilisation*, « est d'avoir fait de l'administration de la justice une profession distincte, la tâche spéciale d'une certaine classe de citoyens » ? Par son seul nom, le Tribunal de paix devrait rassurer les plaideurs. La loi l'a affranchi des règles et des formalités de procédure imposées aux juridictions que l'on pourrait, si on se plaisait aux oppositions de mots, appeler les Tribunaux de guerre. Une justice prompte, sommaire, exempte de frais, accessible aux petits, est un bienfait social. Pourquoi n'en pas

agrandir la pratique ? Le juge de paix connaît des
contestations jusqu'à cent francs en dernier ressort et
des autres à charges d'appel. Aucun motif ne s'oppose
à ce qu'on élargisse le cadre où il se meut. Dans l'é-
laboration des plans de réforme de la magistrature,
on ne regardera jamais assez de ce côté.

Economie de temps, économie d'argent : l'avantage serait double. Jugements des Tribunaux et des
Conseils de guerre, décisions des Conseils des pru-
d'hommes, arrêtés des Conseils de préfecture, décrets
ou ordonnances du Conseil d'Etat, arrêts des Cours
d'appel ou de la Cour de cassation, — le justiciable,
en somme, paie toujours. Thémis est une divinité
d'un coûteux entretien.

Mais est-ce aux pontifes directs que vont les profits du culte ? Entrez dans une chambre correctionnelle, à l'heure de l'audience. Un magistrat préside,
assis entre deux juges ; un autre occupe la tribune
du ministère public ; à la table voisine, un scribe
drapé de noir libelle des procès-verbaux. Dans le
prétoire, un autre porte-toque va, vient, furète,
s'asseoit, se lève, repart. Il ne juge pas, il ne requiert
pas, il ne rédige pas. Son rôle a moins d'ampleur : appeler les témoins, recevoir les citations, crier : « *silence,
messieurs !* » dans les moments où l'auditoire est le
plus calme, voilà la part de collaboration de ce satel-
lite. Des plaisants l'ont surnommé la mouche du
coche judiciaire. Leurs quolibets ne diminuent point
son mérite, d'ailleurs. Est-ce au président, cependant, est-ce aux assesseurs, est-ce au substitut, est-ce
au commis-greffier que le coche où roule la chicane
rapporte des dividendes sérieux ? Non, c'est à lui,
c'est à l'huissier-audiencier.

En attendant la loi qui augmentera leur traitement,
le président de la chambre correctionnelle, vice-président du Tribunal, gagne 10,000 fr. par an s'il

appartient à la 1re classe, c'est-à-dire à Paris; 6,250 fr. s'il est de la 2e; 4,375 fr. de la 3e; 3,750 fr. de la 4e; 3,375 fr. de la 5e. Les juges, le substitut, reçoivent 8,000 fr. pour la 1re classe; 5,000 fr. pour la 2e; 3,500 fr. pour la 3e; 3,000 pour la 4e; 2,700 pour la 5e; 2,400 pour la 6e; la rétribution du commis-greffier, enfin, peut ne pas excéder 1,200 francs. Demandez à l'huissier ce que lui vaut sa charge. Ou plutôt, ne le lui demandez pas : ce serait indiscret. De lui et de quelques autres auxiliaires, on peut dire qu'ils ont un intérêt sur les « affaires »; gardez-vous avec soin de donner au vocable un sens commercial.

Dans le budget de l'Etat, les dépenses de la justice ne pèsent pas sensiblement moins de trente-cinq millions de francs. Ce montant représente, pour trois quarts environ, les traitements des magistrats et des greffiers de France et d'Algérie. Grossissez-le des contributions des ressorts, des départements et des villes à l'entretien des édifices, au salaire des gens de service, à l'ameublement, au chauffage, aux frais de bureaux, — et vous obtiendrez un total encore modéré.

Etat, ressorts, départements, villes : à première vue, il semble que la mise en œuvre de la machine judiciaire soit singulièrement compliquée. Un examen plus approfondi dissipe cette impression. Chaque agglomération coopère au mouvement des rouages qu'elle utilise. Paris, comme centre d'action, est l'exemple frappant entre tous. Le coffre-fort municipal pourvoit aux besoins du Tribunal de simple police; la caisse départementale, à ceux du Tribunal de la Seine et de la Cour d'assises; les sept départements du ressort se cotisent pour la Cour d'appel; l'Etat, enfin, se charge de la Cour de cassation.

L'Etat possède plus de ressources que le ressort, le

ressort plus de ressources que le département. On aurait tort de croire ces disproportions sans portée. Elles se traduisent par des nuances notables.

Chaque juridiction est maîtresse d'une allocation destinée à ses menus frais, — une plume malicieuse mettrait ici : menus plaisirs ; — elle en dispose librement. Pour le Tribunal, la solde des serviteurs : concierges, garçons de bureaux, garçons de salles ; l'achat des fournitures diverses, la location des carrosses de cérémonies épuisent ce fonds spécial. La Cour d'appel est dotée de façon à subvenir, par surcroît, à l'approvisionnement d'une modeste buvette. Plus favorisée, enfin, la Cour de cassation défrayée de toutes ses dépenses reste assez riche encore pour que ses membres puissent, aux suspensions d'audience, ne pas se refuser le luxe d'un biscuit humecté de vieux vin de bordeaux : brevet de suprématie décerné par une cave.

La juridiction de première instance n'a qu'une compensation : la qualité du contenu des flacons dont le liquide brun projette çà et là son ombre sur le tapis vert des bureaux. Vinaigre des quatre-voleurs pour le Tribunal ; pour la Cour, vinaigre commun : celui-là coûte six francs le litre, celui-ci coûte quinze sous. Mais la Cour n'a pas, comme le Tribunal, à lutter, au correctionnel, contre les émanations qui montent du banc où souvent beaucoup plus de quatre voleurs sont assis à la fois ; à combattre, au civil, les crises nerveuses des femmes sur le calvaire de la séparation de corps, convoquées en conciliation dans la chambre du conseil. De part et d'autre, au surplus, la consommation annuelle n'excède pas une demi-douzaine de litres : l'actif est, de ce chef, bien légèrement grevé.

Je ne verrais à signaler qu'un produit nécessitant un plus faible débours : la sciure de bois tassée dans les crachoirs des vestibules, s'il n'y avait le chapitre des mèches, aussi. Ils sont si minces et si tôt consumés, ces brins de fil enduits de cire que l'appariteur de la Chambre des criées pique sur un chandelier d'argent et fait flamber, en modulant de sa voix claire, au milieu des poussées de l'encan : « *Premier feu, messieurs... Deuxième feu... Troisième feu !* » L'industriel auquel son privilège confèrerait le droit de s'intituler *Fournisseur des feux pour enchères du Tribunal civil* ne saurait être taxé de tendances effrénées à la spéculation : les acquïisitions de bougies dirigées sur la salle des criées s'élèvent, année moyenne, à quarante-cinq sous.

Ce sont là les coulisses du budget. Toutes ses bizarreries ne tiennent pas dans des chiffres aussi minimes. D'autres, plus importants, ne sont guère moins curieux. Les 20,000 fr. auxquels est coté l'entretien annuel du mobilier de la Cour d'assises et du Tribunal soulèvent, à chaque exercice, les protestations du Conseil général. A l'une des sessions de 1879, le rapporteur, M. Albert Liouville, se plaignait de ce que « l'administration semble considérer comme une sorte d'abonnement les sommes demandées pour cet objet ». Les notes des tapissiers, ajoutait-il, « se répètent chaque année avec une régularité abusive ». On proteste, et puis on paie : c'est l'habituelle conclusion.

Ne pas s'imaginer, d'ailleurs, que le Palais coûte sans rien produire. En regard du budget des dépenses, le budget des recettes a son feuillet : Locations, — vestiaires, boutique de journaux, buvette pour les avocats, — 1,950 francs ; emplacements pour affiches, 314 fr. 30 c. ; jusqu'à ces temps derniers, cession par bail, à la Ville, d'un local affecté au commissariat de police du quartier, 1,500 francs. — Additionnons : 3,764 francs 30 centimes. Est-ce tout ? Mon Dieu oui.

Les conséquences nées de la pluralité des budgets
se reflètent dans les moindres détails. Réglez votre
montre sur le cadran intérieur de la Sainte-Chapelle,
vous emprunterez l'heure au ministère des Beaux-
Arts, duquel ce monument historique dépend. L'horloge à inscriptions latines encastrée dans la tour carrée du Palais et que l'empire de Napoléon III, flat-
tant la royauté de Henri II, fit rechampir de fleurs
d'or sur fond 'd'azur, est remontée de quinzaine en
quinzaine par l'horloger de l'Etat. L'horloger dépar-
temental veille sur la pendule qui, à la Cour d'assises, marque pour les coupables l'heure du châtiment.
A la Cour d'appel, c'est l'horloger du ressort qui
donne le branle aux balanciers. L'horloger de la
Ville, enfin, règne sans partage au Tribunal de simple
police. Ne soyez point surpris si toutes ces aiguilles
ne marchent pas d'acord.

Bagatelles, dira-t-on. Ce serait oublier que nous
sommes au Palais-de-Justice. Nous le quitterons peu.
Mettez que ce sont les bagatelles de la porte, si vous
voulez. N'entrons-nous pas dans un théâtre, le plus
prestigieux, le plus émouvant de tous ? Théâtre de la
comédie vécue et de la tragédie pantelante. Rien ne
franchit ce seuil, qui ne sanglote ou ne ricane, qui
ne palpite ou qui ne saigne. Il est le rendez-vous de
toutes les misères et de toutes les sottises, de toutes
les angoisses et de toutes les abjections. Le lamentable et le grotesque, le possible et l'invraisemblable,
le ridicule et l'odieux s'y pressent, s'y coudoient, y
confondent leurs blessures, leurs hontes, leurs exas-
pérations, leurs inimitiés, leurs convoitises, leurs
palinodies, leurs turpitudes, leurs douleurs, leurs
colères, leurs héroïsmes, leurs lâchetés.

L'éternelle mascarade de la vie pousse vers la scène
éternelle l'éternelle cohue des acteurs. Ni l'amour
ni la souffrance, ni la haine ni l'erreur, ni le repentir

ni l'effroi n'échappent au monstre vorace. Il engloutit
en bloc espérances et regrets, bassesses et grandeurs.
Il les amalgame en une orgie où la passion parle toute
pure, selon le vœu d'Alceste ; où, du choc des intérêts, jaillit la lutte sans trève ; où des trames inextri-
cables viennent incessamment se tendre, se rompre,
se renouer, défiant l'attention haletante, confondant
le spectateur éperdu.

Toujours et partout, l'homme est égal à lui-même.
L'accroissement du bagage intellectuel, l'éducation,
la politesse affinent son entendement, adoucissent
ses mœurs, procurent aux inférieurs l'accession des
couches plus hautes. Les appétits et les instincts
s'atrophient ou s'exaltent ; ils ne périssent pas. Grat-
tez l'écorce humaine, vous les retrouvez immortels
sous le vernis qui les recouvre. Cette dénudation, le
Palais l'accomplit. Il est le grand auteur acclamé
en dehors de tout esprit d'école. Il ne se prévaut pas
d'une poétique spéciale, il répudie les dénouements
préconçus. Mais quel improvisateur sans pareil !
Comme il sait disséquer les événements et les âmes,
démasquer les faiblesses, flétrir les hypocrisies, panser les plaies, faire resplendir les dévouements, traîner aux gémonies les trahisons ! Il est le flambeau
vivifiant, le vengeur imploré, la vérité sans fard. Il
est le Palais, en un mot, c'est-à-dire un monde
dans ce monde : Paris.

Paris, si la fantaisie lui en prenait, aurait le droit
de s'enorgueillir de ses quatre-vingts sanctuaires
consacrés à la Justice ; mais il ne peut avoir, il n'a
eu, il n'aura jamais qu'un Palais.

II

LE PALAIS.

On devrait dire : le palais de Justice. On dit simplement : le palais, et tout le monde comprend. Pourquoi ? C'est que le palais de Justice est l'unique
palais où tout le monde ait affaire. Le Capitole de la
France : ainsi l'appelait le président de Thou. La
démocratie peut monter, les lambris chers aux souverains peuvent s'engloutir sous le flot, un asile reste
debout : celui qui héberge le seul maître dont le règne
n'ait pas de fin, la Loi. Où s'élève ce tabernacle, fut
le nid de la monarchie. En confondant ses lares avec
ceux de la Justice, en prenant gîte à la même enseigne,
il semble que la monarchie ait voulu usurper une
auréole. Par un retour du destin, le monument qui
lui avait tenu lieu de berceau était prédestiné à lui
servir de tombe ; elle y avait grandi avec Eudes trans-
portant dans le manoir de la cité sa résidence que
menaçaient les Normands, elle y devait mourir avec
Louis XVI frappé par le verdict de la Révolution.
L'Histoire a de ces traits-d'union mystérieux qui
relient les événements à travers les siècles.

Cinq cents ans après Eudes, Charles-le-Sage ouvrait sa cour aux plus illustres représentants des trônes de l'Europe, et durant cette longue période les monarques de France n'avaient qu'accidentellement cessé d'habiter entre les mêmes murailles. Ils ne les avaient pas abandonnées un jour, depuis qu'en 987 Hugues-Capet les avait officiellement choisies comme la demeure du roi.

Allons-nous entreprendre un voyage à la recherche du palais de Justice? Il y a beau temps qu'on l'a découvert! Du chef de la troisième race au fils de Jean-le-Bon, combien de tableaux l'ont pour cadre! Louis-le-Gros y proclame l'affranchissement des communes et la bourgeoisie française surgit; Philippe-Auguste y dresse les plans des batailles dont l'issue consolidera la féodalité; Louis IX y prépare les dernières croisades; il fait ciseler par Pierre de Montereau ce joyau architectural: la Sainte-Chapelle. Le palais a pour hôtes des papes, des empereurs. Sa réputation de splendeur est universelle. Réputation acquise à bon compte, il faut l'avouer. Les plus hauts potentats d'occident ont encore pour alcôve une litière. « Nous donnons aux pauvres de la maison de Dieu », — lit-on dans Sauvan et Schmitt: *Lettres de Philippe-Auguste,* — « toute la paille de notre chambre de notre maison de Paris, chaque fois que nous partirons de cette ville pour aller coucher ailleurs ». Au bord de la Seine, un donjon s'élève déjà. Philippe le Bel fait compléter la série des trois tours. Elles perpétueront sa physionomie du XIIIe siècle à la Conciergerie, habitée par le comte du cierge ou du luminaire, dont la charge va de pair avec celle de connétable, comte de l'étable ou des chevauchées. La place est bonne; on se la dispute. Isabeau de Bavière intrigue pour l'obtenir. Elle est faite concierge. Est-ce l'orgueil d'une corporation, qu'un tel ancêtre? Des protestations retentissent, cependant. Le procureur général du Parlement adresse des remontrances à Charles VI qui a favorisé la reine, et quelle reine ! D'autres murmures s'élèveront, quand Louis XI conférera l'emploi de concierge-bailli à son médecin Coictier.

Les gens de cour ont toujours eu du goût pour les dignités lucratives. Le bailliage du Palais englobait un tiers du périmètre de la cité. Il formait dans la ville comme une ville sur laquelle régnait le bailli. Seul, il en était le policier, le justicier. La population lui payait tribut. Chaque tonneau de vin vendu dans les maisons de la rue de la Calendre, de la place Saint-Michel et de la rue de l'Orberie mettait dans son escarcelle quatre deniers parisis ; chaque muid d'avoine lui produisait pareille redevance ; il prélevait sur les sauniers un minot de sel à prendre dans leurs entrepôts chaque année, à la Chandeleur ; tout boucher ouvrant un étal lui devait trente livres de viande. Ce personnage d'une espèce que nous ne voyons plus qu'à travers les ahurissements de l'opérette, enfin, avait droit à une taxe de trois sous par jour sur la recette de l'octroi de Paris, à deux sous par tête de singe, de guenon, ours, marmotte ou autre bête curieuse entrant dans la capitale ; sans compter diverses prérogatives telles que les provisions de bouche et de chauffage pendant les séjours royaux.

Voilà pour les profits. Les honneurs n'étaient pas moins enviables. Contraventions, délits et crimes commis autour du Palais tombaient sous la juridiction du baili : depuis la simple infraction aux ordonnances concernant les tavernes jusqu'au vol dans les magasins d'orfèvres, depuis la vente à faux poids chez le marchand d'épices jusqu'à la rixe entraînant male mort. Dans les plaids qu'il tenait très régulièrement, il rendait, au criminel et au civil, des sentences qui, pour l'appel, relevaient du Parlement. Combattre les mutineries était encore une des attributions du bailli-concierge : obligation lourde, souvent, avec l'indiscipline des clercs de procureurs et l'indomptable audace des « mauvais garçons », les *étudiants de huitième année* d'alors.

On les voyait, eux et les pages, se mêler à la cohue des plaideurs de tout costume, à l'essaim bourdonnant des oisifs, des laquais, des filous, des brelandiers qui, dès l'aube du jour, encombraient les issues de l'édifice et, dans la cour du Mai, prenaient d'assaut échoppes et bouchons. Pages, écoliers, clercs jouaient, sur les marches mêmes du palais, à la rondarde, sorte de toupie que les basochiens effrontés faisaient rouler à coups de fouet jusque dans les galeries intérieures, au grand scandale des passants, à leur grand dommage parfois.

Une vision disparue pour jamais, ces galeries bizarres, si animées, si criardes, si folâtres, avec l'envahissement des cabarets et des boutiques du dehors, grimpant, se bousculant, rétrécissant le passage, débordant au dedans. Derrière les deux rangées latérales de comptoirs, les grisettes enrubannées s'escrimaient de la prunelle et de la voix. Accortes, enjouées et point prudes, elles attiraient le chaland par la magie de leur sourire, elles le retenaient par le piment de leur entretien. Jeunes seigneurs, petits-maîtres, gens de finance s'oubliaient volontiers en ces galants devis, « et même quelques dignitaires de l'Eglise... déguisés », écrivait en 1616 un nonce du Saint-Siège, le cardinal Bentivoglio. Marchands d'étoffes, de livres, d'armures, de parfums, de porcelaines, de fleurs ; opticiens, cordonniers, luthiers, bijoutiers, imagiers, sculpteurs rivalisaient de richesse et de grâces en leurs étalages. C'était une foire sempiternelle qui engendrait un sempiternel mouvement.

Hormis la guerre, le commerce ou l'étude, peu de
prétextes poussaient aux déplacements lointains, à
une époque où ils étaient entourés d'obstacles, de
frais et de lenteurs. Rien ne valait un bon procès
pour contraindre les indolents à voir du pays. Vers la
Renaissance, la vie judiciaire plus active fait affluer la
foule vers les centres ; elle amène à Paris le Verman-
dois, la Picardie, la Beauce, la Champagne, la Brie,
le Poitou, l'Angoumois. Chaque province a son jour
indiqué au Palais, chaque ville son rang assigné sur
le rôle. Citadins, campagnards se succèdent par
légions, entre les tourelles qui commandent la porte
de la cour du Mai. Sans cesse, de nouveaux visiteurs
escaladent les degrés du grand perron.

Tout le Paris curieux et désœuvré : ducs et marquis à pourpoints de velours, vilains à haut-de-
chausses et à justaucorps de futaine, dames à robes de
brocard, femmes du peuple aux hennins désemparés
s'entassaient le long de ces marches, les semaines où
messire le bailli organisait les représentations données
par la basoche sur la table de marbre.

Car on peut dire des préfets du palais qu'ils gui-
dèrent les premiers tâtonnements du théâtre national. L'immense dalle noire, « tranche de marbre
sans égale au monde », dévolue pendant les festins
royaux aux princes du sang, aux ambassadeurs,
était, par spéciale faveur, prêtée aux clercs pour
les soties, mystères, farces ou pastorales dont ils
régalaient le public. Sur cette scène si voisine des
juges, il n'était pas rare que l'on parodiât la justice.
C'était le temps où, à côté de l'usage gracieux de la
« bâillée des roses » jonchant de fleurs les pupîtres
du Parlement au jour de la rentrée, se donnait libre
cours l'usage burlesque des « causes grasses » plai-
dées le mardi gras par des avocats égrillards. Coutumes trop originales pour être durables. Le vent

de la banalité les balaya, Il n'y eut plus de bouquets pour les juges, et si parfois encore la justice se vit parodiée, ce fut par elle-même, hélas !

Causes grasses, bâillée des roses, fastes joyeux, trophées courtois, ce sont les miettes du souvenir pour la Grand'Chambre. On ne touche pas à ses annales sans remuer du même coup le passé de notre pays. Leurs gloires et leurs vicissitudes marchent de front. Si le Palais est une réduction de la ville, la Grand'Chambre est une réduction du Palais. Qu'on l'appelle, selon les âges, Parloir au Roi, Chambre des Prélats, Cour des Pairs, Grande voûte, Chambre du Parlement, elle reste l'enceinte où sont enregistrés les édits et les ordonnances, proclamés les traités de paix, plaidés les procès les plus vastes, prononcées les mercuriales fameuses, tenus les lits de justice, — des lits à sommiers... élastiques, diraient les persifleurs de nos jours. Après Louis XI, qui avait traité la Grand'Chambre avec son ordinaire parcimonie, Louis XII, par contradiction, peut-être, s'était plu à la décorer magnifiquement. Il avait fait rétablir les culs-de-lampe rongés par la vétusté, couvrir le plafond et les murs d'une profusion d'ors qui justifia longtemps le nom de « Chambre dorée, » donné à la salle mise à neuf. L'auteur de cette restauration tenait à y attacher sa mémoire ; les peintres durent reproduire sur les boiseries son blason : un porc-épic. Depuis cent cinquante ans, les rois avaient émigré à l'hôtel Saint-Paul. Louis XII se meubla dans l'enceinte du palais un logement. Son plus vif plaisir était de « voir juger »; un goût, d'ailleurs, qui depuis l'an 1500 s'est passablement répandu, comme on pourra le constater plus loin.

Ne tarissons pas les sources de l'érudition. Louis XIV, arrivant botté et éperonné devant le Parlement, était-il ou non nanti de sa cravache ? L'ère de 1789 devait s'inquiéter médiocrement de tels détails. Elle réservait aux Parlements une agonie sans secousses. Ils étaient en vacances : l'Assemblée nationale les y laissa. Il était écrit que les cent quarante-quatre membres titulaires du Parlement de Paris ne chanteraient plus jamais la messe rouge.

Le Tribunal de cassation s'empare momentanément de leur local. A son tour, il cède la place au Tribunal Révolutionnaire ou « Tribunal criminel extraordinaire », formé par la Convention. On appelle la Grand'Chambre la salle de l'Egalité ; au crucifix est substitué le buste de Socrate ; on lui adjoindra bientôt ceux de Lepelletier et de Marat. Le 9 thermidor, la terreur jacobine ayant pris fin, la Grand'Chambre était assignée au nouveau tribunal chargé d'atteindre les complices de Robespierre. De juges, ils passaient accusés.

Bonaparte apparaît, en attendant Napoléon. Les compagnies judiciaires le remercient, après le traité de Campo-Formio, de la paix conquise à la France. Introduit dans la Grand'Chambre, le vainqueur d'Italie harangue Seignette, président du Tribunal de cassation ; avant de se retirer, il lui donne l'accolade. « La justice et la paix viennent de s'embrasser ! » fait une voix. Les livres de la cour souveraine rapportent cette exclamation dithyrambique; ils omettent de mentionner la réflexion chuchotée par un juge : « qu'elles s'embrassaient probablement en signe d'adieu et pour ne plus se revoir », comme le fait observer spirituellement M. Jules Formi dans ses études sur les *Nouveaux travaux du Palais,* — un sujet actuel dans tous les temps, peut-on affirmer, lorsqu'il s'agit du palais de justice de Paris.

Actuel depuis que le palais existe, vraiment; car depuis que le palais existe il n'est guère d'époque où de « nouveaux travaux » n'aient transformé en chantier l'une ou l'autre de ses parties. Si vous êtes curieux de suivre ces métamorphoses, ouvrez les illustrations de M. Narjoux publiées par l'éditeur Morel. Chaque âge a marqué de sa griffe quelque morceau du monument. Fouillez le sol, vous retrouverez les fondations laissées par la domination romaine. Suivez de l'œil le jet superbe de la flèche de la Sainte-Chapelle, vous voyez l'art gothique dans sa plus pure création. Des générations d'architectes se sont usées contre ces pierres de taille. Quand l'architecte avait achevé, les flammes passaient après lui et l'œuvre était à refaire. L'incendie de 1616, surtout, fut un immense malheur.

Reconstruisez en rêve le palais d'alors, avec ses donjons arrondis, ses campaniles dentelés, ses tourelles aiguës, ses arêtes découpées à jour, ses pignons sombres, ses gargouilles fantastiques, ses terrasses, ses jardins, ses enclaves, son dédale de ruelles en zigzags. Au-dessus de cet imposant fouillis, étendez un ciel barbouillé où dardent, entre les nuages, des phosphorescences d'étoiles. Du Pont-Neuf, le regard suit sur l'eau le balancement des silhouettes bercées par le remous. L'horizon, au fond, est barré par le clocher géant de Saint-Germain-des-Prés. A droite, la Tour de Nesles semble braver le vieux Louvre et sa citadelle noire. En avant, fuient à travers les toits des maisons basses les deux clochetons de Saint-Germain-l'Auxerrois, les guérites aériennes de l'hôtel de Nevers, les pentes ardoisées du Parloir aux Bourgeois, devenu l'Hôtel-de-Ville, les colonnes sveltes de l'hôtel de Sens, le clocher de l'église Saint-Paul. A gauche, Notre-Dame, sévère, veille sur la Cité. Le long du fleuve, glissent les barques des pêcheurs du port Saint-Landry allant jeter leurs filets à la pointe de l'île, sous les arches en bois du Pont-Rouge.

Une nuit, le feu éclate. Au milieu de ce puissant et

merveilleux décor, il creuse un trou, il amoncelle des ruines. C'était « la faute à Ravaillac », prétendit le populaire. Sans imputer directement le crime au fanatique écartelé huit ans auparavant, on accusait Marie de Médicis qui, disait-on, avait voulu anéantir la procédure. Pourtant, les sacs contenant les interrogatoires du meurtrier de Henri IV furent préservés sans exception ; comme aussi, d'ailleurs, sans profit.

« Il est assez singulier, écrivait il y a trente ans Amédée de Bast dans *les Galeries du Palais de Justice de Paris,* que depuis deux siècles et demi aucun écrivain n'ait songé à publier les débats de ce procès historique; aujourd'hui que l'on veut tout dire et tout écrire, il serait bon d'attacher au poteau de l'histoire les noms des véritables assassins. »

Si les paperasses étaient sauvées, un côté du palais était perdu. Les cendres mettaient de toutes parts leur deuil. Pour réparer le désastre, on s'adressa à Jacques Debrosse. En 1776, une nouvelle conflagration mutilait son œuvre. La Salle des Procureurs restait intacte, heureusement. C'était la Grand'Salle de jadis, où tout émerveillait les visiteurs : l'immensité de l'enceinte; les doubles arceaux de la voûte ogivale; la collection des statues des rois de France, de Pharamond jusqu'à François Ier; le mouvement, le bruit; le va et vient des juges, des avocats, des notaires, des huissiers, des sergents, des clercs cherchant les maîtres, musant parmi les groupes ou courtisant les jolies vendeuses, pendant qu'aux montres des merciers et des libraires les étrangers faisaient emplette de souvenirs. Un poète du temps a fixé ces images :

> Icy les cavaliers les plus adventureux
> En lisant les romans s'animent à combattre,
> Et de leur passion les amans langoureux
> Flattent les mouvements par des vers de théâtre.

Icy, faisant semblant d'acheter devant tous
Des gands, des esventails, du ruban, des dentelles,
Les adroits courtisans se donnent rendez-vous,
Et pour se faire aimer galantisent les belles.
Icy quelque lingère, à faute de succez
A vendre abondamment, de colère se pique
Contre les chicaneurs qui, parlant de procez,
Empeschent les chalands d'aborder sa boutique...

Le personnage d'une comédie de Sardou qui met sa gloire à découvrir combien il passe en un mois de veuves sur le pont des Arts se morfondrait à supputer le chiffre des semelles usées dans l'antichambre de la loi. Salle des Procureurs, salle des Pas-Perdus : de l'une à l'autre de ces appellations, il n'y avait que l'intervalle d'une épigramme. L'humeur caustique d'un plaideur évincé eut un jour une inspiration vengeresse et l'intervalle fut franchi.

III

LES PAS-PERDUS.

L'ancienne salle. — Ligueurs, frondeurs et nouvellistes. — Un dénouement précipité. — Face et profil. — Les plans de Duc. — La salle nouvelle. — Ce qu'on dit dans les groupes. — La marchande d'imprimés et le marchand d'écriture. — Lefèvre et Noret. — La fin d'un livre. — Un conservateur progressiste. — Côté des dames. — La niche aux bottes. — Un sarcasme de Léon Duval. — Le médecin du Palais. — Quarante millions. — Travaux faits et travaux à faire. — Procès civils et procès criminels. — Les plaideurs.

Qu'est devenu le temps où tout Paris, — le « Tout Paris » exalté par nos chroniques mondaines et dont personne alors ne parlait, — défilait en un jour entre les sièges à longue barre mobile et à dos en équerre alignés contre les piliers et contre les murs de la Grand'Salle ? Chacun de ces reposoirs était un centre de consultations, une sorte de cabinet à découvert. Le plaideur s'y pouvait isoler en compagnie de son conseil. L'existence des gens de loi s'écoulait presque entière au palais. Ils n'étaient pas rares, les enthousiastes de l'espèce de Dandin qu'on y voyait errer du patron-minet à la nuit close. Tout avocat d'importance, tout procureur occupé avait son coin habituel. Le banc protégé par une palissade à serrure, muni d'un solide support pour les papiers et parchemins, était comme une forteresse où, entre les audiences, ils se retranchaient prudemment. En ce retrait, procureurs et avocats attendaient leurs significations, recevaient leur correspondance, donnaient rendez-vous aux clients. Indispensable précaution pour se réjoindre, à travers les replis de la foule qui du matin au soir arpentait l'immense vaisseau.

Ce que le Palais-Royal devint plus tard pour les chercheurs d'informations, ce que les boulevards sont aujourd'hui encore, pendant longtemps le Palais de Justice le fut. Les guerres de la Ligue, les troubles de la Fronde y eurent de lugubres retentissements. Des batailles ensanglantèrent le Forum. On vit même des plaideurs escortés d'une troupe en armes envahir l'enceinte de la justice pour dicter des sentences aux magistrats.

Ces échauffourées n'empêchaient pas les connaisseurs d'admirer les proportions du vestibule superbe de Jacques Debrosse, la belle ordonnance de l'immense pièce qui s'étendait au-dessous, éclairée et aérée par de larges soupiraux. Les gens du métier, toutefois, déploraient une erreur contre les règles de l'équilibre : les points d'appui de la salle haute reposaient en porte-à-faux sur ceux de la salle basse. Ce vice condamnait l'œuvre de Debrosse à périr. Il était réservé à la Commune de précipiter le dénouement.

L'incendie de mai 1871 a mis, à la place de l'émiettement, la destruction en bloc. Fréquemment, paraît-il, les architectes, MM. Duc et Dommet, s'étaient préoccupés de la nécessité d'une consolidation future. Depuis trente ans, Duc travaillait au Palais. On lui devait la remarquable colonnade du bâtiment correctionnel. On lui a dû, depuis, la façade grandiose de la Cour de cassation. Celle-ci a été vantée outre mesure. Celle-là mériterait d'être mieux connue ; elle y eût gagné d'être plus respectée, probablement. Elle fut bâtie à une époque où nul ne prévoyait les prouesses de l'édilité impériale. La Cité était le suprême refuge du Paris d'autrefois. Comment oser soupçonner que cette page sacrée disparaîtrait sous les ratures ? La colonnade de la rue de la Barillerie est, de profil, d'une harmonie simple et sereine qui contraste curieusement avec l'ornementation tourmentée de certaines parties du monument. Les démolisseurs ont métamorphosé la Cité. L'extérieur du bâtiment correctionnel reste mal protégé par un ilôt d'immeubles qu'un trait de la plume municipale biffera infailliblement. Le profil sera une face. On regrettera cette mutilation, qu'aggravera l'effet du raccord à angle droit avec les constructions neuves primitivement destinées à la préfecture de police. Les moëllons aussi ont leur fatalité.

Toute image veut être vue dans le cadre qui lui convient. Pour avoir désobéi à ce principe, on a doté la façade de la cour d'assises d'un escalier qui la dépare. Les embellissements de ce côté de l'édifice se ramifiaient avec un ensemble englobant la place Dauphine tout entière. Le plan utilisait jusqu'à la forme elliptique du carrefour. Le triple portique du perron de Harlay se détachait à l'extrémité d'une avenue en éventail bordée de galeries basses à piliers doriques, égayée par des statues, par des colonnes rostrales, par des plantations. L'avenue et les constructions accessoires sont restées sur le papier ; l'escalier seul s'est élevé de terre, sans qu'on songeât à modifier un projet qui perdait sa raison d'être, dès lors qu'on l'isolait du programme général.

Nous vivons en un temps où les programmes clairs effraient, semblerait-il, en architecture aussi bien qu'ailleurs. Le sinistre de 1871 offrait l'occasion naturelle d'un remaniement général du palais. On s'était plaint à bien des reprises de l'éloignement des divers services entre eux. La situation était propice à l'édification d'un vaste *hall* central auquel eussent abouti chambres civiles, chambres criminelles, cours, greffes et parquets. Ce système, avec sa haute compétence, le bâtonnier d'alors,

Me Allou, le préconisait. Ni son opinion, ni celle des architectes eux-mêmes ne devaient prévaloir. De 1872 à 1878, ceux-ci procédèrent à la construction d'une nouvelle salle des Pas-Perdus, limitant leur ambition à la rendre digne de l'ancienne.

Si les ligueurs, les frondeurs et les quémandeurs de nouvelles ne viennent plus là répandre leurs clameurs, jeter leurs provocations, échanger leurs bavardages, le vaste courant des affaires, la grande bataille des intérêts ramènent chaque jour en foule d'autres combattants. Deux statues seules se dressent où s'élevaient les images des rois ; mais ce sont les figures d'un apôtre de la fidélité et d'un prince de l'éloquence : Malesherbes et Berryer. Les bancs à hauts dossiers de chêne plein, ouverts à tous venants, n'ont plus leurs titulaires comme jadis ; en cherchant bien, cependant, on découvrirait sans trop de peine la prédilection de tel maître pour telle place où ses fervents sont certains de le reconnaître à tel moment.

De onze heures à trois heures, la salle des Pas-Perdus est une mêlée de robes noires et de paletots d'où monte une rumeur pareille à celle de la mer. Par toutes les issues, le flot humain s'engouffre, ondule, avance subitement ou recule soudain, dans le ronflement des voix, le choc des pas sur les dalles, le clic-clac des portes brusquement ouvertes et refermées, les vibrations stridentes de la cloche de la chambre des criées, du carillon de la chambre des référés lançant à toutes volées leurs appels. Parfois, la poussée s'arrête, comme le déroulement d'une procession. Parfois le flux et le reflux se heurtent, s'entre-croisent, se confondent, tournoient comme les eaux de deux fleuves qui se rencontreraient bouche à bouche.

Avocats, avoués, clercs, agents d'affaires, clients, témoins, oisifs, se groupent, se séparent, s'interpellent, se cherchent. Les uns se concertent pour l'audience, se communiquent un résultat, préludent à une transaction ; les autres combinent un plan de campagne, ébauchent une procédure, menacent en fanfarons, interrogent en indiscrets. Le praticien qui feuillette un dossier suspend volontiers sa besogne pour décocher un trait à l'adversaire qui passe. L'orateur qui sort d'un prétoire reprend haleine avant d'aller ailleurs fournir nouvelle plaidoirie. Un stagiaire en quête d'avis intercepte la voie à un ancien. Un avocat se saisit d'un confrère, accapare impitoyablement son attention, lui raconte, furieux, la cause qu'il vient de perdre : affaire d'hypothèque ou de mur mitoyen ; reprend par le menu son argumentation, invoque la doctrine, cite les textes, écrase le système rival, met en resplendissante lumière son propre raisonnement, rétablit le point de fait, renforce le point de droit, et ne s'éloigne qu'après avoir obtenu d'une camaraderie à bout de résistance un arrêt infirmatif de la sentence qui l'a condamné. Ici, les paradoxes brillants ou les propos légers prennent leur essor. Là, les médisances déversent leur fiel. Ailleurs, le bon sens vif, ingénieux, se venge des sophismes de l'audience ; les antagonistes de l'heure précédente s'excusent des aigreurs échangées ; les augures qui s'invectivaient à la barre échangent le sourire de la réconciliation.

Les conversations se nouent, se dénouent, comme au hasard d'un coup de bise. Une phrase commencée est interrompue par l'apparition d'un secrétaire accourant, essoufflé, avertir que le tour de la cause attendue est prochain. Une dissertation entamée à l'arrivée, le matin, dix fois entrecoupée par des absences et reprise dix fois, s'achève l'après-midi, à l'instant du départ. Un étranger, cédule en main, aborde les causeurs, hésite, se renseigne ; une femme, la mine surprise, traverse la cohue lentement ; une file de touristes fend le flot tout en compulsant Bradshaw et Joanne ; des

inconnus rôdent, inquiets : assignés à la recherche
d'un cabinet de juge d'instruction, plaignants en route
pour le parquet du procureur de la République ;
solistes de la vaste symphonie judiciaire en proie à
la plus fiévreuse des impatiences : l'impatience du
plaideur.

Tout est matière à commentaires, au milieu de ce
mouvement qui semble accélérer l'impulsion des
idées : la jurisprudence et l'astronomie, l'économie
sociale et la peinture, la religion et l'opéra, le dernier bilan de la Banque de France, la dernière pi-
rouette de la danseuse en vogue, le dernier livre à
sensation. Dans la même minute, on discute un arrêt,
on critique un tableau, on analyse une ode, on s'é-
gare à l'Académie ou au boudoir, au Salon ou à la
Chambre, on dissèque un chapitre de roman, on
flagelle une pièce de théâtre, on applaudit à un article
de journal, on censure un arrêt, on juge le Gouvernement, on apprécie un projet de loi.

Voilà la salle des Pas-Perdus. Elle n'est plus l'é-
blouissant bazar où le corps d'état des merciers, le
plus opulent de Paris, déployait les séductions de
ses étalages si riches en luxueux produits : tissus
d'Orient et pierres fines, fourrures épaisses et draps
soyeux, bibelots de prix et reliures rares ; elle se
contente d'être le cœur du Palais, de concentrer la
vie judiciaire dont, à de certaines heures, on cher-
cherait vainement ailleurs les pulsations. De la période où elles émerveillaient par leur activité commerciale, les galeries du Palais de Justice ont conservé
pour souvenir unique l'éventaire d'une marchande
de papeterie et de journaux, avec un étroit cabinet
de lecture comme dépendance. De l'époque où les
scribes enluminaient les manuscrits dont l'imprimeur
Ulric Gerring vint ralentir la vente, lorsqu'en 1469
il installa ses presses à la Sorbonne, le Palais de Jus-

tice a gardé pour seul représentant le bonhomme
Noret.

Sans doute, tous ceux qui fréquentent la galerie
Mercière ne connaissent pas de nom Noret; tous le
connaissent de vue, à coup sûr, pour avoir aperçu
le vieillard assis devant sa petite table emcombrée
de papiers, de plumes, de bouquins racornis; tantôt
seul, taciturne, tantôt en tête à tête avec une des
pratiques dont les modestes rémunérations alimen-
tent l'industrie qui le fait vivre. Noret est écrivain public. Il a quatre-vingts ans passés. Depuis
quarante-six ans, il exerce au palais; il est l'unique
survivant d'une génération de calligraphes à travers
laquelle la mort a fauché. De son temps, ils étaient
seize. Son temps, c'était vers 1835. Noret avait d'a-
bord été clerc de notaire, puis soldat.

— C'est le choléra qui m'a fait ce que je suis, dit-il
quand il conte son histoire.

Il ne la conte pas aisément; il est avare de détails
sur lui-même. Durant les épidémies de choléra, il
n'est pas facile de se procurer une situation, avoue
Noret. Il accepta celle qu'on lui offrit. Ces fonctions
d'écrivain public au palais de Justice étaient comme
des charges que l'on transmettait. Il serait curieux
d'en reconstituer la tradition, de remonter d'âge en
âge jusqu'à la source. Un édit royal dut présider à
leur fondation. Depuis qu'il y a des préfets de la Seine,
c'est du préfet de la Seine que relève l'obtention de
l'emploi, de la faveur, plutôt.

Les possesseurs des échoppes d'écrivains publics
disséminées autour de l'édifice jalousaient leurs concurrents intrônisés à l'intérieur. Fréquemment, il
leur arriva de libeller, de leur encre la plus noire,
des placets pour solliciter l'abolition d'un privilège
qui humiliait leur amour-propre et nuisait à leurs
recettes. Ce que des réclamations séculaires n'a-

vaient pas détruit, la force des choses a suffi pour l'anéantir. A mesure des extinctions, la préfecture s'est abstenue de renouveler les permissions. A qui eussent-elles servi ? Comme le constate mélancoliquement le vieux Noret :

— Presque tout le monde sait écrire, à cette heure !

Les seize de jadis étaient réduits à quatre après la guerre ; sept ans plus tard, les quatre restaient deux. Deux octogenaires : Noret et Lefèvre. Il n'y avait qu'à les regarder pour deviner que Lefèvre s'en irait le premier. Noret est de taille vigoureuse, large d'é-paules, le buste droit, les joues pleines et rosées, sous le chapeau de soie roussi qui protége son occiput. Lefèvre était sec, anguleux, le torse grêle, les formes osseuses, le visage creusé de sillons qui striaient en tous sens sa peau jaune. Une sorte de rivalité, — rivalité amicale, — animait l'un contre l'autre Lefè-vre et Noret. C'était à qui des deux tiendrait bon le dernier.

En sa qualité du plus fort, Noret était le plus indulgent. Quand Lefèvre arrivait, le matin, courbé sur son bâton, s'il rencontrait Noret il redressait sa taille et dissimulait la canne traîtresse dans les plis du pardessus dont il était couvert en toutes saisons. L'ancien clerc n'était pas dupe de la supercherie.

— Le bout dépasse, murmurait-il.

Et, d'un pas alerte, il prenait sur son rival une avance désespérante.

Lefèvre n'est plus là, maintenant. Noret, chaque jour, arrive seul au rendez-vous. Dix heures sonnent comme il s'installe à l'étroit bureau en bois noir. C'est, depuis quarante-six ans, l'invariable façon dont il ouvre sa boutique. Il attend là la clientèle, prêt à mettre indifféremment ses talents à la disposition de la servante frustrée par ses maîtres, du citadin en mal

d'une dénonciation au parquet, de la plaideuse rumi-
nant quelque requête, de l'indigent que l'assistance
judiciaire sauvera, du campagnard cossu en procès
avec un voisin.

S'il voulait, le bonhomme Noret donnerait des
consultations juridiques. Il sait son droit comme quiconque; calculez ce qui s'est agité de procès autour
de lui ! Il ne veut pas. Il se renferme dans ses attributions discrètes, muet comme la statue du Silence.
Il contemple en philosophe, depuis un demi-siècle
bientôt, le tourbillonnement des passions et les folies
des hommes. Le ciel lui prête longue vie ! Noret est
le dernier des écrivains publics du palais de Justice,
— la page finale d'un livre qui, après lui, restera à
jamais fermé.

En regard de ces institutions expirantes, d'autres
naissent, grandissent, se perfectionnent. Le concierge
bailli d'autrefois commandait d'imposantes forces :
la sergenterie, le guet, le sous-guet, le contre-guet,
la guette intérieure... On a tout remplacé par
dix-neuf agents spécialement préposés à la surveillance et à la propreté du palais de Justice. Le prix de
revient annuel de ce double service s'élève à 50,000 fr.
environ. Un brigadier reçoit 1500 fr., cinq gardes
touchent chacun 1,300 fr., treize gagistes 1,100 fr.
Les dix-neuf préposés obéissaient aux ordres d'un
« chef des gardes » ; on rehaussait, en 1872, ces fonctions en y attachant le titre de « conservateur du
palais » et en les confiant à un officier en retraite.
Ancien directeur de l'école des haras au Pin, ancien
écuyer de remonte en Crimée, à Versailles, à Paris,
le commandant Lünel, on le savait, serait à cheval
sur la discipline ; on connaissait aussi son aménité.
Le public féminin du palais lui fut redevable d'une
initiative galante, le jour où la galerie marchande
s'enrichit d'un refuge au fronton duquel se détache

ce simple mot : *Dames*. A l'instar de Titus fils de Vespasien, le premier conservateur du palais de Justice était en droit de dire qu'il n'avait pas perdu sa journée.

Non loin, une niche a été percée, où un commissionnaire du voisinage peut, le cas échéant, s'adonner au nettoyage des chaussures. Cet officieux n'a pas été autorisé encore à se qualifier sur ses cartes *Décrotteur du palais de justice*; mais :

— Pourquoi ne ferait-il pas pour nous ce que nous faisons pour autrui ? n'en remarquait pas moins un avocat disert.

Et M⁰ Beurdeley rappelait ce mot de Léon Duval sur un de ses confrères: Il sait décrotter un dossier, il ne sait pas le faire reluire !

Autre innovation plus sérieuse. Pendant longtemps, on avait réclamé, au palais, un médecin. Toute salle de spectacle a son docteur en permanence aux représentations, faisait-on observer; les émotions troublantes, les causes variées de malaises sont-elles plus rares dans le domaine de la réalité que sur le terrain de la fiction? Les récriminations des gens qui se plaignaient de l'absence de tout poste médical au palais de Justice triomphaient enfin, en 1879, des indécisions du conseil général de la Seine. Il ouvrait un crédit de 4,000 fr., dont 1,600 fr. pour l'ameublement d'un cabinet, l'achat d'une boîte à secours ; le surplus, affecté au traitement du docteur pour la première année.

Chiffres modestes, mais effort généreux, si l'on se reporte aux débours nécessités par d'interminables travaux. La réfection de la salle des Pas-Perdus a coûté 2,283,000 fr.; celle de la 1ʳᵉ chambre du Tribunal civil 858,475 fr. Encore la 1ʳᵉ chambre, sombre d'aspect, de sonorité sourde, est-elle loin d'offrir les dimensions de la Grand'Chambre dont elle occupe l'emplacement. Les boiseries ruissellent toujours de dorures; sur les murailles, le porc-épic de Louis XII hérisse, comme devant, ses dards; mais on a dû déduire de l'ancienne Grand'Chambre tout l'espace réservé aux dépendances, à la salle du conseil dont les fenêtres regardent le quai de l'Horloge. La construction du perron et de la galerie de Harlay a absorbé 3,250,809 francs. De 1840 à 1880, le palais de Justice a englouti quarante millions. Et certes l'on n'est pas au bout.

Il reste à édifier la galerie de la Sainte-Chapelle, parallèle à la galerie des Prisonniers, mettant comme elle en communication la galerie de Harlay et la galerie Mercière. Il reste à achever la Cour de cassation, à rebâtir la Cour d'appel, à effectuer l'installation du conseil de l'ordre des avocats. Il reste, enfin, à établir un système de chauffage pour les galeries, un système de correspondance télégraphique ou téléphonique entre les chambres lointaines et la salle des Pas-Perdus, un système horaire généralisé. Autant de projets en ce moment, — février 1881 — à l'étude.

Le palais fini, un défaut d'unité le déparera sans doute, aux yeux pour lesquels la symétrie résume l'idéal dans l'art. Les autres, cette imposante agrégation d'édifices les captivera, en dépit de plus d'un défaut, par l'originalité et la variété des aspects. Sous les retouches modernes, assez d'antiques vestiges subsistent pour que ce coin de Paris soit le dernier où le rêveur puisse avoir l'illusion d'un fragment du moyen-âge. Si l'on aperçoit trop ce que le palais perd aux caprices de sa structure intérieure, on ne voit guère ce qu'il gagnerait, extérieurement, à plus d'homogénéité. Cette mosaïque du dehors est comme l'image même de la vie du dedans, où tout se heurte et s'enchevêtre, où dans deux prétoires séparés par une cloison les causes les plus disparates dévident à la fois leurs écheveaux.

Décrire la diversité des affaires qui assiègent les Cours et Tribunaux, ce serait s'engager dans une incommensurable kyrielle. Deux divisions essentielles s'imposent, cependant. D'une part, le civil : contestation provoquée par un lapin rongeur de récoltes, ou débat engagé autour d'un emprunt d'État ; querelle née de la fragilité de certains liens conjugaux, ou doutes s'attaquant à la validité d'une donation entre vifs. D'autre part, le criminel : du délit de pêche à l'homicide par imprudence ; du vol dans un poulailler à l'assassinat de grand chemin. Deux catégories parfaitement distinctes de plaideurs, conséquemment : ceux qui vont devant la justice et ceux qui y sont traînés par les gendarmes ; les plaideurs volontaires et les plaideurs malgré eux.

Auprès de simples différends pécuniaires, des drames étrangement sombres se déroulent, au civil. Au criminel, auprès des tragédies les plus noires, poussent des épisodes singulièrement insignifiants. La foule, cependant, se passionne pour les procès criminels avec beaucoup plus d'ardeur que pour les procès civils. C'est que ceux-ci concernent des intérêts privés, tandis que les autres affectent les intérêts publics. La cause civile, souvent, l'emporte en péripéties romanesques sur le débat criminel. Mais le débat criminel touche à la paix, à la morale, à la sécurité de la masse. Il sollicite davantage l'opinion parce que l'opinion, à quelque degré qu'on la place, est constamment en éveil contre la tourbe des malfaiteurs, — cette horde terrible que Joseph Prudhomme a appelée l'armée du mal.

IV

L'ARMÉE DU MAL

Si l'armée du mal était une armée au sens précis du terme, si elle avait ses régiments, ses chefs, sa discipline, son mot d'ordre, elle serait plus formidable, assurément ; elle serait, par contre, moins dangereuse. On pourrait espérer, par une tactique habile, l'atteindre dans ses racines, porter la désorganisation dans ses rangs. Elle est divisée, morcelée, sans attaches : cette faiblesse fait sa force. En face d'un corps sans tête, où frapper le coup décisif ? Comment compter sur une capitulation, puisque, dès qu'un parti a mis les armes bas, d'autres partis se lèvent, prêts à tenir la campagne ? L'armée du mal campe partout et nulle part. Insaisissable comme elle l'est, il faut la combattre en détail. Peut-être narguerait-elle jusqu'aux défaites partielles si ses soldats, souvent, ne se trahissaient entre eux.

Les élans stupides de la vanité ne sont pas le lot

exclusif des classes qui n'ont rien à redouter du grand jour. Dans les bas-fonds, tout aussi bien, les amours-propres sont sujets à des surexcitations violentes. Le crime a sa hiérarchie, exactement comme la vertu. Le « bonjourier » jalouse le « cambrioleur » ; le « surineur » méprise le « fourgat ». — Mais quels mots sont-ce là ? Tout le monde n'est pas tenu de connaître l'idiome des gredins, et l'on néglige d'enseigner dans les écoles l'argot dont se sert la police pour étiqueter ses clients. La police, elle, d'accord avec les gredins sur ce terrain philologique, est l'ennemie née des euphémismes. La rue de Jérusalem et les carrières d'Amérique entourent d'une égale faveur le terme dont le mérite est de caractériser une situation. Le gibier fuit le limier, le limier traque le gibier ; le vocabulaire est leur point de rencontre.

Comment contester la nécessité d'une classification pour distinguer les unes des autres les nombreuses variétés du métier catalogué sous cette désignation générique : *voleurs ?* Voleur de qui ? Voleur de quoi ? Il y a tant de manières de voler que chacune nécessite un apprentissage à part. Le vol exige un tel ensemble d'aptitudes, que tout apprenti doit opter pour une spécialité.

Les truands, plus naïfs que leurs successeurs, cependant, et plus primitifs dans leurs procédés, ne formaient-ils pas des confréries distinctes : *marcandiers, orphelins, mallards, rifodés, malingreux, callots, capons,* quoi encore ? Il n'existe plus de grand *Coësre* auquel les tribus se soumettent comme à un maître suprême, de *Cour des Miracles* où s'assemble le personnel de la *pègre* haute et basse. Les mœurs ont changé parmi les coquins, à mesure que le progrès faisait sa trouée parmi les honnêtes gens. Pour baptiser des choses nouvelles, on a dû forger des noms nouveaux. Encore convient-il de les employer avec quelque discernement.

On vole derrière un comptoir, on vole à la Bourse,
on vole au jeu. Un marchand déloyal, un agioteur
véreux, un grec ne sont pourtant point toujours des
voleurs selon l'acception de la loi. La filouterie, l'escroquerie, l'abus de confiance ont dans le code leurs
articles spéciaux. La caste des faiseurs est une aristocratie. Il y a la gueuserie en gants blancs comme il y
a la misère en habit noir. Il n'est pas sans exemple
que le faiseur débute ayant en poche les premiers cent
mille francs. Un appartement fastueux, une livrée cor-
recte, l'écusson de rigueur : *Bureaux et Caisse*, —
dût-il être vissé sur une porte de placard, — des annonces dans les feuilles répandues, quelques relations
de banque, de cercles ou, faute de mieux, de cafés,
représentent le gros des éléments mis en œuvre. Avec
des titres, avec des croix, on bat monnaie plus aisément
encore. Un prospectus malin ne saurait s'en passer.
Les faiseurs lèvent annuellement sur les économies de
la France un impôt de plusieurs centaines de millions.
Les uns parviennent à la fortune : l'honnêteté suit de
près. Les autres, de chute en chute, dégringolent les
derniers degrés de la honte.

De belles intelligences s'en vont ainsi au ruisseau.
Le monde gémit sur ces pervers sombrant pour avoir
demandé à l'infamie une existence pénible, quand ils
eussent trouvé une existence honorable et facile dans
la pratique du bien. M. Maxime Ducamp, en son
Paris, fulmine contre ceux « qui dépensent, pour sub-
sister de fraude et de larcin, plus d'énergie, de savoir-
faire et de vigueur qu'il ne leur en eût fallu pour vivre
tranquillement, à l'abri de tout reproche, en exerçant
un bon métier. » Justes regrets et sages réflexions, si
le mal n'avait son génie particulier, sinon sa fatalité
inéluctable. Lorsqu'on rencontre un Antonin Crouzat
atteint 71 fois par la justice, de 1833 à 1868 ; un Jean
Hébrard condamné, de 1818 à 1875, à 279 années

d'emprisonnement, de réclusion ou de travaux forcés ; un vicomte Ricard de Genouillac des Carrières frappé à l'âge de 75 ans pour la vingtième fois, en 1880, par la 8ᵉ chambre du tribunal de la Seine, de six mois de prison pour rupture de ban, peut-on raisonnablement nier la vocation ?

Le vulgaire est surpris de voir à de tels hommes des visages pareils à ceux des autres hommes. L'histoire écrite sur leurs traits, la fréquentation assidue de la police correctionnelle et de la Cour d'assises apprend à la déchiffrer couramment. L'observateur habile arrive même à discerner à première inspection le *bonjourier* ou *chevalier grimpant*, dont le métier consiste à s'introduire dans les maisons pour dévaliser sans tapage les locataires peu défiants, du *cambrioleur* son rival, auquel ni l'escalade ni l'effraction ne font peur et qui, à la rigueur, pousse carrément jusqu'au meurtre. La « pince-monseigneur » est de l'invention de celui-ci, évidemment. Ni jour ni nuit, il ne sort sans son poignard, — son « surin », comme il dit : d'où le substantif *surineur*, tombé d'ailleurs en désuétude ; — car il y a une mode pour les mots, même dans ces régions de sang et de rapine. Le Chourineur d'Eugène Suë s'appellerait maintenant l'Escarpe. On ne devient guère *escarpe* du premier coup. Avant d'aller « laver », dans l'arrière-boutique du brocanteur-receleur, — le *fourgat*, — les dépouilles d'une victime assassinée, on a généralement écoulé chez le même compère les produits d'opérations moins féroces ; on a tout au moins pratiqué, comme *scionneur*, le vol nocturne à main armée.

Une providence, le *fourgat*. C'est lui qui débarrasse le *tireur* de ses prises. Le *tireur* « travaille » en omnibus, au théâtre, aux courses, aux revues. Ses mains sont infatigables. Il a parfois un aide, le *fourligneur*, chargé de faire disparaître le corps du délit, à l'inverse du *franc-bourgeois* qui fonctionne à domicile et toujours seul. Une liste de souscriptions, un carnet de quête, voilà tout l'outillage du *franc-bourgeois;* à défaut d'un prélèvement plus lucratif, il encaisse la pièce blanche offerte au malheureux dont il narre les misères avec un larmoiement attendrissant. La première condition, pour ce spécialiste, c'est de se pavaner sans trop de gêne dans un costume confortable et d'être en possession d'une physionomie bénigne. N'est pas *franc-bourgeois* qui veut. Le *vanternier* ne déploie pas moins de prudence: il ne pénètre jamais dans les logis par la porte ; une fenêtre entrebâillée, une brèche dans un mur lui semblent préférables, parce qu'elles assurent la retraite. Plus audacieux est le *caroubleur.* Scélérat de précaution, mais scélérat de décision, ce dernier est avare des chances abandonnées au hasard. Il avance par étapes lentes, mais sûres. Les *caroubles,* — fausses clefs, — sont ses instruments habituels. Avant de jouer du trousseau, il se renseigne, il se crée des intelligences dans la place. Le plus souvent, il confectionne sur mesure le « rossignol » destiné à lui livrer accès, soit qu'il ait habilement subtilisé les empreintes des serrures, soit qu'elles lui soient fournies par un indicateur conscient ou inconscient. Parfois les fausses clefs sont remplacées par un *raton*, tantôt enfant, tantôt adulte de taille exiguë, conduit à l'intérieur des maisons grâce à un subterfuge renouvelé du cheval de Troie. Une caisse, un panier recèle le *raton* jusqu'au moment où il pourra sans péril ouvrir la porte à l'assiégeant.

Le *charrieur* est plus ingénieux encore. Lui aussi a besoin d'associés. Les *charrieurs* vont par trois. Un brelan de *charrieurs* peut dépister longtemps les recherches, comme firent Tassot, Claman et Louvet, pris en 1878 après bien des années de labeur. L'un abordait les nigauds, l'autre imitait le Polonais, le dernier guettait les agents. De préférence, ils tendaient leurs filets aux abords des gares. L'arrivant était cueilli au débarqué par Tassot. On causait. Tassot se qualifiait de négociant en vin de Bordeaux ; il se disait en quête d'une auberge. On cheminait de conserve. En route, on rencontrait le faux Polonais.

— Toi !

— Toi !

Tassot et Claman se précipitent dans les bras l'un de l'autre. Il y avait si longtemps que l'on ne s'était vu ! Si l'on célébrait par quelques libations cette minute de félicité ? Le nouveau venu, naturellement, sera de la réjouissance. Aussitôt attablé, Claman glisse dans une sacoche qu'il promène en sautoir deux rouleaux paraissant contenir de l'or. Il invite le faux négociant à déposer de même les valeurs dont il peut être nanti. On ne saurait trop mettre à l'abri sa fortune. Puis au provincial :

— Avez-vous bon œil, vous ?

— Parbleu !

Le nouvel ami est constitué dépositaire du trésor. A l'extérieur, Louvet se tient en faction, inaperçu. C'est lui qui avertira si un péril menace. On boit, on s'anime, les épanchements vont leur train. Fumera-t-on un havane ? Pourquoi pas ? Le citoyen de Pologne remet un louis au marchand de Bordeaux pour se procurer des londrès. L'autre rapporte d'affreux cigares Mécontentement du Polonais. C'est à recommencer. L'invité s'y connaît, lui ! Il se chargera de la commission... Oui, mais cette poche qu'on lui a passée en bandoulière, de laquelle il a répondu ?... Il faudrait une garantie !

— Qu'à cela ne tienne, messieurs.

Fièrement, le bonhomme dépose sur la table son portefeuille gonflé de billets de banque, et sort.

Tassot s'esquive, Claman le suit, Louvet se replie

en arrière-garde. Quand, au retour, la dupe se décide à ouvrir l'escarcelle, elle y trouve quelques francs en monnaie de billon. C'est le vol « à l'américaine », si fréquemment et si inutilement raconté par les journaux.

La bêtise humaine, qui est sans bornes, alimente l'interminable séquelle des parasites et des aigrefins : le *trancheur* qui, dans les foires, amorce autour d'une roue à macarons les chalands dont ses compères exploreront commodément les goussets; *le romanichel*, pillard des maisons de campagne mal surveillées ; le *bouternier*, escamoteur de carrefours, dont la jonglerie la moins surprenante aboutit infailliblement à vous escamoter votre chronomètre ; le *neps*, le *romastic,* habiles à vendre des cailloux pour du diamant, des bijoux en cuivre pour de l'or ; le *chineur*, le *solliciteur de ʒif*, experts en l'art d'offrir comme marchandises de contrebande des produits avariés collectionnés à vil prix.

Sur le commerce de la joaillerie sévit plus particulièrement le *broquilleur ;* il feint une acquisition, palpe, examine, marchande et finit par s'emparer d'un bijou de valeur auquel il substitue une imitation soigneusement préparée; le négociant la remarquera quand l'autre sera déjà loin. A rapprocher du *carreur*, dont la variété la plus illustre est *l'avale-tout-cru ;* chez les lapidaires, sous prétexte de myopie, il approche de son visage la sébile aux pierres précieuses sur laquelle il promène sa langue rapidement.

Dans les magasins, le *batteur de dig-dig,* — le *sabouleux* d'autrefois, — simule une attaque d'épilepsie, tandis que ses acolytes font main basse sur le butin convoité ; la voleuse « à la détourne » s'empare d'un lot de marchandises pendant qu'une complice retient ailleurs l'attention du commis; le vol « à la détourne » n'est réalisable qu'à l'intérieur, contrairement au vol « à l'étalage », effectué au dehors, sous les yeux du public.

La rue appartient aux *roulottiers* ou *valtreusiers* ; ils s'attaquent aux colis des voitures, aux paquets des portefaix, aux bagages des voyageurs. Les restaurants sont la proie du *preneur à la cire* ; il colle sous la table un couvert qu'un consommateur venant après lui emportera tranquillement.

On serait tenté d'adapter à la classe ondoyante des accapareurs du bien d'autrui la phrase appliquée par Beaumarchais aux domestiques. Avec les talents qu'il faut à un voleur pour duper les honnêtes gens, semble-t-il, bien peu d'honnêtes gens seraient capables d'être voleurs. Ces hommes qui osent tant, cependant, subissent les exigences d'autres hommes qui osent plus encore. A côté du voleur, il y a le *fileur*. Le *fileur* vit du voleur ; il le « file » jusqu'au moment où, le coup fait, il lui dira : « Part à deux ! » A côté du *fileur*, il y a le *nourrisseur ;* c'est, d'ordinaire, un doyen retiré de l'activité. Ce protecteur vénérable exhorte le débutant, le fortifie de son expérience, le guide vers une « affaire » qu'il a étudiée, qu'il « nourrit », et lui en cède les bénéfices à forfait.

Des aptitudes si diverses unies à tant de noirceurs auraient de quoi faire trembler les plus braves, si, au-dessus de l'écume, à travers les ténèbres, ne brillait ce phare rassurant : la police. On médira d'elle tant qu'on voudra, la police demeure l'expression la plus perfectionnée d'un instinct qui survit à toutes les métamorphoses de l'humanité : l'instinct de la conservation.

Qu'il s'agisse du salut de l'existence ou du salut de la propriété, la société sait qu'elle a à se défendre. Elle a installé le remède à côté du mal ; en regard du bandit, elle a placé le gendarme. Partout, à l'origine des peuples, on trouve une police, sagement ou sottement comprise, vigilante ou engourdie, mais instituée partout avec la même mission. Quand l'Histoire sacrée fait poursuivre le meurtrier d'Abel par la voix qui demande à Caïn ce qu'il a fait de son frère, ne nous montre-t-elle point Jéhovah lui-même s'improvisant délégué de la sûreté pour les besoins du moment ?

Sans remonter aussi haut et sans quitter l'enceinte du vieux Paris, le souci de la sécurité publique ne tient-il pas en haleine les prévôts des marchands, investis de droits qui, plus tard, passeront dans les attributions d'un prévôt de police ? Les compagnies de sergents, les compagnies d'ordonnance sillonnent les rues. Les patrouilles se multiplient, à mesure que s'accroissent les transactions. Heureux temps où les gentilhommes rossent, la nuit, les archers du guet !

Avec le lieutenant de police La Reynie, l'organisation s'améliore ; ou plutôt avant lui, avec Richelieu. Le terrible alguazil avait un collaborateur alerte en François Leclerc du Tremblay, plus connu dans les chroniques sous le nom du père Joseph. L'étude de la diplomatie avait singulièrement aguerri l'âme damnée du cardinal, et ce n'était point sans raison que celui-ci s'écriait :

— Il n'y a pas, en Europe, un ministre capable de faire la barbe à ce capucin !

La police, en réalité, déviait quelque peu de son but. Elle avait pour point de départ l'espionnage, la Bastille pour point d'arrivée. A l'affiliation dominée par l'Eminence grise se rattachaient les ordres religieux, depuis les plus humbles jusqu'aux plus fiers, une partie de la bourgeoisie, voire des membres de la noblesse. Chacun avait l'œil sur chacun, et l'occasion était commode à qui méditait sournoisement de se délivrer d'un ennemi.

Espionner à propos ou hors de propos a constitué, à toutes les époques, la principale force des familiers du Saint-Office. S'introduire dans les demeures par les valets, dans les fortunes par les gens de loi, dans les consciences par les prêtres, est une tactique dont il n'est pas besoin, pour découvrir des traces, de reculer jusqu'à l'Inquisition.

Le roi-soleil avait La Reynie. Son successeur eut de Sartines. Encore un esprit fécond que doubla la fécondité de ressources du lieutenant Berryer. Le malheur était qu'à eux deux ils s'inquiétaient beaucoup plus des loisirs de Louis-le-Bien-Aimé que de la sécurité du pays. Il y eut des espions surveillés par des espions qu'observaient d'autres espions, en butte eux-mêmes à l'espionnage. Domestiques, hôteliers, cochers, abbés, caméristes, maîtresses d'académies, béguines, comédiennes, danseuses, ravaudeuses, logeuses, appartenaient corps et âme à la corporation. Les maris espionnaient leurs femmes, les femmes espionnaient leurs maris; les pères espionnaient leurs fils, les fils leur père; les curés leur évêque, les évêques leurs curés; le souverain ses courtisans, les courtisans leur maître; les avocats, leurs confrères; les procureurs, leurs collègues; les amantes, leurs amants; les marchands, leurs concurrents. Ce qui n'empêchait pas marchands, amantes, gens de robe, gens de cour, gens d'église, fils, pères, femmes et maris de s'espionner entre eux et entre elles avec entrain.

Il y avait des espions qui ignoraient être espions, pratiquant l'espionnage sans se douter qu'ils espionnaient; dociles instruments d'espions plus retors, exercés à user d'astuce pour les persuader qu'en espionnant ils n'espionnaient pas. Il y avait des espions doubles, aussi, et jusqu'à des espions triples, qu'une personne payait pour en espionner une autre, et qui obtenaient paiement de l'autre pour espionner celle qui les payait, servant indifféremment celle-ci et celle-là ou les trahissant toutes deux, pourvu qu'au bout de

la trahison ou du service ils entrevissent quelque gain.
La lettre de cachet florissait, suspendue sur les braves
gens inoffensifs, épargnant les criminels, auxiliaires
précieux de la police.

L'Empire usa de la police en despote. Fouché n'était
cependant qu'un plagiaire; il fut le père Joseph du
tyran. Au retour des Bourbons, on put imaginer que
la nation ne s'était jamais écartée du plus fervent
royalisme. Nul n'était à la mode, s'il n'était du parti.
Les fanatiques qui s'étaient égosillés à chanter : « Ren-
dez-nous notre père de Gand », furent dépassés par
les tièdes d'autrefois, tant le talon du vainqueur
d'Austerlitz vaincu à Waterloo avait aplati la France.
Des récalcitrants, néanmoins, mêlaient encore au
concert leurs notes discordantes. La nécessité d'un
solide rempart s'imposait. On enveloppa « notre père
de Gand » d'une police qui ne fonctionna que pour
lui. Un ancien émigré, le comte de Brivasac-Beau-
mont, devint le chef de ces prétoriens occultes. C'était
à qui s'enrôlerait dans sa bande, parmi les fashiona-
bles d'alors. Ces concours n'étaient pas uniformément
désintéressés. Certains avaient le lucre pour mobile.
Mais beaucoup ne visaient qu'à soutenir la cause légitime. Des sbires se souvenaient de leurs haines et sa-
vouraient la jouissance de les assouvir. D'autres opé-
raient en amateurs, pour la gloire. Un volume édité
en 1829 et que les catalogues de librairie signalent
depuis longtemps comme « rarissime », La *Police
dévoilée*, contient, sur les satellites du comte de Beau-
mont, de précieuses données.

« Brivasac, y lit-on, décora du titre de son brigadier un nommé Verceil, ex-capitaine, chevalier de
Saint-Louis, qui établit son domicile et ses bureaux rue
Saint-Germain-l'Auxerrois. Huit agents le secondèrent
dans ses ténébreuses opérations. On comptait parmi
eux le chevalier Courton, Dulac, ancien militaire, et

le nommé Tourade. Ce dernier, très adroit, se faufilait dans les maisons sous divers prétextes, tirait les cartes aux femmes de chambre moyennant la rétribution de un franc, leur parlait du passé, les consolait sur le présent et leur prédisait l'avenir, qui toujours devait être très heureux, puisqu'elles payaient le sorcier. C'est ainsi que Tourade parvint à savoir ce qui se passait chez les personnes de la plus haute distinction. MM. Manuel, Benjamin Constant et autres députés furent signalés dans les rapports de ce misérable comme tenant journellement les propos les plus dangereux contre le roi et son autorité, et cherchant à propager de coupables doctrines. »

Infortuné Tourade ! Il serait réduit, de nos jours, à fonder n'importe où quelque agence borgne. Au lieu de garantir une tête royale, il tournerait son génie vers les accidents conjugaux. Au lieu de protéger la cour, il instrumenterait contre des débiteurs. La tradition, en effet, a subi des changements notables. La politique n'occupe dans la police qu'un emploi de plus en plus effacé. La police ne fait plus métier d'inventer des complots, de fomenter des émeutes, de susciter des grèves. Elle ne s'infiltre plus en provocatrice dans les ateliers et dans les tripots, dans les cabarets et dans les salons.

La génération de policiers formée à l'école de Vidocq s'est éteinte. On ne croit plus que pour dépister les gredins il soit indispensable d'être un gredin soi-même, comme le professait audacieusement le fondateur célèbre de la brigade de sûreté, — la *rousse*, ainsi qu'on la nomma bientôt, en l'honneur de Vidocq, sans doute, qui était roux. — La brigade de sûreté n'en subsiste pas moins. Seulement, elle n'exige plus des individus qu'elle emploie un brevet de forfaiture à l'honneur. Notre police tend à se rapprocher chaque jour davantage de la police anglaise.

Chez nos voisins d'outre-Manche, l'institution est entourée d'un légitime prestige. Gardienne de l'ordre, des bonnes mœurs, de la sécurité des citoyens, elle n'est pas un outil que les gouvernements appliquent à de basses intrigues. Elle n'excite ni la répugnance ni la crainte. La profession qu'ailleurs trop de gens n'osent avouer est exercée par des hommes qui marchent la tête haute et le visage découvert. La police britannique a aussi ses agents secrets ; mais ils n'effraient point la société qu'ils ont pour mission de défendre. La répression des crimes, des délits de droit commun, suffit à leur activité. La prévention est aussi de leur ressort ; dans la pratique, toutefois, elle joue un rôle très inférieur. La police préventive est d'un fonctionnement difficile dans un pays où le respect de la liberté individuelle rayonne au fronton de la loi.

Rarement une arrestation est opérée en dehors des cas de flagrant délit constaté ou de clameur publique précise et pressante. J'ai vu un jour, à Londres, un quidam appréhendé au corps sur la plainte d'un passant dont il avait traité un peu familièrement les poches. Un porte-monnaie avait disparu. Le malandrin, fouillé, ne l'avait plus sur lui ; il fut aussitôt relaxé. Même, le passant lui fit des excuses. Le policeman manifestait sans ambages la conviction que le produit du vol était passé aux mains d'un compère. Il n'y avait pas eu de témoins, voilà tout. C'est la caricature du principe, cela. Mais j'ai assisté à cette autre scène : Un garçon d'hôtel était accusé par un voyageur d'avoir soustrait les clefs qui ouvraient ses bagages. On manda un serrurier. Du premier colis entrebâillé s'échappa le trousseau cherché vainement. Ce colis était un de ces sacs à soufflet que ferme une simple pression. L'innocence du domestique éclatait. Lui, ne se borna pas à cette satisfaction morale. On l'avait calomnié : il menaçait de la justice. Il évaluait à quinze livres sterling le lambeau arraché à sa réputation. On transigea moyennant dix guinées. Le maître de l'hôtel était intervenu. Sous nos latitudes bénies, le voyageur lui aurait ri au nez.

Police judiciaire, police municipale ou rurale, — nous arriverons, après de longs détours, à comprendre où sont les saines bases de la sécurité d'une nation. A elle seule, notre police judiciaire, rurale et municipale, représente un corps imposant : 26,000 gendarmes, 35,000 gardes champêtres, 25,000 gardes particuliers assermentés, 30,000 douaniers, 10,000 gardes forestiers et gardes-pêche, 3,000 commissaires de police avec leurs subordonnés, 3,000 agents-voyers avec les milliers de cantonniers sous leurs ordres ; en outre, les postes militaires dans les villes de garnison ; sans compter 38,000 maires, 3,000 juges de paix, 5,000 magistrats de première instance et d'appel, et, couronnant cette nomenclature, quarante-cinq mille violons, maisons de dépôt, chambres de sûreté, maisons d'arrêt, maisons de justice, maisons centrales et colonies pénitentiaires de tout genre, avec l'armée des directeurs, inspecteurs, surveillants et geôliers préposés à la garde des détenus.

Le monde des prisons comprend en permanence de 190,000 à 200,000 individus mâles et femelles. Totalisez le personnel de la répression. Homme pour homme : l'égalité des chiffres est frappante. Pour Paris, 8,000 gardiens, sous-brigadiers, brigadiers et officiers de paix forment le gros des troupes en ligne contre les malfaiteurs. Ce sont là les agents de la force publique. Ceux de la sûreté disposent de moyens d'action différents. Agents de la ruse publique, pourrait-on les nommer. Contre la ruse, quelle autre arme employer ? La lutte serait même impossible, sans le concours des *indicateurs*, sans l'appui des *coqueurs*. Un ancien haut fonctionnaire de l'administration pénitentiaire, M. Moreau-Christophe, a donné de ce vocable : *coqueur*, une étymologie ingénieuse ; c'est, dans une bande, le voleur qui, en style de prison , *mange le morceau ;* allusion à Judas Iscariote de qui Jésus disait à table : « C'est celui qui met la main dans le plat qui me trahira » ; d'où le mot *coquer*, qui signifie *baiser, embrasser*, encore aujourd'hui, dans le langage populaire du Rhône. Les coqueurs de profession sont des *moutons* ou *musiques.* Quant à l'*indicateur*, son nom détermine bien le rôle qu'il remplit. Il se mêle aux scélérats afin de les surprendre et de les démasquer. Parfois, il occupe une situation sédentaire. Le plus souvent, il exerce un métier ambulant. Ses rapports avec la *rousse* affectent un caractère de discrétion auquel il est intéressé tout le premier. La préfecture dispose de fonds secrets pour soudoyer ces bons vouloirs. Aucune rétribution fixe, d'ailleurs : chaque affaire se règle à part. Le chiffre des agents secrets est donc essentiellement variable.

Au contraire, chacune des branches greffées sur le service de la sûreté : voie publique, mœurs, recherches, contrôle, émarge à titre fixe au budget de la police. La rétribution n'est proportionnée ni aux mérites ni aux périls. Circonspection, pénétration, esprit de conduite ; si tous ceux qui exercent la profession n'ont pas ces qualités, tous les devraient avoir. Dès qu'un méfait est signalé, les gens de police courent les maisons de débauche et les lieux de plaisir. Les adroits dévisagent, jusque sous l'équipement loué chez le *changeur*, le gredin que ce fripier s'est évertué à travestir en gentilhomme. Le misérable qui se cache, ils savent où le dénicher ; soit qu'il ait reçu asile chez le *cousin*, soit qu'il fréquente le *banc des sénateurs*, soit qu'il compte parmi la clientèle de l'*arbre d'amour :* trois néologismes qu'aucun dictionnaire de la « langue verte » n'a encore enregistrés.

Le *cousin*, c'est le patron de l'hôtel borgne qui, moyennant un léger pourboire, se charge de réclamer chez le commissaire ou à la préfecture son abonné, tant qu'il n'est pas trop compromis. Sur le *banc des sénateurs*, planté dans le sol du boulevard extérieur, aux confins de la Chapelle et de Belleville, les drôles qui n'ont pas mieux à faire se prélassent, en attendant le compère qui les embauchera pour un coup de main. L'*arbre d'amour*, un marronnier des Champs-Elysées, est un rendez-vous d'infamie. La police en distingue l'habitué entre cent autres coquins.

C'est que tout est indice pour les limiers de race : les traits, les attitudes, le son de la voix, un détail de toilette, un mouvement, un rien. Vidocq se contentait de l'examen du regard.

— On peut voiler la face, disait-il avec sa forfanterie de parvenu ; qu'on me laisse plonger dans les yeux, seulement.

Un artiste d'immense valeur, auquel je demande pardon du voisinage que je lui inflige, M. Got, de la Comédie-Française, aurait assez du geste, au besoin. Le travail sur les signes mimiques communiqué jadis par M. Got au chiromancien Desbarrolles est l'œuvre d'un observateur plein de profondeur et de finesse.

La police est une science intuitive autant qu'une science d'observation. Le chef de la sûreté Allard disait à M. Delessert, en se frappant le front, devant le cadavre mutilé de la duchesse de Praslin :

— Ça, monsieur le préfet, c'est un coup d'amateur !

C'était le cri de l'inspiration, et le collaborateur le plus ordinaire de l'inspiration est le hasard. Il y a toujours du romancier dans le commissaire de police. Aussi, ses tributaires l'appellent-ils d'un nom de roman : le *quart-d'œil*. Ne dirait-on pas un sobriquet emprunté à Fenimore Cooper ? Le *quart-d'œil*, parce qu'il y a quatre commissaires par arrondissement. La *pègre* est une surprenante linguiste ; c'est par elle que le gendarme a été baptisé le *marchand de lacets* quand il poursuit, l'*hirondelle* quand il escorte, le *hussard de la veuve* quand il conduit à l'échafaud. De ces trois incarnations, la première passe pour la plus redoutée. Elle est le pont entre la liberté et l'esclavage.

Le *marchand de lacets* qui tient ne lâche pas prise aisément. Au poignet du captif, il enroule le *cabriolet* : simple chaînette aux mailles de laiton, mais dont les extrémités terminées par des olives en buis ne quittent pas les doigts du gardien. Les récalcitrants sont domptés à l'aide des *menottes* : un bracelet enserrant les deux mains. Enfin, on réserve la *ligotte* aux énergumènes ; c'est une corde avec laquelle on les lie, s'il le faut, comme on ficelle un paquet.

La rébellion n'est point aussi commune qu'on le pourrait croire, toutefois. Le sacripant se préserve des sbires avec soin. Capturé, son premier sentiment est l'humiliation. Et puis, ces déclassés dont la loi se saisit n'ont pas toujours des comptes rigoureux à régler avec elle. Le crime de beaucoup, c'est le malheur. Demandez aux agents qui partent, la nuit, en expédition pour Pantin. Là-bas s'étendent les carrières d'Amérique, et, tout autour, les fours à plâtre des exploitants. Des cargaisons de cette poussière blanche ont traversé l'Atlantique ; des quartiers de New-York et de Philadelphie ont surgi de ces trous. Mais ce ne sont pas les carrières aux parois détrempées que visent les battues nocturnes. Autour des fours en ignition, un peuple de dormeurs attend le soleil du lendemain. Quand la police lance son épervier, si plus d'un repris de justice enrichit la razzia, combien de déshérités, en revanche, ne sommeillaient à cette place qu'avec l'espoir d'être capturés ! Ils ont choisi les carrières d'Amérique parce qu'ils n'en avaient pas d'autre, parbleu ! De tristes hères y traînent la bronchite ou la pneumonie qui les mine. Ils se transportent là comme les riches malades vont faire une station dans une ville d'eaux.

Au moral et au physique, souffrances imméritées. On ne saurait éprouver pour elles une trop vive compassion. La société en garde contre l'armée du mal devrait tendre une main plus secourable aux égarés et aux faibles. La justice a ses pauvres; mais elle ne leur donne pas assez. Une tendance à les doter plus généreusement s'accentue et se propage, il est vrai. D'un côté, les tribunaux répressifs diminuent, par l'abréviation des délais de la prévention, la taxe prélevée sur le temps des délinquants. D'autre part, les tribunaux civils s'ouvrent chaque année moins chichement aux protégés de l'assistance judiciaire. Enfin, l'initiative privée se préoccupe de plus en plus de l'avenir des libérés.

Le perfectionnement de la machine judiciaire est intimement lié au progrès de ces symptômes heureux.

V

JUSTICE POUR TOUS

Mendiants et vagabonds. — L'abus de la geôle. — Haute
police. — Pour un moment d'oubli. — La surveillance. —
Rupture de ban. — Le berger Duval. — Ou la faim ou le
crime. — Dialogue d'audience. — Les libérés conditionnels.
— Nos repentis et nos récidivistes. — Le mal pour le mal.
— Transplantation. — Fils de bandits. — Les enfants de la
misère. — Un testament. — Histoire d'espadrilles. — La maison de correction. — Instruisons. — Les colonies pénitentiaires de l'avenir. — Une hérésie du romancier Dickens.
— L'égalité devant la loi et la gratuité de la justice. — Ventes, ordres, contributions. — Frais scandaleux. — L'assistance judiciaire.

Donc, pour voir s'ouvrir devant elle les portes du
palais, la misère n'a pas besoin de s'appuyer au bras
du crime. Est-ce toujours un méfait, le vagabondage ? Est-ce toujours un méfait, la mendicité ? Mendicité et vagabondage, cependant, fournissent aux
tribunaux un contingent sérieux ; c'est-à-dire, avec
les quatre mille infractions annuelles au ban de surveillance, un ensemble, pour la France, de 20,000
prévenus.

Vingt mille réprouvés ? Socialement, non peut-être.
Légalement, oui. La loi ne veut pas qu'un besogneux
tende la main. La loi ne veut pas qu'un citoyen soit
sans asile. La loi ne veut pas que celui de ses sujets à
qui elle a dit : « Tu resteras ici », aille ailleurs. Les
hommes sont unis entre eux par des liens de famille,
de domicile, de voisinage, de travail. L'individu est
une fraction d'un petit cercle où se concentrent ses
affections, ses intérêts.

Chaque cercle représente la pierre d'un édifice que la société doit employer tous ses efforts à maintenir en solide état. C'est un devoir qu'on peut, selon la philosophie que l'on professe, préconiser très diversement.

Amour du prochain, souci du bien-être de l'humanité, si l'on approfondit le sens général d'un récent ouvrage, les *Prisons de Paris*, par M. Jules Arboux ; appréhensions salutaires, crainte d'un ébranlement fâcheux, si on consulte le *Mémoire sur le vagabondage* de M. Th. Homberg, conseiller honoraire de la cour de Rouen, lu à l'Académie des sciences morales et politiques.

Principe généreux ou doctrine égoïste, le programme du corps social est tracé : exiger de tout membre qu'il produise autant qu'il consomme ; répudier le parasite qui consomme sans produire, et qu'aucun des cercles solidaires ne saurait revendiquer pour sien.

On ne rencontrera pas ici l'ombre d'un parti-pris de blâme. Ce qui me paraîtra critiquable, en revanche, il me sera permis de le critiquer franchement. Les tribunaux sont trop enclins à confondre avec la horde des criminels le clan des vaincus de l'existence. De ces vingt mille déclassés conduits, bon an mal an, dans les prétoires où l'on condamne, combien aspirent au relèvement ! Feuilletez le casier judiciaire et dressez la liste des découragés qui, parvenus à la vieillesse, ont subi vingt ou trente condamnations sans avoir jamais commis un vol ou un acte de violence ! De pauvres diables dont tout le vice est une sorte d'indolence native sont traités en pervers. C'est l'abus irréfléchi de la prison. On lui confie des apathiques ; elle rend des ennemis. Pour beaucoup, l'habitude de la détention devient une seconde nature ; ils en arrivent à préférer les privations au travail. D'autres, chaque fois qu'ils ont essayé de sortir de

l'abjection, y sont retombés, poussés impitoyablement
par la main de la justice. Parfois, le passé d'un vieillard tient tout entier derrière la muraille d'une geôle.
Consultez son dossier : il révèle une condamnation
encourue durant la jeunesse ; la flétrissure a pesé sur
le restant des jours.

La loi n'établit pas une ligne de démarcation assez
tranchée entre le disgracié de la chance et le coquin.
Encore, les cruautés du Code pénal ont-elles été adou-
cies. L'article 271 vouait le vagabond, sa peine expi-
rée, à une surveillance de cinq à dix ans. Depuis 1874
la surveillance de la haute police est facultative.
Pourquoi « la haute police », puisque la basse police,
la police occulte n'est plus un pouvoir officiel ? Routine des mots. Quant à la surveillance, les magistrats
qui en apprécient l'opportunité risqueraient peu à la
restreindre davantage. Le détenu n'a pas de rentes,
quand il recouvre la liberté. Il n'a à compter que sur
le labeur de ses bras. Où puisera-t-il des ressources,
si tous les ateliers se ferment devant lui ? Le monde a
tort de prétendre juger une vie par une minute de
faiblesse. Il ne se dit pas assez qu'en dépit de cette
défaillance, l'âme peut n'être pas gangrenée. Il sait des
gens qui ont manqué au devoir ou forfait à l'honneur ;
il reste volontiers leur ami tant qu'ils ne sont pas
frappés par la loi. A d'autres qu'elle a atteints, il retire
son estime sans se demander si c'est avoir irrévoca-
blement démérité que de s'être abandonné à un moment
d'oubli.

On a aboli la chaîne, on a aboli la marque pour les
forçats. Pour trop de détenus libérés, la marque et la
chaîne ressuscitent. La marque, c'est la feuille de route
qui mentionne l'itinéraire du surveillé, la durée de ses
séjours, le lieu de sa destination ; cette feuille qu'à
toute réquisition de « ses papiers » il exhibe en tremblant. La chaîne, c'est la résidence obligatoire, c'est le

lien rigoureux entre le libéré et la police. La résidence, pourvu qu'il ne choisisse ni le département de la Seine, ni les grandes localités, ni les villes frontières, il est en droit de la fixer lui-même, soit ; mais comment y déguiserait-il la cause de sa présence ? Il est autorisé à échanger contre un autre le séjour reconnu intolérable après un semestre, soit encore ; mais comment subsistera-t-il, cloué pendant six mois dans un rayon où les moyens d'existence lui seront refusés ?

Faut-il donc s'indigner, si certains vagabonds aiment mieux la prison que leur supplice ? Faut-il s'étonner du chiffre des jugements correctionnels en matière de rupture de ban ? Un détenu de Sainte-Pélagie incarcéré deux fois pour vagabondage racontait en ces termes son arrestation :

— Revenant de la campagne où j'avais trouvé un peu d'occupation pendant les grands froids de l'hiver 1879-1880, je regagnais Paris et j'avais épuisé mes ressources. Près de Saint-Denis, sur la route, je rencontre le propriétaire d'une machine à vapeur qui consent à me recevoir parmi les ouvriers qu'il emploie. Je me félicite de cette aubaine et j'espère avoir bientôt à ma disposition quelques économies. Mais j'étais mal vêtu. Après une demi-journée passée auprès de mon nouveau patron, les ouvriers disent qu'ils ont vu « de la vermine » sur mon linge et refusent de travailler avec moi. On me donne un franc, on me congédie. Deux jours après, j'étais arrêté à Paris, sans asile et sans pain.

Insensiblement, la prison devient ainsi le soulagement souhaité, et, à défaut d'elle, le bagne. M. Homberg cite un mot navrant d'un sexagénaire revenu des travaux forcés, un ancien berger du nom de David. Il s'était fait donner un passeport pour Amiens, où il avait vécu, où il avait laissé cinq enfants ; il n'y retrouva personne. Duval, alors, se met à courir les

campagnes, couchant au pied des meules de grain,
volant autour des fermes. Des gendarmes le rencontrent dans la Seine-Inférieure. Il se livre à eux, et d'un
ton résigné :

— Tous les miens sont dispersés ; non seulement je
n'ai plus de parents, mais je n'ai plus de relations. J'ai
passé vingt-sept ans au bagne, j'y voudrais retourner
pour finir ma carrière ; prenez-moi...

Il n'est pas de jour où ne se succèdent sur les bancs
du Tribunal de la Seine quelques révoltés las de
courber l'échine sous la lourde cangue de la surveillance. On les avait placés entre la faim et le crime, en
leur assignant une zone qu'il leur était interdit de
dépasser. Ils ont renoncé au crime, mais ils ont lâché
pied devant la faim.

— Que veniez-vous faire à Paris?
— Chercher du travail.
— Il fallait en chercher en province.
— On ne voulait pas de moi.

Le président se tait. Le prévenu, farouche, attend.
Celui-là doit punir ; celui-ci le sait bien. La loi est formelle. Elle déploie une excessive rudesse envers des
repentis qu'une formule martyrise ; alors que, par
une contradiction déplorable, elle reste très insuffisam-
ment armée contre des récidivistes qui sont pour le
pays un fléau.

Notre système répressif contraint le détenu en commun à subir sa peine intégralement. En Angleterre,
aux Etats-Unis, la libération conditionnelle, ou préparatoire, ou provisoire, jouit d'une faveur méritée.
Au prisonnier considéré comme sincèrement en voie
de réforme, on dit : « Sois libre ; nous aurons l'œil sur
toi, prêts à te ressaisir à la moindre incartade. » Le
libéré conditionnel est donc l'arbitre de son propre sort.
La contrainte qu'il accepte l'habitue à maîtriser ses
penchants. Il n'était qu'un bon prisonnier, il peut

redevenir un bon citoyen. Un contrôle efficace, sans être vexatoire, le suivra jusqu'à la période terminale de cette transformation.

Pourquoi ce qui est excellent aux Etats-Unis et en Angleterre ne semblerait-il pas bon chez nous? On devrait pouvoir hâter le retour à la liberté du condamné qui s'amende. On devrait pouvoir, par contre, transplanter loin de la mère patrie les incorrigibles avérés.

Des malfaiteurs pratiquent le mal pour le mal. D'autres ont en partage une exubérance de tempérament qui les met à l'étroit parmi nos conventions. En des temps différents, ils se seraient faits pandours, corsaires, trappeurs; en des contrées moins policées, ils se jetteraient dans la montagne ou à la côte. Leur sève étouffe, au milieu de notre civilisation étriquée. Une haine qui les prend au berceau croît en eux. A leurs yeux, la vie n'est attachante que faite de ruses et de luttes. Certains parlent de leur état comme un ouvrier épris de sa profession. Quelques-uns se dépensent en déclamations à effet, fulminent l'anathème, se campent orgueilleusement en niveleurs, en face des inégalités sociales. Un sol vierge, une société neuve ouvriraient une écluse à ces débordements, apaiseraient ces tempêtes, utiliseraient l'énergie de ces jouteurs des âges héroïques égarés dans le nôtre, prépareraient à leurs fils les voies de l'avenir.

Leurs fils? C'est que les champions les plus tarés de la récidive font souche tout comme d'honnêtes gens. Que deviennent ces petits? Visitez les postes de police, le dépôt de la préfecture, la prison de la Petite-Roquette, les maisons de correction, les établissements pénitentiaires. En 1878, on a arrêté à Paris et conduit au dépôt 770 enfants de moins de douze ans et 1,286 enfants de douze à seize ans, mendiants ou vagabonds. Sur ces 2,056 enfants, 1,278 étaient pris pour la première fois, 325 pour la seconde fois, 196 pour la troisième, 107 pour la quatrième, 83 pour la cinquième, 27 pour la sixième, 12 pour la septième, 6 pour la huitième, 9 pour la neuvième, 13 *pour la dixième fois.* Qu'il appartienne aux 13 ou aux 1,278, chacun a son histoire, et l'origine n'en varie guère : inconduite du père, de la mère ; mort, fuite, séparation du ménage légitime ou irrégulier ; condamnation d'un des conjoints ou de tous deux.

En entrant dans ce monde, l'enfant a été maudit. Un âpre vent semble avoir balayé, à travers les fissures du galetas où il est né, la chaude atmosphère de tendresse loin de laquelle il grandira. Le corps ne connaît pas les caresses ; l'âme qui se congèle complète un rabougri, au physique et au moral. L'indifférence, les mauvais traitements, les détestables exemples, les appétits déchaînés chasseront le fils ou la fille du taudis. Souvent, les parents encouragent ce départ ; il les délivre d'une gêne, il les débarrasse d'une bouche à nourrir. Ils font pis qu'y applaudir, ils le provoquent ; si le bambin résiste, on le perd. Le jour du terme est propice à ces exécutions. La police qui recueille dans la rue les petits errants sait d'avance ce qu'elle apprendra au logis désigné par eux : la famille a déménagé et elle n'a pas laissé d'adresse.

L'enfant n'est pas toujours criminellement abandonné. Tantôt, on le force à demander l'aumône, à voler. Tantôt, ses propres instincts le précipitent vers le mal. Tantôt, l'occasion seule fait de l'innocent un coupable. S'il avait moins de douze ans, jusqu'aux modifications heureuses dernièrement introduites par le nouveau directeur, M. Quentin, l'Assistance publique pouvait se charger de lui, à la condition qu'il ne fût ni enfant légitime, ni orphelin de parents décédés de mort naturelle, ni délaissé uniquement à cause de l'indigence des siens. Il y a quelques mois, les « faits-divers » signalaient le suicide d'un ouvrier serrurier, qui avait tracé à la craie ce testament sur la porte de sa mansarde :

« Voilà le chef-d'œuvre de la société. Puisqu'il a mieux valu que ce fût le père qui meure pour que les enfants pussent être assistés, il est mort. C'est lâche de mourir de la sorte, à trente-cinq ans ; pour moi c'est brave. Je meurs, qu'ils soient heureux. Comme c'était le père qui gênait, il disparaît. Que la Providence veuille que vous sortiez de la misère. Je vous reverrai tous, courage ! »

Entendit-on jamais un plus lugubre cri de désespoir ? On parle de la question sociale : elle est dans ces huit lignes, du commencement à la fin. Quand l'enfant a plus de douze ans, le bienfaiteur qui lui reste s'appelle la prison. Les plus heureux sont ceux qu'une main charitable secourt. Encore ne faut-il pas que quelque volonté autorisée s'interpose. En août 1880, le tribunal correctionnel de Paris sauvait du gouffre une proie ; à travers combien de difficultés ! Les magistrats avaient pitié des dix ans de François Driffaut qu'on amenait à leur barre pour un vol d'espadrilles. Ils comprenaient le passé, en voyant devant eux ce petit sauvage des faubourgs qui ne demandait qu'à être civilisé. Ne savent-ils pas par expérience ce que sont ces existences qui s'éveillent dans les ténèbres de la misère, qui marchent à tâtons sans un guide, sans un conseil ? Cela pousse entre deux pavés, comme une herbe folle. La plante donne des fleurs, parfois. Pur effet du hasard. Un rayon de soleil lui a souri, et l'épanouissement est venu. Pour Driffaut, le rayon de soleil était la veuve Bâton, une simple concierge, mais une de ces natures prime-sautières qui font le bien par impulsion. François, seul, délaissé, avait ému son cœur ; elle avait emporté François, elle en faisait son fils, elle le gardait sans trop penser au lendemain. Lui-même disait cette histoire, en répondant au président, M. Bresselles, qui l'interrogeait :

D. Tu as volé ?

R. J'ai *pris* une paire d'espadrilles à l'étalage d'une boutique, Monsieur.

D. Pourquoi as-tu fait cela, mon enfant ?

R. Monsieur, c'était *pour moi mettre*, mes souliers me quittaient.

D. Ta famille ne te donne donc pas de souliers ?

R. Je n'en ai pas, de famille. Maman est morte.

D. Et ton père ?

R. On ne sait pas ce qu'il est devenu. J'étais chez Mme Bâton, qui était comme une mère.

D. Que n'y es-tu resté ?

R. J'ai pas pu, Monsieur. Mme Bâton faisait ce qu'elle pouvait. Elle est âgée, infirme. J'aurais travaillé, plus tard, pour l'aider aussi. Mais j'ai une tante qui n'a pas voulu. Elle m'a réclamé. Il a fallu obéir...

D. Tu n'avais qu'à te bien conduire chez ta tante.

R. Mais je ne demandais pas mieux. Seulement, elle me battait pour un oui, pour un non. Alors je m'en allais, je courais les rues. Quand je rentrais, ma tante me battait plus fort et, *des fois*, mon oncle aussi. Moi, je *m'ensauvais* encore...

D. Il a été constaté, en effet, que les coups avaient produit sur diverses parties du corps des excoriations.

Quel parti prendre, en des conjonctures aussi embarrassantes ? Mme Bâton se chargerait volontiers de son petit pensionnaire d'autrefois. Mais ses ressources seraient-elles suffisantes ? La vieille concierge déclarait n'avoir jamais rencontré une nature plus docile, un caractère plus ouvert. La tante de François s'excusait des traitements qu'elle lui avait fait subir, en affirmant qu'il volait et qu'il vagabondait. C'était mettre les effets à la place des causes. Enfin, dans sa perplexité, le tribunal avait trouvé prudent de renvoyer l'affaire.

Dans l'intervalle, des offres parviennent aux magistrats, des élans se font jour qui prouvent une fois de

plus quel admirable levier la charité est à Paris et
combien chaleureux est l'accueil fait à tout ce qui s'a-
dresse aux cœurs. Les candidats à la bienfaisance se
disputent le jeune abandonné. On opte pour un des
postulants. Le prévenu est ramené à l'audience. Le
président, M. Brisout de Barneville, cette fois, lui
fait part de l'intérêt dont il est l'objet :

D. Vous vous en rendrez digne ?
R. Oh ! oui, Monsieur.
D. Votre tante vous reprendrait volontiers, si vous vouliez.
R. Mais je ne veux pas, Monsieur, je ne veux pas !... J'étais
trop malheureux... J'aime mieux aller en prison !
D. Nous allons prendre une mesure indispensable pour que
votre oncle et votre tante perdent leurs droits sur vous. Le
tribunal va vous envoyer dans une maison de correction afin
de vous soustraire également aux recherches de votre père
qui, paraît-il, ne serait pas animé de bonnes intentions à
votre égard. Vous serez dans cette maison l'objet d'une
attention particulière et vous n'y resterez que peu de jours.
R. Merci, Monsieur, de tout mon cœur !

Cette scène n'est pas unique en son genre. Mais que
ne se reproduit-elle plus fréquemment ! De tels exemples, s'ils se multipliaient, coopéreraient plus active-
ment que bien des discours et des brochures aux progrès
de la protection de l'enfance, grave question éternellement à l'ordre du jour. La maison de correction est
suspecte. Les juges eux-mêmes ont achevé de la dis-
créditer, en lui jetant du haut de leur siège cette épithète : lieu de corruption ! Ce n'est pas à l'institution
que s'attache la censure ; c'est à l'emploi qu'on en fait.
Les magistrats, tout les premiers, ont faussé l'outil.
Ils n'accordent pas aux jeunes prévenus qu'on leur
livre une sollicitude assez vigilante. Ils mettent à un
rang égal l'ignorant et le pervers. L'instruction obligatoire, qui a enfin conquis les suffrages de nos législateurs, sera-t-elle un remède assez puissant ? On

frémit devant ce chiffre énoncé par M. Paul Bert, en décembre 1880, à la tribune de la Chambre des députés : 600,000 enfants ne recevant d'instruction d'aucune sorte. Quelque zèle qu'on déploie, on n'empêchera pas que des pères exploitent leur progéniture pour augmenter un salaire insuffisant ; on n'asseoira pas le règne de la vertu universelle et on ne décrètera pas l'affection.

— Es-tu bien, ici ? demandait un chef de service à une fillette enfermée provisoirement au Dépôt, ses parents ayant été arrêtés pour escroquerie.

— Oh ! oui, Monsieur ; ici, au moins, on mange tous les jours !

Il y aura de tout temps des égarés à ramener, des fourvoyés à replacer dans le droit chemin. Ces faubouriens instables qui sont comme des pépites roulées par la boue de la ville contractent dans la vie en plein air des goûts d'indépendance qui les rendent défiants. Le « pâle voyou » des *Iambes* de Barbier, passé à l'état nomade, puise une volupté dans son indiscipline. Le jour, il rôde, en quête de l'imprévu. La nuit, il couche dans les chantiers, sous les ponts, parmi les gravats des bâtisses en construction, sur les gazons de l'enceinte fortifiée. L'un d'eux, qui passait l'an dernier en police correctionnelle, s'était disposé un logis au fond d'une vieille bouche d'égout des quartiers extérieurs. Il ouvrait les portières des fiacres aux voyageurs, ramassait les bouts de cigares ou bien faisait des courses. Dans une phase de chômage, il avait volé un bifteck. Il n'a pas fallu moins qu'une condamnation à trois semaines d'emprisonnement pour attirer sur lui une attention bienveillante. Il travaille depuis, et il n'a plus bronché.

Le travail : voilà le grand rédempteur. Encore est-il indispensable de le distribuer avec tact. La colonie pénitentiaire tient bêtement de la caserne. Son hôte n'est qu'un numéro. On en fait un enfant de troupe de l'armée du mal. L'éducation correctionnelle attend son réformateur. Le digne Demetz a posé, à Mettray, un utile jalon. A Orgeville, d'heureux résultats proclament la compétence de M. Georges Bonjean. Mais peut-être l'avenir est-il aux agglomérations moins vastes. Les petites colonies agricoles rappellent davantage la famille. N'est-ce pas la famille qu'il faut restituer à ceux qui l'ont perdue ? Le directeur de la colonie de Sainte-Foy, dans la Dordogne, M. Rey, l'a compris de la sorte et supérieurement compris. Son *Journal d'éducation correctionnelle*, publié trimestriellement, revendique avec énergie des réformes. La constitution de l'éducation correctionnelle en un service autonome occupe le premier rang. Ce n'est pas l'administration pénitentiaire qui prendra jamais cette initiative. Le jour seulement où l'éducation correctionnelle sera considérée comme une branche de l'éducation populaire, un pas décisif aura été fait ; une œuvre sérieuse de préservation et de réparation sociales sera en voie de fondation.

On doit se contenter des œuvres de rédemption, en attendant : Société générale de protection, sociétés de patronage privées ; elles sont pour l'enfance ce que sont pour l'âge adulte l'œuvre des prisons, l'œuvre des libérés acquittés. L'envers fâcheux de ces institutions, c'est leur exclusivisme. Charles Dickens racontait à M. Jules Simon la légende du malheureux recommandé à un personnage influent. Sa situation est touchante ; il est reçu à bras ouverts. « Et vous avez été condamné à quoi ? demande le protecteur. — Moi ? Je n'ai jamais été condamné, que je sache. — Jamais ? — Non. — Tant mieux pour vous, mais alors je ne puis rien ; je ne protège que les malfaiteurs. » Et Dickens, enchanté de son anecdote, ajoutait :

— Occupons-nous d'abord des honnêtes gens.

Il oubliait que les malfaiteurs sont parfois des gens honnêtes dont on ne s'est pas assez occupé. La société n'a pas le droit de tomber dans la même erreur. L'extinction du paupérisme est une chimère, assurément. Mais voyez ce que fait la justice. Elle a ses pauvres, disais-je au précédent chapitre. Avec quelle parcimonie elle les secourt! Nos constitutions proclament l'égalité des citoyens devant la loi et elles veulent que la justice soit gratuite. Cependant, la justice coûte cher; dès lors, l'égalité des citoyens n'est qu'une fiction. Comment l'indigent luttera-t-il contre le riche? A quelle caisse empruntera-t-il de quoi subvenir aux trois ordres de frais dont l'avance est exigée pour tout ou pour partie:

Droits d'enregistrement, de timbre, de greffe, perçus par le Trésor public;

Honoraires ou émoluments des avocats, avoués, huissiers, greffiers;

Taxes des témoins, vacations des experts, frais de transport des personnes que déplace l'instruction de l'affaire?

Le total atteint des proportions exorbitantes, souvent. Nos arrière-neveux se refuseront à croire qu'il fut un temps où les débours entraînés par l'adjudication d'un immeuble de 500 fr. vendu judiciairement excédaient 130 pour 100; c'est-à-dire qu'un débiteur dans la gêne, un petit propriétaire foncier dont la bicoque s'en allait aux enchères, non seulement ne désintéressait pas dans la plus mince mesure son créancier, non seulement ne percevait pas la moindre fraction du produit, mais encore restait redevable de plus de 150 fr. pour parfaire les frais! Et le tableau des ordres et des contributions que publie chaque année le ministère dans son compte-rendu de la justice civile! L'ordre, c'est la distribution du prix d'un immeuble aux créanciers hypothécaires. La contribution, c'est la distribution du prix d'immeubles ou d'objets mobiliers à des créanciers chirographaires, créanciers n'ayant pas d'hypothèque et venant en concurrence les uns avec les autres. Une vente de 1000 fr. avec ordre judiciaire ne couvre pas ses propres frais !

On a comparé les tribunaux au buisson épineux choisi par la brebis comme un refuge contre les loups, et d'où elle ne sort qu'en y laissant une partie de sa toison. Heureuses les brebis pourvues d'une toison ! Celles qui n'avaient rien à abandonner au buisson n'osaient en affronter les épines. La loi du 22 janvier 1851 établit une sorte d'équilibre : l'assistance judiciaire était organisée.

L'assistance judiciaire pourrait être le salut. Quand celui qui l'invoque a libellé sa demande, déposé un extrait du rôle des contributions constatant qu'il n'est pas imposé, joint à sa déclaration d'indigence une attestation du maire, il semble que la justice n'ait plus qu'à le prendre sous son aile. Une première objection s'élève, cependant : le pauvre est-il suffisamment pauvre pour jouir de la gratuité ? Sur ce point, le *Dictionnaire de législation universelle* de M. Ernest Cadet répond : « La loi de janvier 1851 s'applique à l'indigence *relative* et non à l'indigence absolue... La question d'indigence est une question d'appréciation qu'on résout en comparant les moyens pécuniaires de la personne avec les frais présumés du litige. » Mais un obstacle plus grave surgit. Le bureau de l'assistance judiciaire accepte la cause qu'on lui a confiée, les actes de procédure se succèdent régulièrement, l'avocat désigné d'office plaide, le procès est gagné, — un procès de l'issue duquel peut dépendre le pain d'une famille ; que la sentence reçoive son effet, le demandeur n'aura plus qu'à bénir la main qui l'a secouru. Eh bien ! à ce moment-là, précisément, cette main se retire de lui tout à coup ; l'action en justice terminée, l'interven-

tion de l'assistance judiciaire cesse : après avoir mené
à bonne fin la procédure, elle se désintéresse de l'exécution du jugement.

Le jugement devra-t-il donc rester lettre morte ?
L'aide accordée au malheureux tant que son droit
était contestable lui est-elle logiquement refusée à
partir de l'instant où son droit est certain ? L'assistance judiciaire a pour objet de rendre la justice
accessible à tous : est-ce une justice complète,
celle qui ne fait pas respecter ses décisions ? Donner à l'assisté un titre sans lui donner le moyen
d'en tirer parti, c'est rajeunir le supplice de Tantale.
Encore une lacune à combler.

Certes, les bureaux de l'assistance ne sauraient admettre indistinctement toutes les requêtes. Sans une
sélection dont l'utilité est évidente, les prétoires seraient
inondés de sottes réclamations. Il faut voir sur quelles excentriques audaces insistent les pétitionnaires ! La
recherche de la paternité, qui est interdite ; le châtiment de la séduction, qui n'est pas prévu ; la reconstitution des majorats, qui sont abolis. Convoitises
ardentes, héritages fantastiques, titres hyperboliques,
persécutions imaginaires, rêves de cerveaux détraqués,
bâtards du pape aspirant aux honneurs, filles naturel-
les d'un don Juan couronné s'attribuant des droits à
un trône, ivrognes sordides criant à la spoliation :
c'est une lutte où l'assaillant use de tous les subterfu-
ges et met en branle toutes les influences. Mais précisément parce que l'assistance judiciaire élimine pour
la France, sur 25,000 demandes annuelles, 10,000
solliciteurs, elle devrait servir les autres sans lésiner.
La misère qui poursuit des revendications légitimes,
tout cemme l'opulence qui plaide à tort et à travers, a
droit à cette protection sacrée : des juges.

VI

TOQUES GALONNÉES

Que l'on dénigre ou que l'on exalte le juge, qu'on
le vénère ou qu'on le subisse , il est l'expression
vivante de la loi; sans lui, elle ne serait qu'un mot.
Une bonne justice suppose nécessairement de bons
juges. Sont-ils donc rares ? Les exceptions attestent
seulement que les qualités de l'emploi peuvent n'être
pas accessibles à tous. Au xvie et au xviie siècles, de
par la mode, les aînés de certaines maisons choisis-
saient la profession d'avocat et abandonnaient la magistrature aux cadets. Antoine Loisel délaissa pour la
barre une charge de judicature. L'orateur-poète Four-
croy disait à un magistrat curieux de savoir à quelle
carrière il destinait son fils :

— S'il a des talents, j'en ferai un avocat; sinon, il
sera conseiller.

La répartie pouvait passer pour spirituelle. Elle
paraîtrait singulièrement impertinente, de nos jours.

La différence tient peut-être à ce que la fortune n'im
provise plus des conseillers. Les grades que l'on ache
tait, on les conquiert un à un. Sans doute, la magis
trature compte dans ses rangs des transfuges d
barreau. Mais s'ils sont montés haut, c'est presqu
toujours par une ascension ardue. Il y a loin du par
quet de la Cour à un siège à la Cour. Consultez pluté
ceux qui sont entrés au parquet comme attachés et qu
en sont sortis substituts. Le néophyte ne recevait pa
de traitement. Substitut, le voilà ordonné. On l'envoi
exercer son ministère dans quelque sous-préfecture
médiocrement rétribué, d'ailleurs, et tant qu'il prendr
la parole debout, comme ses fonctions l'y astreignent
très incertain de l'avenir. C'est qu'aussi longtemps qu
l'on appartient à la magistrature amovible, — au par
quet, selon le terme imaginé à l'époque où la plac
réservée aux gens du roi en la Grand'Chambre étai
comme un petit parc entouré d'une barrière en menui
serie, — on est à la merci d'un coup de bascule poli
tique. Le rêve du magistrat debout est donc de s'asseoir
en dépit du mot de M. de Laverdy au président d
Parlement lui reprochant un manque de respec
envers la Cour, qui avait bien voulu recevoir son fils

— Monsieur le président, je ne l'eusse· pas fai
asseoir s'il eût été capable de se tenir debout.

Mais il n'y a pas de siéges pour tout le monde. O
remarque ce phénomène dans les meilleurs salons
Quand le magistrat est assis, par exemple, il n'a poin
à craindre les empiètements d'un intrus. Les vœu
prononcés lui assurent pour toujours sa place dans l
communauté.

Aux années d'incessante activité succéderont le
années plus placides. Après avoir donné aux intérêt
de la justice la verdeur de sa sève, le magistrat leu
consacrera la maturité de son esprit. L'influence d
l'âge, ici, est sensible. Sur· cent affaires de premièr

instance, 57 sont jugées en moins de trois mois ; sur
une moyenne égale de procès d'appel, on n'en juge en
trois mois que 34. En appel, 9 pour cent des causes
se prolongent au delà de deux ans ; en première instance, la proportion des causes de plus de deux années
de durée n'excède pas 2 pour cent.

Les lenteurs proviennent aussi de la préoccupation
de bien juger. Notre organisme judiciaire comprenant
une succession de juridictions qui se révisent l'une
l'autre, tout magistrat a souci de l'opinion des magistrats du degré supérieur. Le juge de paix qui libelle
une décision songe au tribunal de première instance,
auquel en appelleront les parties. Le juge de première
instance ne perd pas de vue qu'au-dessus de lui il y a
la Cour d'appel. Le conseiller d'appel, enfin, ne saurait dédaigner l'appréciation possible de la Cour de
cassation. Là, le contrôle s'arrête. La Cour de cassation surmonte l'édifice, ne l'oublions pas. La girouette
aussi, disent les satiriques. Dans les sentences de ce
tribunal suprême, a-t-on objecté, que de tâtonnements
et que d'hésitations ! Au milieu de dissidences trop
fréquentes, quel est le sens de la loi ? Que penser de
questions résolues tantôt d'une façon, tantôt de la façon opposée ? Ces incertitudes de la puissance régula-
trice n'eussent pas manqué d'affaiblir le prestige de son
autorité, s'il n'était avéré que la perfection n'est point
de ce monde.

La cour souveraine a pour mission de fixer les principes et non de marquer d'où vient le vent. Son rôle
est de maintenir d'un bout à l'autre du pays l'unité de
la législation. Elle est comme un solide presse-papier
posé sur les feuillets du Code pour les empêcher de
s'égarer. De ses trois chambres, l'une, la chambre de
requêtes, est un bureau d'épreuves sans autre utilité
que celle de répartir entre les deux autres les pourvois
au criminel et au civil qui lui paraissent admissibles.

Elles tiennent chacune trois audiences par semaine
non pour descendre au fond des procès, mais pour en
considérer la forme. Les tacticiens et les stratégistes de
la barre gaspilleraient leurs heures et plieraient mal
leurs aptitudes à ces abstractions : mathématiques
transcendantes appliquées aux problèmes judiciaires.
La Cour de cassation a donc ses avocats attitrés, en
même temps avocats au conseil d'État. Il est à croire
que les vices de forme ne pullulent pas dans les décisions de tout ordre dont la masse se chiffre par les centaines de mille que l'on sait, puisque deux cents tout
au plus sont cassées annuellement.

Aucun symptôme ne démontre plus péremptoire-
ment quel louables scrupules tiennent en haleine nos
magistrats ; aucun n'explique mieux, non plus, les
délais inséparables de certains jugements. Dans leur
rédaction, juges et conseillers déploient des coquetteries
de lettrés. La pose toujours un peu théâtrale de l'audience déguise des perplexités dont ils n'ont point,
d'ailleurs, à faire parade. C'est derrière la toile qu'elles
se trahissent, dans le laisser-aller du déshabillé,
dans l'abandon des colloques, dans les emprunts aux
auteurs ardemment interrogés, dans la chaleur soute-
nue des délibérations.

Si le culte du droit est parfois méconnu, c'est que
la race des casuistes habiles à torturer les textes est impé-
rissable. Qui ne se rappelle les paroles du chancelier
de l'Université Jehan Gerson : « Dieu veuille que la
justice soit toujours conservée sans estre enfreinte pour
le grand ne pour le petit, car aultrement se vérifieroit
le dict d'Anastase, le philosophe, que les lois ou
arrêts des juges sont comme les toiles d'araignée, qui
retiennent les petites mouches et laissent aller les gros-
ses. » Les magistrats d'alors, touchant cinq sols parisis comme salaire quotidien, comptaient sur la libé-
ralité des plaideurs. Ceux-ci commençaient à user

d'une monnaie plus sonore que les épices, les juges « se treuvant empeschés de tant de confitures et dragées qui leur gastoient les dents, et aimant mieux toucher deniers. » Des règlements prescrivaient aux conseillers « de ne parler entre eulx à l'audience de nulle besoigne touchant eulx ou leurs amis » et « chacun des plaideurs paisiblement escouter ». On se récriait encore, au siècle dernier, devant cette grande dame qui se vantait d'avoir gagné « sans crédit et sans bassesse » une cause où sa fortune était en jeu.

La vénalité a disparu des mœurs de la magistrature française. Il est devenu banal de parler de son intégrité, de son désintéressement. Les défaillances individuelles, lorsqu'il s'y en produit, n'ont guère pour origine que la mesquinerie d'idées, l'étroitesse d'esprit, l'aveuglement obstiné de certains retardataires. Qu'il arbore à sa toque la modeste ganse d'argent du substitut de première instance ou le quadruple ruban d'or du premier président de la Cour de cassation, tout magistrat, à quelque camp qu'il appartienne, possède le sentiment de sa responsabilité à un degré égal. La nuance est dans les opinions.

On se rappellera longtemps, au Palais, quel gros événement ce fut lorsqu'un matin de mai 1878, sans tambour ni trompette, la République franchit le seuil du sanctuaire ; un humble buste en plâtre installé timidement, mais enfin installé, dans quelques chambres du tribunal de la Seine. Il y eut des sourires contraints, et des chuchotements effarés, et des gestes tragiques. C'était une profanation que cette effigie dont, depuis huit années, sous les plus invraisemblables prétextes, on reculait l'avènement. C'était une bravade à des répugnances que l'on avait omis de consulter. L'esprit de caste était blessé au vif. N'est-il pas vieux comme la magistrature elle-même ?

Ce boulet qu'elle traînait, le premier empire en aggrava le poids, lorsqu'il fit de notre système judiciaire l'une des pièces de l'appareil à despotisme distribuant dans toutes les parties de la nation une vie uniforme dont la loi essentielle était l'obéissance à la volonté d'un seul. La Restauration, qui en quelques semaines destitua trois cents conseillers soupçonnés d'être restés napoléoniens, n'aboutit qu'à substituer à l'impérialisme le royalisme.

Grâce aux présentations par les chefs de compagnies à chaque nomination ou mutation, on eût pu espérer circonscrire l'arbitraire, mettre en évidence le mérite modeste et décourager l'intrigue. Mais ces présentations ne sont point obligatoires. Et puis, elles se ressentent de l'influence du népotisme, forcément. Elles sont élaborées dans l'intimité du cabinet des présidents ou des procureurs assaillis par les sollicitations. Mieux vaudrait décréter franchement le recrutement de la magistrature par elle-même, s'il ne devait conduire à un monopole qu'on serait forcé tôt ou tard ou de briser avec violence, ou d'accepter comme direction suprême du gouvernement.

Cette ardeur des compétitions et des brigues atteignait des proportions si scandaleuses, à la suite du décret de 1852, — imposant la retraite aux magistrats arrivés à l'âge de soixante-dix ans et à soixante-quinze ans pour ceux de la Cour de cassation, — que le garde des sceaux était contraint de rappeler à la retenue ses subordonnés par une circulaire restée célèbre :

Monsieur le Procureur général,

Dès qu'une place devient vacante dans la magistrature, *souvent même avant que la mort ou la retraite du titulaire l'ait rendue disponible*, ceux des magistrats qui se croient des titres à l'obtenir s'empressent, les uns de venir la solliciter en personne, les autres d'envoyer des demandes et des lettres de recommandation.

Ces démarches ne peuvent être plus longtemps tolérées : je veux qu'on soit partout averti que le mérite et les services rendus sont à nos yeux la seule raison de préférence; que les seules recommandations auxquelles je veuille donner crédit sont les recommandations des chefs hiérarchiques de chaque ressort.

Je ne saurais rien de plus inconvenant que ces visites dans lesquelles le candidat, tout au but qu'il poursuit, s'exalte sans mesure et ne craint pas de rabaisser des collègues qu'il considère comme des rivaux.

Il peut arriver, et c'est le cas le plus fréquent, que les lettres de recommandation adressées à la chancellerie émanent de personnes considérables et dont, en général, la parole mérite attention ; mais quelle influence peut exercer sur le choix de la magistrature le témoignage même des personnes les plus honorables, quand elles sont étrangères à l'administration de la justice, ignorantes de ses besoins, de ses susceptibilités, de ses règles ?

C'est le devoir du ministre de rechercher et de récompenser le mérite, et pour accomplir ce devoir il n'a besoin que du concours des premiers présidents et des procureurs généraux.

Faites, je vous prie, connaître ma détermination aux magistrats de votre ressort, et que désormais ils s'épargnent des visites qui nuisent plus qu'elles ne servent, et des sollicitations que je ne veux plus écouter.

Recevez, etc., etc.

Le Garde des sceaux, ministre de la justice.

DELANGLE.

Il fallait de criants abus, pour motiver ce langage brutal. Mais le mal est de tous les régimes. A vingt-cinq ans d'intervalle, un autre ministre avait à ramener la discipline dans le corps judiciaire enclin à l'oublier. Les exhortations, cette fois, étaient formulées en un style plus parlementaire :

Monsieur le Procureur général,

Aux termes de la circulaire du 4 novembre 1859, lorsqu'une vacance se produit dans les Cours ou Tribunaux, par suite de décès, de démission ou de mutations, les chefs de la Cour devront immédiatement m'en donner avis et m'envoyer leurs présentations le plus tôt possible, au plus tard dans un délai de dix jours.

Lorsque la vacançe se produit par l'application du décret du 1ᵉʳ mars 1852, les présentations doivent me parvenir avant que le magistrat à remplacer soit atteint par la limite d'âge.

Une circulaire plus ancienne, du 25 septembre 1843, veut encore que les parquets transmettent immédiatement à la chancellerie copie des actes de décès des magistrats honoraires qui viennent de mourir.

Ces prescriptions paraissent être tombées en oubli dans quelques parquets, et la chancellerie a quelquefois, par voie indirecte, connaissance des décès longtemps avant la notification officielle.

Il n'en doit pas être ainsi, et je vous prie de vouloir bien prendre des mesures, d'une part, pour que les décès et démissions me soient immédiatement signalés ; d'autre part, pour que les présentations que toute vacance rend nécessaires me soient adressées dans les délais fixés, sans que j'aie besoin de les réclamer.

Je saisis cette occasion pour appeler votre attention sur un autre point. Si je suis bien informé, des magistrats atteints de maladies incurables ou d'infirmités qui leur rendent tout service impossible resteraient, pendant de longs mois, éloignés de leur siège sans que la chancellerie en soit avertie. Les compagnies judiciaires, guidées par un sentiment respectable assurément, mais sans motifs suffisants, maintiendraient ainsi sur les états les noms de quelques-uns de leurs membres au préjudice du Trésor et des intérêts du service.

Vous comprendrez, j'en suis convaincu, monsieur le Procureur général, qu'il y a là un abus auquel il importe de mettre un terme.

Je vous prie de vouloir bien, en m'accusant réception de la présente circulaire, me faire connaître s'il se trouve dans votre ressort quelque magistrat physiquement incapable de remplir ses fonctions, et depuis combien de temps.

Recevez, etc.

Le Garde des sceaux, ministre de la justice.

E. LE ROYER.

L'inamovibilité des fonctions n'excluant pas l'avancement, elle n'est point une panacée, cela n'est que trop réel. Un siège devient un marchepied, — l'expres-

sion est de l'écrivain des *Considérations sur les re-traites forcées de la magistrature*, M. P. Sauzet. —
« L'inamovibilité ne serait sérieuse, faisait observer
Jules Favre dans sa *Réforme judiciaire*, qu'autant que
le déplacement du juge ne représenterait ni élévation
honorifique, ni augmentation de traitement. » Est-ce
à dire que les institutions judiciaires doivent être
retrempées aux sources de l'élection ? Certes, il serait
imprudent de mettre le juge sous la tutelle du justiciable. Mais l'argent est aux mains de la minorité, et
c'est à la majorité que sont les voix. Comment la
corruption se manifesterait-elle ? L'inamovibilité insé-
parable de la nomination par le pouvoir exécutif ga-
rantit l'indépendance du magistrat. Il y aurait moins
de contradiction, cependant, entre l'élection appliquée
aux juges et le mandat dont ils sont investis, qu'il n'en
existe entre le caractère aristocratique conservé par la
classe judiciaire et le sentiment démocratique du
pays.

Tout a progressé. La magistrature seule est demeurée
stationnaire. Le fétichisme de ses engouements l'a
comme incrustée dans les préjugés d'antan. La noblesse de robe s'est perpétuée avec ses intolérances
tenaces et sa morgue invincible. Elle a voulu vivre
renfermée, ne se mêlant au monde que par les rares
échappées où l'on respirait encore l'atmosphère d'autrefois. On l'a accusée de conspiration ouverte contre
la nation. Exagération ou erreur. Si les vœux de la
nation se brisaient contre son indifférence, c'est que la
magistrature ne savait rien des aspirations populaires.
Que ne se claquemurait-elle à la manière mystérieuse des
grands prêtres des sociétés antiques réunissant en eux,
au pouvoir judiciaire, le pouvoir sacerdotal ? Elle se fût
montrée plus conséquente avec ses goûts d'isolement.

C'est de très bonne foi que des juges se placent au-
dessus de l'opinion. Ils ne se croient accessibles ni aux

joies ni aux peines, ni aux infirmités ni aux passions
dont sont tributaires les autres hommes ; ils s'ignorent.
Voyant au-dessous d'eux la cohue prosternée, ils se
croient plus grands que nature. Quelques-uns sont
pris de vertige, à se sentir si haut. Une confiance
excessive en leur supériorité les pousse aux entreprises
du genre de celles qui, au milieu de la lutte suscitée par
l'application des décrets du 29 mars contre les congré-
gations religieuses, dans la séance de la Chambre des
députés du 17 novembre 1880, arrachaient à M. le
ministre de la justice Cazot cette virulente sortie :

Je ne veux pas apporter à la tribune des exagérations de langage, ni faire entendre ces mots funestes d'insurrection et de
rébellion, encore moins confondre dans cette accusation toute
la magistrature de mon pays. Ce serait une criante injustice.
Je ne veux pas davantage parler de condamnations dérisoires
et d'acquittements scandaleux. Je ne me reconnais pas le droit
de pénétrer dans les consciences.

Je pourrais à plus juste titre rappeler les magistrats prenant part à des manifestations scandaleuses où ils ont compromis la dignité de leur profession et ceux qui, dans des discours d'installation, se sont ingéniés à déguiser des intrigues
contre les nominations faites par le gouvernement sous la
forme d'éloges distribués aux prédécesseurs des magistrats
qu'ils installaient. Je pourrais aussi parler de ces chambres
d'accusation qui ne s'arrêtent pas devant des arrêts de conflit
dont elles se permettent d'apprécier et de juger la légalité. Je
pourrais encore parler de ces démissions, que je respecte en
tant qu'elles sont dictées par la conscience, mais qui auraient
gagné à être moins tardives, moins bruyantes, et à ne pas
se faire inscrire sur le « livre d'or » ouvert à la perspective des
réparations futures.

Voilà ce que je pourrais dire, mais c'est inutile pour ma
thèse. La suspension de l'inamovibilité que nous demandons
n'est pas une guerre faite aux personnes. C'est une conséquence de réformes judiciaires qui peuvent être modestes,
mais qui sont seules possibles à l'heure actuelle.

Je vous convie donc à voter ce projet de loi, et, en termi-
nant, permettez-moi de retourner une pensée que l'honorable
M. Ribot apportait à cette tribune. Il nous a dit que c'était

aux institutions à soutenir les hommes et les caractères. Moi,
je dis que c'est aux caractères et aux hommes à soutenir les
institutions,

Cette citation peut avoir ici le tort de ressembler à
un hors-d'œuvre. Du moins servira-t-elle à fixer, en
ces pages sans autre prétention que celle d'esquisser des
idées en même temps que d'ébaucher des tableaux,
un état transitoire extrêmement curieux. Entre ce qui
s'en va et ce qui vient, il y aura eu place pour des
convulsions dont l'exemple n'est pas, d'ailleurs, unique
dans l'histoire de la magistrature.

L'apostrophe du garde des sceaux visait-elle la
magistrature de province plus spécialement que celle
de Paris ? Si à Paris les entraînements ont une physionomie moins rébarbative, ils n'aboutissent pas à
des effets différents. On s'y résoudrait malaisément à
faire résider l'austérité des mœurs dans la coupe d'un
faux-col ou à improviser une réputation de sapience
au fonctionnaire dont tout le mérite consisterait à
affecter une raideur d'avaleur de sabre ; mais on y
subit tout comme ailleurs l'influence de cette « société »
composée des derniers hiérophantes du trône et de
l'autel.

Heureusement, le monde marche. Les partisans les
plus convaincus de l'immutabilité ne sauraient nier que
la justice elle-même se soit assez avantageusement transformée, depuis Salomon. Quelque admirable que
demeure. aux yeux de la postérité, la sentence du roi
d'Israël dans un procès fameux, il serait inique de
méconnaître quels pas la jurisprudence a faits en
avant. Aujourd'hui, le moins sagace des présidents,
convié à trancher la question des deux mères, songe-
rait tout d'abord aux registres de l'état-civil ; son premier mot serait :

— Qu'on aille me chercher l'acte de naissance du
petit...

Le mécanisme judiciaire n'est point parvenu à son apogée, sans doute ; il a acquis, pourtant, une précision dont saint Louis serait étrangement humilié, s'il revenait tenir ses assises sous le chêne légendaire de Vincennes. Et comme le spectacle ne manquerait pas d'attirer un auditoire compacte, qu'arriverait-il ? Tout simplement un garde champêtre armé de la formule :

— Circulez, messieurs, circulez !

La foule ne va plus voir juger dans les bois. Elle se contente d'assaillir les prétoires, et son flair la pousse vers ceux où se développent les plus palpitants débats. L'intérêt des causes, elle le sait, est indépendant de la puissance de ceux qui les jugent.

A n'envisager que la hiérarchie, les plus importants personnages du Palais seraient le premier président et le procureur général de la Cour de cassation, le premier président et le procureur général de la Cour d'appel.

Mais les controverses de l'appel, toutes vives qu'elles puissent être, ne reproduisent que des peintures déjà vues en première instance ; et, aux murs solennels de la Cour de cassation, on n'accroche que des natures mortes.

Parmi la multitude des magistrats, donc, deux dominent, sinon par l'éclat de leur titre, du moins par l'ampleur de leurs fonctions : le procureur de la République et le président du Tribunal.

D'autres possèdent des dignités plus hautes ; aucun ne dépasse ceux-là en pouvoir. Il est des situations plus enviées ; il n'en est point qui confèrent à un homme plus d'autorité sur ses semblables. Du président du Tribunal et du procureur de la République, on peut presque dire qu'ils tiennent dans leurs mains la fortune et l'honneur de la cité.

Le procureur de la République ne se borne pas à mettre son parquet en mouvement en cas de crime ou de délit constaté par la police. Il reçoit directement les communications du public ; il est un centre nerveux sur lequel retentissent les vibrations, les émotions intimes de Paris. Les plus sombres drames de famille l'ont comme unique spectateur, bien souvent, et pour le dénouement c'est sur lui seul que l'on compte. Les dénonciations les plus éhontées, aussi, se livrent bataille autour de cet arbitre dont un signe peut donner le branle à la machine judiciaire, dont un signe peut l'arrêter.

On parle peu au chef du parquet de première instance. On lui écrit. A quelques pas de la grille du Mai, une fente dans la boiserie qui prolonge, sur la cour, la loge du concierge, couronne cette inscription :

Boîte de M. le procureur de la République.

Ce coffret, le service central du Parquet en a la clef; il est la bouche d'ombre qui garde les propos jusqu'à l'heure où elle les pourra murmurer à une oreille discrète. La boîte de Pandore contenait moins d'effroi. Des corruptions, des infamies tombées au jour le jour par l'étroite ouverture, il y aurait de quoi rassasier de dégoût l'univers. Des basses calomnies furtivement glissées, des plaintes furibondes jetées avec l'ostentation de la rage, on édifierait chaque année un monstrueux monument à la haine et au mépris. L'alambic du Parquet engloutit ces plantes amères, distille ces poisons ; il retient les parcelles utiles, il laisse le reste s'évaporer.

Le président du Tribunal entend, lui aussi, de foudroyantes confidences. Il ne dirige pas seulement les débats de la 1re chambre civile. Les tentures de son cabinet emprisonnent de mystérieuses divulgations, étouffent des sanglots poignants. Toutes les détresses, toutes les angoisses vont heurter à cette porte. Un secrétaire affronte les premiers chocs. C'est avec lui qu'on s'explique, avant d'aller plus loin :

— Monsieur, rendez-moi ma femme, par grâce.

— Mais où est-elle, d'abord ?

— Elle m'a quitté pour un plus aimé.

— Plaidez en séparation.

— Hélas ! j'ai des enfants... Vous pouvez tout, on me l'a dit ; « donnez-moi un bulletin » pour que je retrouve ma femme !

Les solliciteurs se succèdent, pleins de foi en cette omnipotence dans laquelle ils ont placé leur suprême espoir. Un homme en deuil entre en pleurant :

— Monsieur, on veut me dépouiller d'un héritage.

— Faites valoir vos droits.

— Ce serait un scandale affreux ; le spoliateur est mon propre frère.

Une jeune élégante s'affaisse, accablée, sur un fauteuil :

— Monsieur, on veut m'enfermer comme folle !

— Entreprise impossible sans l'accord des médecins.

— J'en ai deux contre moi ; protégez-moi, monsieur !

Les femmes, surtout, font ce pèlerinage. Elles accourent comme à une de ces grottes où se succèdent les cures surnaturelles. Ses oracles rendus, le président prend la plume. Les actes à signer s'empilent sur le bureau en une liasse formidable : signatures autorisant les créanciers à saisir-arrêter les appointements des débiteurs ; signatures permettant aux parents d'interner leurs enfants par voie de correction ; signatures approuvant les ventes périodiques par le mont-de-piété des gages dont les reconnaissances sont périmées... Est-ce tout ? Non ; en son propre logis, à tous les instants, le président du Tribunal est à la disposition des plaideurs. Au Palais, il lui reste à présider les audiences de référé, à libeller des ordonnances sur les affaires trop urgentes pour se prêter aux circonvolutions de la procédure : assignations à bref délai, ouverture de testaments olographes, expulsions de locataires, nominations d'experts, nominations de séquestres, exécution de jugements.

Le nombre annuel des référés est pour la France de 260,000 environ. Dans ce total, le tribunal de la Seine figure pour 15,000. La chambre des référés est ouverte 250 jours l'an ; donc : 60 causes par audience.

Cette abondance de décisions est un exemple de la célérité que l'on réussirait à obtenir ailleurs par plus de régularité dans l'expédition des affaires. Les rôles des chambres correctionnelles, ceux de la cour d'assises déterminent d'avance la besogne de chaque jour. Pourquoi le tribunal civil, pourquoi la cour d'appel ne composeraient-ils pas leurs feuilletons d'après les mêmes bases ? Question plus grosse qu'elle ne le paraît et qui jamais, pourtant, n'a été sérieusement débattue.

Les convenances du barreau ne pourraient-elles être consultées par les magistrats ? Et, d'autre part, les magistrats ne sauraient-ils exiger du barreau qu'une date fixée fût une date définitive ? Deux essais ont surgi, au retour des vacances de 1880 : l'un émanant de M. le vice-président Sénart à la 4ᵐᵉ chambre civile de la cour, l'autre de M. le vice-président Manau à la chambre des appels correctionnels. Ces noms de novateurs méritent d'être retenus. Véritable révolution de Palais, songez donc : le président de la 4ᵐᵉ chambre d'appel décidant que les six affaires portées en tête de l'ordre du jour de l'audience ne souffriraient plus désormais de remises ; le président de la chambre correctionnelle de la cour invitant les défenseurs dans les procès importants de contrefaçon, d'escroquerie, d'infractions à la loi sur les Sociétés, à choisir eux-mêmes une date et à indiquer la durée probable des débats ! Voilà des précédents louables. La marche de la justice gagnerait à ce que les avocats ne fussent jamais les instigateurs de la désorganisation des rôles, dont ils sont les premiers à pâtir. L'œuvre du juge est immense. Il n'a pas trop, pour l'accomplir, du bon vouloir, de l'entente et du concours actif de ses collaborateurs quels qu'ils soient.

VII

LES PETITS-FILS DE LA BASOCHE

Les prérogatives de l'inamovibilité et les fluctuations du gouvernement. — Le greffier. — Vigilance et résignation. — La pêche à la ligne. — Six mois d'empoisonnement. — Le Caissier du Grand Mogol. — Un solo de cornet à piston. — Saint-Nicolas détrôné. — Le bâton d'argent. — La légende du bon Yves de Kermartin. — Basoche du Palais de justice et basoche du Châtelet. — Les espiègles du procureur général. — Le Mai. — Les armoiries des basochiens. — Un essai de restauration. — Maîtres clercs et petits clercs. — L'étude de l'avoué. — L'huissier par vocation et l'huissier par désespoir. — Lamentations de J.-B. Carteret. — Les saute-ruisseaux de la poste. — Manne pour audienciers. — L'agent d'affaires. — La bohême du Palais. — Epuration.

Buffon entreprenant l'Histoire naturelle des gens de robe n'eût pas manqué d'attester que, de tous les affidés de la justice, le plus persévérant, le plus assidu, celui qui fait le plus étroitement corps avec elle, c'est le greffier. Egalement aux ordres de la magistrature assise et de la magistrature debout ; pénétré pour l'une et pour l'autre du même souverain respect, soit que l'harmonie les unisse, soit que la politique souffle ses zizanies entre les fonctionnaires représentant les prérogatives de l'inamovibilité et le ministère public représentant les fluctuations du gouvernement, le greffier s'acquitte de sa tâche sans sot apparat et sans vain tumulte. En son *Enfer*, où il traite les procès de « serpents traînants et bien longs » et les avocats de « mordants », Clément Marot appelle le greffier « un griffon qui ne sut oncques orthographier. » La calomnie naissait des besoins de la rime.

Le greffier sait mieux que l'orthographe ; il sait la

loi. Il n'est pas seulement une plume au bout d'un bras ; il est une intarissable mémoire au service d'un raisonnement sain, il est le dépositaire des traditions et comme la cheville ouvrière de la justice. La validité des arrêts ne dépend que de sa vigilance, fréquemment. Il prévient les erreurs et, quand il s'en produit, redresse les cas de nullité. Dans la plupart des causes correctionnelles, le président est supposé lire la sentence ; en réalité, il la parle, — et pas toujours distinctement. Qui la rédige après coup ? Le greffier.

Ce scribe infatigable exécute une somme de travail impossible à évaluer pour ceux qui s'imaginent les hommes de justice affranchis de toute corvée à l'heure où ils dépouillent la toge. Chez les Romains, à l'origine, il était un esclave public. C'est une qualification qu'il pourrait encore revendiquer, tant on empiète sur sa liberté, tant on met à l'épreuve sa résignation. La patience est le fond du tempérament moral du greffier. Et savez-vous quelle est sa distraction préférée ? La pêche à la ligne. Aussi habite-t-il ordinairement le bord de l'eau. Ses fonctions se ressentent du goût qu'il caresse en son particulier. Volontiers, le greffier cherche « la petite bête » ; nul ne s'entend comme lui à éplucher un document, à relever une incorrection. Comme l'imprimerie, la justice a ses coquilles ; mais elles peuvent offrir une plus grave portée.

Dans la minute écrite de sa main, un juge condamnait le prévenu à six mois d'*empoisonnement*. Une lettre qui cloche, et voilà bouleversée l'économie du Code. Le greffier est là, par bonheur. Il rectifie discrètement, attentif à n'humilier personne. Sa soumission à l'égard des magistrats le cède à peine à celle des courtisans envers les souverains d'Espagne à l'époque où un chambellan laissait, par déférence, le roi rôtir sur un brasero. Parmi une douzaine de chena-

pans déférés, il y a quelques années, aux assises de la
Seine pour s'être livrés au pillage d'une maison mal
famée des faubourgs, on distinguait un drille dont la
maigreur macabre inspirait la commisération. Le
président le questionne :

— Qu'est-ce que vous faites ?

— Je suis caissier.

— Que gagnez-vous ?

— Trente-cinq sous par jour et la pitance.

— C'est peu pour un comptable... Mais ce n'est
pas l'affaire.

Les interrogatoires vont leur train. Et puis les témoignages. Un homme désigne le squelette :

— Il tenait ma caisse.

— Vous le payiez bien mal, remarque le président.

Le greffier Blondeau, ce jour-là de service, toussait
anxieusement, ébauchait des gestes inquiets ; il n'osait
faire plus. Le magistrat reprend :

— Vous le payiez bien mal... Mais ce n'est pas
l'affaire.

— Pardon, réplique le témoin, je crois que trente-
cinq sous sont une rétribution assez grasse pour un
caissier inoccupé la moitié du jour.

— Comment cela ?

— Monsieur le président, le mien ne tambourine
que lorsque je fais la parade.

Le quiproquo s'éclaircissait. Le patron était un
dentiste illustre dans les foires sous le pseudonyme du
« Grand Mogol » ; l'étique subalterne battait la grosse
caisse pour couvrir les cris des patients. M. Blondeau était seul au fait du détail, parce que seul, probablement, il avait approfondi le dossier.

Cette consciencieuse étude des causes fait du greffier
un conseiller précieux pour les avocats même les plus
experts en leur art. Ils ne se privent point de recourir
à son obligeance et lorsque, récemment, l'excellent

Commerson prenait sa retraite après cinquante années
d'un labeur sans répit, les hommages exprimés dans
un banquet de circonstance disaient quelle gratitude
le barreau garderait à son souvenir.

On ne dédaigne pas, au Palais, d'honorer le mérite
modeste. La considération dont il jouit contrebalance
les défaveurs du sort. La situation matérielle des
commis-greffiers est supportable à ce prix ; « commis-
greffier » est la dénomination officielle des auxiliaires
appelés « greffiers » par extension. Chaque juridiction a
son greffier en chef dont les attributions, en dehors
des responsabilités financières, consistent surtout à
donner des signatures, à encaisser des revenus. Les
greffiers en chef, officiers ministériels, ne siègent
qu'aux solennités. Leurs charges sont transmissibles
et aliénables ; elles valent, à Paris, de trois cent mille
francs à un million. Comme contraste, on a vu des
commis du greffe forcés d'annexer à leurs fonctions
quelque petit métier qui contribuât au bien-être
de leur famille.

Un matin d'exécution, à la Roquette, le greffier
chargé de constater la décapitation du condamné à
mort et de déclarer le décès à la mairie de l'arrondissement se faisait attendre. Sur la place, la foule grouillait,
mêlée de masques, car on était en carnaval. Le directeur de la prison pestait, le bourreau manifestait sa
perplexité par des anathèmes, quand celui qu'on mau-
dissait arriva. Il cumulait secrètement, avec sa position,
l'emploi de soliste dans un orchestre de danse. Le bal
se prolongeant, le commis greffier s'était attardé à jouer
du cornet à piston. Cherchez dans Ponson du Terrail
une situation plus saisissante.

Les délégués du greffe prêtent serment comme les
magistrats. Ils sont pour ces derniers les alliés les plus
sûrs. Dans l'instruction, leur perspicacité vient souvent
au secours du juge. A l'audience, leur procès-verbal

est la clef de voûte de la procédure, dans les causes criminelles notamment. Les fonctions de greffier, jusqu'au milieu du XVIe siècle, furent électives, Au palais et à la ville, les trois greffiers en chef étaient salués du titre de monseigneur. Les clercs de la basoche leur témoignaient tout le respect dû à des dignitaires sortis de leurs rangs. Chacun des greffiers avait sa stalle au banc d'œuvre, à la messe annuelle en l'honneur de saint Yves. Il était leur patron en même temps que celui des juges, des procureurs et du barreau, depuis que sa gloire avait détrôné celle de saint Nicolas.

Quel crime Nicolas avait-il donc commis pour démériter ? Il s'était de tout temps acquitté en conscience de son métier de saint. On lui devait même, indirectement, la création du bâtonnat. Le maître de la confrérie de Saint-Nicolas portait, dans les réunions, un bâton revêtu d'argent. Les avocats, sentant le besoin d'avoir un chef défenseur de leurs intérêts, avaient choisi le possesseur de cet insigne.

Mais saint Yves était le préféré des étudiants bretons résidant à Paris. Ils s'étaient cotisés pour lui édifier, rue Saint-Jacques, un oratoire que les plaideurs prirent coutume de fréquenter. On l'avait canonisé, prétendaient quelques-uns, comme le seul honnête de son ordre :

> Sanctus Yvo erat Brito,
> Advocatus et non latro ;
> Res stupenda populo !

Yves de Kermartin s'était signalé, à Rennes et plus tard à Tours, par un ferme dévouement aux pauvres, par une abnégation sans bornes envers la veuve et l'orphelin. Il ne devait pas uniquement l'auréole à un zèle enflammé pour la défense gratuite des causes justes. La subtilité de son esprit avait contribué à sa canonisation autant que l'austérité de ses mœurs. Ce fut lui qui tira d'embarras cette hôtelière à qui deux étrangers avaient confié une valise en lui recommandant de ne s'en dessaisir que lorsqu'elle les reverrait ensemble. L'un des voyageurs revenait seul un peu plus tard ; son compagnon était mort, disait-il. L'hôtelière eut la faiblesse de mettre à sa discrétion le colis. Le second étranger se présenta à son tour. Il réclamait durement son bagage, menaçant de la justice si on ne le lui rendait. L'aubergiste effrayée accourt consulter Yves. « Le cas est simple, bonne femme ; dites devant le juge à votre deuxième client qu'il aille quérir l'autre et que quand ils seront ensemble, selon les conventions, vous leur livrerez la valise. » C'était un procès gagné.

Saint Yves ne comptait que des fervents. Les avocats de Paris lui pardonnaient d'avoir été un avocat de province. Il avait pour dévots jusqu'à ces artisans dont les baraques tapissaient la cour du Mai, et parmi lesquels figurait avec orgueil le « savetier des enfants de chœur de la chapelle royale. » Les deux basoches : celle du Palais de justice et celle du Châtelet, se prosternaient devant l'image du grand saint avec la même foi naïve, sinon avec la même humilité.

La basoche du Palais s'attribuait une supériorité justifiée par l'étendue immense du ressort du Parlement et par l'importance des affaires envoyées des régions les plus éloignées à cette cour souveraine. Les clercs des procureurs au Parlement appartenaient à des familles de noblesse de robe ou de jurisconsultes en renom. La basoche de la rive droite copiait de son mieux celle-là. Mais la juridiction du Châtelet, bien inférieure à la juridiction du Parlement, s'alimentait de causes d'intérêt secondaire. Les clercs des procureurs au Châtelet étaient fils de vulgaires commerçants ou de bourgeois ambitieux.

En matière judiciaire, le siècle où nous vivons a inventé peu de chose. Il y a déjà cinq cents ans, le Parlement de Paris avait ses attachés au parquet. Le procureur général près le Parlement confiait des travaux d'écritures à des adolescents instruits, riches, aimables, pépinière de savants légistes et de praticiens éclairés. On les appelait les espiègles de M. le procureur général.

La basoche a toujours été frondeuse. Les espiègles ne se contentaient pas de mettre rapière au vent contre les spadassins qui rôdaient autour du Palais ; ils molestaient sans scrupules les plaideurs endurcis dans la chicane et s'attaquaient par de cruelles nasardes aux vieux procureurs coupables d'avoir des femmes trop jeunes et des clercs trop galants. « Il n'est bon tour qu'ils ne fassent », lit-on dans les « *Faits et gestes des espiègles de M. le procureur général en ceste année 1669*, par Sébastien Puigée, commis greffier en la cour du Parlement ; Paris, chez Barbin, 1670 ». Avec de tels satellites et les chefs qu'elle se donnait, la basoche ne pouvait manquer de devenir une puissance. On ne saurait avancer qu'elle tirât son prestige de l'opulence des traitements. Le maître clerc si solennel au palais, avec son habit noir et ses cheveux flottants sur les épaules, si dégingandé au faubourg du Temple, chez Blanchard dont le jardin était le rendez-vous des modistes et des lingères, le maître clerc gagnait deux écus par mois et la table. Le second clerc, n'étant pas nourri, en touchait trois,—l'équivalent de trente francs de notre monnaie.

Mais quelles joies d'amour-propre, quelles séduisantes équipées, quelles ivresses d'indépendance ! Quel triomphe, aussi, lorsqu'à chaque printemps on allait chercher en corps dans la forêt de Bondy les arbres délivrés par l'autorité pour la plantation du Mai. Une délégation précédait à cheval le cortège ; le reste suivaìt en équipage ou à pied. On revenait au palais en cérémonie. Dans la cour d'honneur, le mai — elle lui a emprunté son nom — était dressé. Avant que la fête commençât, on suspendait aux branches l'écusson de la basoche, aux trois encriers d'argent.

Ce mai, symbole de la liberté, de l'égalité et de la fraternité, ne semble-t-il pas avoir été l'ancêtre vénérable des arbres de 1789 ? Pourtant, bien avant la Révolution, la basoche était déchue de son faste et de ses privilèges. Elle n'avait plus à sa tête ni roi ni chanceliers. Mais qu'on franchisse quelques années et l'on assiste, vers 1805, à une tentative de restauration bien curieuse.

Les procureurs de jadis étaient des avoués, maintenant ; ceux d'appel, au nombre de quatre-vingts, occupaient peu de clercs ; ceux de cassation en employaient moins encore. La phalange turbulente qui peuplait les études des deux cent cinquante avoués de première instance complotait le rétablissement de la basoche. On rédigea une pétition. Trois maîtres-clercs devaient la présenter au ministre de la justice. Des réunions furent tenues, des commissaires nommés. On discuta un projet de règlement et même un projet de costume. Le clerc en uniforme aurait la faculté de représenter le patron à l'audience, pourvu qu'il fût porteur de conclusions signées par lui. Mais les pourparlers traînaient en longueur. Les deuxièmes et les troisièmes clercs, redoutant de voir se former au-dessus d'eux une sorte d'aristocratie, minaient les plans de la commission. Ces appréhensions de la basse cléricature suscitaient d'autres résistances. Les années s'écoulaient; 1814 vint accroître les complications.

Les promoteurs de l'essai professaient la foi légitimiste. Ils se heurtaient à l'opposition des libéraux. Ceux-ci tournaient en dérision les vœux de résurrection de la vieille royauté de la basoche abolie depuis Henri III, ou bien y découvraient des tendances à l'inquisition politique et religieuse. Les velléités des néo-basochiens furent abandonnées définitivement. C'était la victoire des « petits » sur les « premiers » ; la basoche était bien morte.

Ses successeurs sont d'honnêtes jeunes gens, rangés, studieux, dans la plupart desquels on rencontre l'étoffe d'un futur avoué, d'un futur avocat ou d'un futur notaire. Rien ne vaut le passage chez l'avoué pour y rompre au maniement des affaires le candidat au barreau ; l'*étude* n'usurpe pas son nom. Aucun milieu où l'homme soit mieux placé pour dépouiller toute illusion sur la nature humaine. Avant d'aller chez l'avocat, le client s'adresse en général à l'avoué. C'est par son entremise que s'engage la procédure. Mais tandis que l'avoué reste avoué, le premier clerc d'avoué est en passe de prétendre à tout. Il sera peut-être ministre, — à moins qu'il ne soit huissier.

Car toute carrière a ses ratés. Non, certes, que celle-ci soit le lot exclusif des fruits secs de la basoche. Il y a des huissiers par vocation comme il y a des huissiers par désespoir. On raille souvent les huissiers. Plus souvent encore, on se plaint d'eux. Quelquefois, cependant, on leur a rendu justice. Le hasard de vos lectures aurait pu vous faire entr'ouvrir les *Tarifs des huissiers en matière civile, commerciale, correctionnelle, de simple police, et devant les conseils de prud'hommes ; avec différents exemples de divisions d'indemnité de transport, expliqués, commentés et raisonnés selon les Lois, Décrets, Ordonnances et Avis du Conseil d'Etat ; les arrêts des Cours et l'opinion des auteurs qui ont traité de cette matière ; précédés des Lois sur le timbre, l'enregistrement, les ventes mobilières, les dépôts et consignations, et les poids et mesures, ainsi que des Lois et Décrets conte-*

*nant des dispositions pénales contre les huissiers;
suivis des moyens de connaître et d'arrêter les abus
et exactions que des huissiers commettraient dans
leurs fonctions.* Le titre est un peu long, peut être;
mais les intentions sont parfaites. L'œuvre est due
à la plume de « J.-B. Carteret, homme de loi, gradué
en droit, auteur de plusieurs ouvrages », et dédiée
seulement *aux pères de famille, créanciers ou débiteurs;* d'où l'on pourrait inférer que l'auteur était in-
sensible aux souffrances des célibataires, si M. J.-B.
Carteret n'avait pris le soin, d'abord d'ajouter en sous-
titre ces avertissements :

> *Il suffit de savoir lire pour trouver, à l'aspect
> des copies de pièces et exploits, les frais
> dus aux huissiers pour tous actes
> quelle que soit leur nature.*

CET OUVRAGE EST UN GUIDE PRATIQUE EN PROCÉDURE
UTILE A TOUTES LES CLASSES DE LA SOCIÉTÉ;

Ensuite, de tracer après le sous-titre cette épigraphe:

Si de nos lois, des huissiers ne suivent point les vœux,
Qu'ils y prennent garde....
Tout le monde, avec mon livre, en saura autant qu'eux.

Le commentateur des « Tarifs des huissiers » est
avant tout l'ami du débiteur, il ne le dissimule pas :

Le débiteur, déjà accablé par le sort, cherche toujours à
cacher sa position ; c'est pourquoi il ne va pas s'informer près
des personnes qui ont quelques connaissances en procédure,
pour savoir si on lui a fait supporter des frais illégaux et frus-
tratoires; il est vrai qu'il peut s'adresser aux magistrats; mais
les personnes, principalement de la campagne, qui n'ont pas
l'usage du monde, n'osent pas.

M. Carteret est aussi l'ami des huissiers, et il s'indi·

gne loyalement des injustes imputations qui pèsent sur la corporation entière :

Mon livre fera cesser un tel état de choses : toute personne pourra connaître les huissiers qui agissent avec honneur et délicatesse ; tout le monde saura que cette profession est honnête, que celui qui l'exerce avec probité est digne d'estime et de considération. L'huissier indélicat supportera désormais seul toute la défaveur qu'il faisait, par son inconduite, refluer sur le corps entier.

Les devoirs de l'huissier ne sont-ils pas des plus simples, d'ailleurs ?

Il faut qu'il ait soin de ne rien négliger pour faire une exacte perquisition des personnes ou des choses à saisir, et qu'il ait toute fermeté convenable. Cependant, s'il ne doit pas s'apitoyer avec trop de facilité, il ne lui est pas interdit de compatir au malheur : le véritable esprit de la loi veut, au contraire, qu'il procède sans passion et sans rudesse ; il peut, par le calme de sa conduite et par certains procédés permis, se faire estimer même de celui qu'il poursuit, et rendre son sort moins malheureux. Ses fonctions sont pénibles sans doute dans cette circonstance ; il en coûte à un homme sensible d'agir avec rigueur, mais son ministère devient moins désagréable lorsqu'il se comporte avec tous les égards que l'infortune demande, et qu'il parvient à rendre ses poursuites plus supportables.

Bien fol qui ne braverait les méandres de la plus compliquée des procédures, avec les préceptes de J.-B. Carteret pour fil conducteur. Veut-on, par exemple, connaître la quantité de rôles d'expédition que contiennent les originaux des pièces ou les copies signifiées en tête des exploits d'huissiers ?

Il suffit de savoir qu'un rôle d'expédition est un feuillet de papier qui contient vingt lignes d'écriture de chaque côté et dix syllabes à la ligne.

Chacun sait ce que c'est qu'une syllabe en terme de grammaire ; par exemple, dans cette phrase :

Un homme de loi doit féliciter les parties qui, sur un pro-
cès à naître, s'arrangent amiablemeut sans le secours de son
ministère.

Il ne faut qu'un instant pour compter les quarante syllabes
qu'elle renferme.

Mais pour faire connaître aux personnes peu lettrées la
manière de compter les syllabes, je crois devoir les séparer
comme dans la phrase suivante :

Tout hom-me de loi, ex-cep-té le ma-gis-trat, qui dit a-vec
*   ex-cès,*
Qu'il em-pê-che les par-ties de se pren-dre de pro-cès,
*   Fait dou-ter du con-trai-re.*

Il n'est pas besoin que chaque ligne comprenne le nombre
exact de syllabes, pourvu que ce nombre se retrouve dans la
totalité des lignes.

Heureux, s'écrie l'homme de loi « gradué en droit,
auteur de plusieurs ouvrages », heureux l'huissier qui
ne consulte que sa conscience ! Car :

L'huissier qui ne consulte que sa conscience est lui-même
son législateur. Lorsque la loi positive ne peut plus étendre
son empire, il sait discerner ce qui est bien d'avec ce qui est
mal ; dans l'ombre, comme en public, il rejette fièrement toute
proposition clandestine, quand elle est injuste ; il ne transige
point avec ses devoirs, ni pour en rétrécir le cercle, ni pour
le dépasser. Les hommes probes et intelligents ennoblissent
toutes les fonctions.

Arrière donc l'huissier de mauvais aloi, et place au
bon huissier ! — Le bon huissier, J.-B. Carteret va
nous le dépeindre :

Un bon huissier est un homme qui remplit souvent un
ministère paternel parmi la classe la plus nombreuse et la
moins aisée ; il est le premier dépositaire de la confiance des
parties ; il connaît leurs secrets, leurs peines, leurs intentions ; il est presque toujours le maître de les diriger, lorsque
les difficultés ne s'étendent pas au-delà d'un certain cercle ; et
on sait que ces sortes d'affaires sont en très grand nombre ; il

engage les parties à se rapprocher, en employant tous les moyens licites qu'il croit propres à y parvenir ; il les concilie sur leurs différends, les empêche de plaider, et rétablit entre elles la bonne intelligence.

Quelle jouissance pour cet huissier qui parvient ainsi à rapprocher deux parties au moment même où elles ont fait le premier pas, et qui les voit s'éloigner du précipice, contentes l'une de l'autre et de lui-même ! C'est alors qu'il honore son état, et que d'un instrument de guerre judiciaire, il fait un instrument de conciliation et de paix.

Arrachons-nous à ces attendrissements. L'huissier peut se passer de réhabilitation. Qu'il soit un bien, qu'il soit un mal, il est nécessaire. Où serait la sanction des décisions de la justice, sans l'huissier ? On lui recommandera moins d'exubérance dans ses comptes et plus de discrétion dans ses exploits. On exigera, par exemple, la mise sous enveloppe des grimoires que le saute-ruisseau s'essouffle à transporter de maison en maison. Des familles ont à cœur d'éviter la lessive en public. Chacun a ses préjugés. La malignité des voisins, les commentaires des portiers ont rarement facilité l'arrangement d'une affaire. Ne sera-t-il pas temps de la laisser s'ébruiter, d'ailleurs, après l'échec des moyens de conciliation ? La Belgique a ouvert dans ses bureaux de poste des guichets spéciaux pour l'affranchissement des actes de procédure ; le facteur s'en dessaisit comme d'une lettre chargée, contre reçu. Voilà le mieux, qui n'est pas toujours l'ennemi du bien.

Quant à ce que la procédure coûte, il faut entendre, au Palais, les lamentations des plaideurs, même après la victoire ! A la suite d'un procès malheureux, un peintre faisant deux adversaires au sortir des plaidoieries représentait en chemise celui qui avait gagné, à côté de l'autre nu. Tout se paie. Autant d'actes, autant de variétés de f rmules. Car il n'a pas fait école, ce fils de notaire brassant l'e t paternel sans

3**

rien savoir du notariat et appropriant un modèle de
bail à la rédaction d'un contrat de mariage, si bien que
les conjoints s'épousaient pour trois, six ou neuf ans,
au choix. Le bureau central du greffe civil et correctionnel est une officine d'où le papier timbré se ré-
pand sur Paris avec une abondance diluvienne. Des
expéditionnaires en jaquette râpée grossoient du matin
au soir, autour des tables qu'emprisonne un horizon
de cartons verts. L'huissier audiencier bénéficie de
cette manne dans la proportion afférente à la juridiction dont il est le protégé en même temps que le serviteur. Il puise là des émoluments que n'égaleraient
pas les appointements les plus larges. Autre avantage :
il dépend de l'avoué moins que l'huissier sans privilège. Pour celui-ci, l'avoué est le grand munition-
naire, comme il est le principal moteur de l'avocat.
Mais certains avocats et bon nombre d'huissiers ont
un autre pourvoyeur : l'agent d'affaires.

Agent d'affaires ; quelle surprenante industrie et
quelle qualification élastique ! Où cela commence-t-il ?
Où cela finit-il ? Dans ce siècle où tout est « affaires, »
l'agent d'affaires est partout à la fois. Non que sa
présence soit un signe de prospérité, au contraire.
L'agent d'affaires s'implante dans les transactions
comme le ver rongeur se faufile à travers l'arbre : pour
dévorer sa part du fruit. Quand un homme a échoué
dans ses propres affaires, il vit sur celles d'autrui en
se faisant agent d'affaires. Fonctionnaires révo-
qués, négociants en disgrâce, banquiers banquistes,
boursiers sans bourse, épiciers à épices falsifiées, dé-
corés spéculant sur les rubans assortis, organisateurs
de sociétés démunies d'actionnaires, confiseurs en dé-
confiture, mécaniciens détraqués, tourneurs qui ont
mal tourné, ébénistes en rupture de palissandre, anciens
éleveurs d'huîtres en rupture de banc ; et puis, la séquelle innombrable des jurisconsultes décavés : no-

taires de notoriété fâcheuse, clercs obscurs, huissiers
ténébreux, avoués désavoués, commissaires-priseurs
méprisés, la cohue des gens de robe défroqués, l'écume
des prétendants de la basoche *séchés* aux examens, la
tourbe des officiers ministériels cassés de leur grade, — tels sont les rangs d'où sort l'officiant de ce
temple païen qu'on nomme un cabinet d'affaires.

L'ordre des avocats lui-même fournit au métier des
représentants. Le contingent en est faible. L'avocat
sait souffrir et sait ne pas déchoir. Si le barreau a ses
irréguliers, ils conservent jusque dans l'effondrement
des rêves un reflet des fiertés natives. Est-il vrai que
des avocats se livrent à travers le palais à une véritable
chasse au client, le happent aux portes des chambres
comme l'aboyeur de bazar dépiste sur le trottoir le
chaland? Il en est, aussi, et des plus authentiques, dont
les geôliers sont les habituels pourvoyeurs ; on les a
flétris du sobriquet d'avocats de prison. Même, des
défenseurs se sont faits, en quelque sorte, les associés
des aigrefins pour lesquels ils plaidaient. L'un d'eux
assistant un tire-laine dont la condamnation était
inévitable, on le plaisantait sur le risque qu'il courait
de perdre son salaire ; et lui, impudemment :

— Bah ! C'est la bande qui paie !

Mais que prouvent ces cas ? Ce que personne n'i-
gnore : que toutes les carrières ont un coin pour les
rebuts. Le palais a sa bohême. Cependant, le bohême
du palais ne connaît pas, comme son congénère des
lettres, le laisser-aller à travers l'existence, le coucher
à la belle étoile, les ressources de l'emprunt forcé.
Pour être là moins débraillée, la misère n'est que plus
cruelle. Ceux qui se souviennent de Fauvre, mort en
1878, ont connu la personnification complète du
dévoyé de la basoche, terne, amer, à qui les pudeurs
professionnelles imposent un reste de tenue et un gîte.
Il ne manquait ni de probité ni de talent, ce Fauvre

dont la fin fut une tragédie. C'était, sur ses vieux jours, un écloppé aux paupières baissées, au geste rare, au pas glissant de pauvresse timide. S'il vous abordait, c'était comme pour une confidence, la tête penchée, la main droite collée aux lèvres, refoulant l'indiscrétion des alcools suspects qui, à défaut de victuailles, le maintenaient sur pied. L'autre main dissimulait de son mieux quelque tache de l'habit moiré par l'usure, boutonné jusqu'au menton, quelque éraillure du pantalon noir aux bas de jambes effiloqués : toilette d'employé des pompes funèbres d'où émergeait un visage rasé toujours avec soin, mais que les maladresses du rasoir pourpraient de plaques sanglantes.

Fauvre avait su parler, il avait su écrire. Une feuille judiciaire l'avait eu pour collaborateur. Il s'entendait à trousser un « écho » saisi au vol, comme il s'entendait à jeter dans un prétoire une saillie qui égayait la galerie et, parfois, déridait jusqu'aux juges. Ses plaidoiries mal ordonnées recélaient toujours quelques perles ; lui-même les comparait au fumier d'Ennius. Ce qui manquait à cet esprit, c'était la pondération, l'équilibre. Des opiniâtretés d'artiste, avec cela. Le conseil de l'ordre, qui applique à de bonnes œuvres noblement cachées les fonds disponibles des cotisations, lui avait offert une pension de 1200 fr. à la seule condition qu'il renonçât à la plaidoirie. Fauvre avait refusé. La plaidoirie ne lui rendait guère ce qu'il faisait pour elle. C'était elle, l'ingrate, qui renonçait à lui. Il se consolait par l'absinthe, de plus en plus. Et puis, se rappelant qu'il était fils de musicien, il se réfugiait dans les maîtres du contre-point et de la fugue.

Au nombre des confrères secourables à sa détresse, Me Fontaine de Rambouillet était de ceux à qui le vieillard inspirait une particulière sympathie. Un soir, ils avaient quitté ensemble le palais. Ils s'en allaient par les Halles centrales, l'un causant de Mozart avec animation, l'autre écoutant. Le teint allumé aux baisers de la muse verte, sa voix fêlée éclatant en des sonorités inattendues, Fauvre se mit à dégoiser la partition de *Don Juan*. Il était à lui seul le chant et l'orchestre, tantôt modulant en fausset la ronde de Zerline ; tantôt déclamant l'invitation de Mazetto, le récitatif du commandeur, la plainte de dona Anna ; tantôt soupirant le trio des masques ; pêle-mêle, à bâtons rompus, mimant les rôles, frappant la mesure, imitant les entrées, les sorties, marquant les attaques des chœurs... Soudain, son interlocuteur l'arrêta, s'apercevant qu'ils étaient, sans trop savoir comme, arrivés place des Victoires, et qu'un cercle de curieux les entourait :

— Chut ! fit Mᵉ Fontaine, si un membre du conseil passait par ici...

C'est que depuis longtemps Fauvre était signalé comme compromettant pour le barreau. Les raisons légitimes ne faisaient pas défaut pour éliminer sans trop d'injustice ce déclassé qui eût pu signer, comme un personnage illustre de feuilleton : « Ambassadeur du pays de misère. » On le ménageait. Un regain de veine le perdit. Une fille des champs traduite en police correctionnelle pour un délit minuscule l'était venu trouver, lui à qui personne ne s'adressait plus. L'invalide de la barre endosse une robe prêtée ; il n'en avait pas en propre et, quant à en louer une, cette ambition faisait partie de celles auxquelles il avait dit adieu. Il plaide ; il obtient un acquittement. Dans sa reconnaissance, la cliente offre à déjeuner à son sauveur. Ces deux infortunes soulagées rompent le pain à la même table. Le repas allait finir. Dans la griserie du succès, de la joie, de quelques libations excitantes, peut-être, le défenseur s'enhardit. Sa compagne résiste. Il devient pressant. Elle crie. On accourt. Le scandale s'ébruite. Pour le coup, Fauvre fut rayé du tableau.

Trois semaines plus tard, il s'enfermait dans sa chambre, s'y barricadait et attendait, résolu à ne répondre à aucun appel. Le jour où on enfonça sa porte, on le trouva mort de faim.

Ce fut vers le même temps que se tua, d'une balle à la tempe, Maurice Joly, ce grand bilieux que Fauvre appelait « le géant Adamastor. » Un désespéré qui avait presque du génie, celui-là. Ses *Portraits* resteront. Un peu plus tôt, étaient entrés dans l'éternel sommeil le souriant Bonjour, ruiné en se faisant bâtir un hôtel d'une architecture si fabuleuse que bien avant la pose de la toiture les ressources du propriétaire étaient épuisées, et le rogue Thorel Saint-Martin, dont la chronique rimée disait :

> Ce Thorel Saint-Martin
> Qui défend pour trois francs la veuve et l'orphelin...

Mais un défilé des héros de la bohême nous entraînerait loin. Sans compter les types qui, pour ne mériter sous aucun rapport d'être confondus avec elle, n'en ont pas moins marqué par une puissante originalité. Tel l'ex-avocat général Lardière, un autre mort, un mort récent, *tutoyeur* intrépide entre tous, dans ce milieu du palais où la vie côte à côte amène d'une si naturelle façon la familiarité du tutoiement. Ses débuts avaient eu lieu au barreau de Lyon. Comme il venait d'y plaider pour un criminel fameux, Virginie Déjazet, liée avec Lardière, lui donnant d'elle une photographie la lui dédiait en ces termes : « A maître Lardière, défenseur de la vertu... et de Dumollard. »

Reprenons. On a vu comment les cabinets d'affaires recrutent leur personnel. Est-ce une règle ? Assurément, elle comporte des exceptions fort honorables. Ces exceptions mises à part, le troupeau famélique des trafiquants qui convoitent la moisson des grandes villes est à l'affût de tous les « coups » à entreprendre, de toutes les spoliations à accomplir, de tous les gains à réaliser. L'un procède par la persuasion et les moyens doucereux ; l'autre se sert de la ruse, invente des artifices ; un troisième ne marche sur la corde raide du déshonneur qu'avec le code pour balancier. Tel pratique les compromis et les atermoiements. Tel use de violence et brusque les situations. Chacun préconise un système préféré, dans ce pandémonium des pêcheurs en eau trouble qui a fourni et qui fournira encore au roman contemporain tant de types disparates, depuis le classique grigou à tabatière et à lunettes rivé au rond de cuir de son fauteuil, jusqu'au fashionable à tous crins papillonnant dans les salons les mieux hantés ; depuis le crasseux « défenseur en justice de paix » jusqu'à « l'homme de loi » des causes célèbres.

On a médit de l'agent d'affaires, on en médira longtemps ; on ne le supprimera pas. Pourquoi ? Parce que lui aussi il donne sa note dans ce vaste concert des chicaneurs où chaque mesure contient une dissonance. Il ne vit pas seulement de la justice, il l'aide à vivre. A regarder de très près, peut-être découvrirait-on qu'il lui donne plus encore qu'il n'en reçoit.

On sait combien Paris compte d'avoués d'instance, d'avoués d'appel, d'avoués de cassation ; on connaît le nombre des huissiers, celui des audienciers ; on ignorera toujours le chiffre exact des représentants de cette profession qui en contient tant d'autres : agent d'affaires. L'agent d'affaires se tient volontairement à l'écart du palais ; il y rencontre une considération médiocre. Les causes qu'il récolte ne sont pas les moins bien venues, cependant. C'est qu'il ne les présente pas lui-même, et qu'elles s'épurent en passant par les mains de l'unique intermédiaire capable de les dégager de leurs scories.

Cet intermédiaire, c'est l'avocat.

VIII

L'AVOCAT.

Rendre la justice, est-ce vraiment « la plus belle
fonction de l'humanité, » — pour rappeler la citation
par laquelle s'ouvre ce volume ? Tout bien considéré,
il est une mission plus enviable encore : celle d'empêcher l'injustice. C'est la part de l'avocat. Ce devrait
l'être, du moins. La réalité veut que chaque revendi-
cation trouve dans le barreau un antagonisme en
même temps qu'un appui. A l'exception des instances
destinées à finir par le renvoi des parties dos à dos, il
est peu de causes qui, d'avance, ne supposent un
gagnant et un perdant. Or, celui-ci n'a pas éprouvé
beaucoup plus que celui-là de peine à s'assurer un
chaleureux concours. Il faut le dire, aussi : la valeur
de l'affaire, fréquemment, dépend de son issue même.
Lequel des plaideurs avait tort ? Lequel avait raison ?
La galerie l'apprend quand les juges ont prononcé.
Un président demandait à un avocat pourquoi il se
chargeait souvent de mauvais procès :

— Eh ! j'en ai tant perdu de bons que je ne sais plus
lesquels prendre !

L'avocat s'enflamme aisément pour les intérêts dont il a la charge. Un Belge qui pense en français a, s'inspirant de Diderot, écrit le *Paradoxe sur l'avocat*, cent pages qui seraient un chef-d'œuvre si elles n'étaient un pastiche. Ecoutez l'orateur que M⁰ Edmond Picard met en scène : « Que deviendrions-nous, si, arrachant aux êtres et aux choses les dehors qui les recouvrent, comme on pourrait faire aux meubles de leurs étoffes, aux murailles de leurs tapisseries, aux corps de leur peau satinée, nous avions toujours nettement la vue et la conscience de tout ce qu'il y a, derrière et dessous, de secrets piteux ou abjects ? La nature nous a donné une faculté illusionnante qui, sans que nous nous en doutions, est notre soutien et notre consolatrice. Il est bon qu'elle soit toujours aux côtés de l'avocat. Sans le don de s'échauffer au profit d'une cause, il n'est plus ce paladin de la parole qui saura, dans le duel de la barre, être acharné dans l'attaque et adroit à parer les coups ; il n'est plus qu'un homme d'affaires. » Par un penchant assez général, donc, l'avocat voit le droit de son côté. Assurément, il n'excite pas au combat. Bernardin de Saint-Pierre prétend que « partout où il y a beaucoup d'avocats et de médecins, les procès et les maladies sont en plus grand nombre qu'ailleurs. » Mais déjà Lafontaine avait répondu :

> Puisqu'on plaide, et qu'on meurt, et qu'on devient malade,
> Il faut des médecins, il faut des avocats.

Le public voit combien les maîtres de la barre attisent de procès ; il ignore combien ils en éteignent. Tel avocat, cependant, au cours de sa carrière, a arrangé plus d'affaires qu'il n'en a plaidé. Mais cette œuvre de pacification est le propre des anciens ; elle exige une autorité que confèrent seuls l'expérience, le

renom. Avant de s'ériger en conciliateur il faut avoir
rompu plus d'une lance, et avant de descendre dans
l'arène il faut avoir su attendre son heure patiem-
ment.

Quelques-uns ont convoité cette heure dès l'enfance :
ceux chez lesquels s'est révélée une précoce vocation.
L'adolescent grandissait au collège. — Nous en ferons
un avocat, ont décidé les parents. Bachelier, il a pris ses
premières inscriptions, pioché son Droit, subi victo-
rieusement les examens de l'école, passé la thèse de la
licence. Licencié, il a pu pousser jusqu'au doctorat;
c'est une mode qui tend à se répandre. Bref, il est admis
au stage, à la suite d'une délibération du conseil; il
prête devant la cour d'appel le serment usité, de défendre seulement les causes qu'il croira justes en son âme
et conscience, formule contre laquelle l'auteur du
Paradoxe sur l'Avocat s'élève avec une chevaleresque
énergie.

Le stage ne lie en rien l'avenir. Un arrêté de 1693
lui assignait une durée de deux ans; cette période fut
doublée en 1751 ; un décret de 1810 la ramena à trois
années. La même disposition résulte de l'ordonnance
de novembre 1822, toujours en vigueur. Le stagiaire
s'essaie et on l'essaie. Il s'instruit d'abord de ses devoirs, de ses droits.

Il n'est pas inscrit au tableau ; mais il appartient au
barreau. Il ne prend aucune part aux assemblées de
l'Ordre pour l'élection annuelle des membres du conseil de discipline; mais il a le titre d'avocat. Il ne saurait être appelé comme juge pour compléter un tribunal en cas d'insuffisance du nombre des magistrats, sa
participation à un jugement en entraînerait même la
nullité ; mais il lui est permis de plaider, de donner
des consultations. Il est tenu à quelque assiduité aux
audiences ; si l'exécution de cette clause échappe au
contrôle, une autre obligation est plus difficile à élu-

der : celle d'assister, chaque lundi, à la conférence présidée soit par le bâtonnier, soit par un membre du conseil. Un registre est ouvert, feuille de présence que le stagiaire doit signer. Sa conduite, ses mœurs relèvent du conseil de discipline. La surveillance suit le stagiaire jusque dans les actes de sa vie privée ; pour l'avocat inscrit, elle s'arrête où finit le devoir professionnel.

Ces notions préliminaires s'embrouillent quelque peu dans l'esprit du débutant. Il est tout à l'orgueil de se contempler dans les atributs de son état. S'il entend endosser un uniforme spécialement confectionné pour lui, il va chez Bosc ou chez Fontaine; — une dynastie, les Fontaine, fondée depuis un siècle et au-delà. Les deux maisons rivales ont des succursales au Palais. Chez Legrand, près du Val-de-Grâce, on trouve des costumes d'occasion. Neuve, la robe d'avocat, d'avoué ou d'huissier coûte 80 francs si elle est en voile noir, 100 francs si elle est en cachemire. La toque en casimir à bande de velours coûte 12 francs ; le rabat blanc plissé 2 francs. L'avocat porte de plus, sur l'épaule gauche, l'épitoge ; en étoffe unie pour les audiences ordinaires, à bout de fourrure blanche pour les audiences solennelles et celles de la cour d'assises. L'avocat gradué docteur en droit pourrait revêtir l'épitoge rouge ; c'est ainsi paré qu'il postulera pour l'agrégation. Mais il doit, au palais, renoncer à cette marque distinctive. Peut-être froisserait-elle les susceptibilités de magistrats qui ne possèdent ni le diplôme d'agrégé, ni même celui de docteur. En tout cas, elle constituerait un démenti à l'égalité qui est la règle, — à cette égalité qui exclut du tableau les titres nobiliaires pour n'y laisser figurer que des noms.

Le plus souvent, le stagiaire se contente d'une robe louée à l'un des vestiaires moyennant 0.50 c. par séance ou 2 fr. 50 par mois. Le voilà équipé. Son souci immédiat a été de s'enquérir d'un praticien qui consente à le prendre sous son patronage. La bonne fortune de rencontrer ce patron n'échoit pas à tous. Le nombre des élèves dépasse trop celui des maîtres réputés. Certains de ceux-ci ont beau employer jusqu'à une demi-douzaine de secrétaires, il demeure impossible d'utiliser chacun des bons vouloirs disponibles.

L'ivresse du premier moment dissipée, force est au stagiaire de regarder en face sa situation. Il fréquentera le palais comme la meilleure des écoles. A la conférence, il s'exercera à la parole en plaidant le pour ou le contre dans les questions juridiques mises à l'ordre du jour. Il scrutera *in animâ vili* les arcanes d'un art dont l'apprentissage est à lui seul une rigoureuse épreuve, au milieu de l'auditoire qu'un observateur indulgent, M. Benoît-Lévy, dans une *Notice historique sur la conférence des avocats de Paris*, peignait sous ces couleurs : « Il passe à bon droit pour redoutable et difficile ; les moindres défaillances de la parole qui balbutie et s'essaye y rencontrent des juges sévères ; mais cette aptitude de ceux qui ne parlent jamais à critiquer les faiblesses de ceux qui parlent quelquefois n'est qu'une raison nouvelle d'exciter l'orateur à bien dire. » Les écueils auxquels le catéchumène craint d'autant plus de se heurter que son imagination les grossit outre mesure expliquent pourquoi, entre camarades, d'autres réunions se sont formées, étapes vers la conférence officielle.

Ces groupes sont généralement placés sous l'invocation de quelque jurisconsulte éminent. Il y a la conférence Montesquieu, la conférence Loisel, ou plutôt, — car on les désigne volontiers sous une abréviation familière, — la Montesquieu, la Loisel, la Beccaria, la Berryer, la Henrion de Pansey, la Merlin, la Paillet, la Marie... Toutes ont leurs jours, leurs soirs, pour dire mieux, dans l'une ou l'autre des chambres dont la bienveillance du premier président de la cour d'appel permet aux stagiaires de disposer. Une exception : la Molé-Tocqueville, installée dans un local de l'Académie de Médecine. Mais la conférence Molé-Tocqueville n'a pas pour objectif les problèmes du droit. Elle est un simili-parlement, avec sa gauche, sa droite, son centre, comme les autres sont de simili-tribunaux, avec leurs parties adverses, leur ministère public, leur président. Là, les orateurs se préparent à l'éloquence des assemblées, de même qu'ils se préparent, ici, à l'éloquence des prétoires. Précaution légitime, chez des aspirants pour lesquels, souvent, entre la barre et la tribune, il n'y aura que l'intervalle d'un bond.

J'ai dit les tarifs du costume. La grosse mise de fonds n'est pas là. Le nouveau venu s'arrange un cabinet, le choisit, quand il peut, dans un centre élégant, l'orne pour le plaisir des yeux autant que pour la commodité du métier. Combien chez lesquels ces frais de premier établissement grèvent pour des années l'avenir ! Combien qui sacrifient à ce luxe d'une pièce tout le confort du restant du logis ! L'avocat s'imposera des servitudes ; il couchera dans une soupente, sur un grabat ; il répondra lui-même au coup de sonnette des visiteurs, en attendant le temps où un valet en livrée promènera ceux-ci à travers des salons somptueux ; avant tout, il importe que l'aspect du cabinet inspire la confiance. Des livres le meubleront, aussi, et les plus indispensables sont les plus coûteux. Le répertoire de Dalloz, le recueil de Sirey forment des collections dispendieuses. On reste frappé de surprise, lorsqu'on suppute quel capital représente l'avocat du rang même le plus modeste. Quand on voit sur quelles bases fragiles repose le succès, on demeure ébahi du nombre des candidats.

L'étudiant aura lutté de toute son énergie contre

des imperfections physiques ; un professeur de maintien lui aura enseigné les mouvements des bras, les attitudes du corps ; il aura appris d'un vétéran du théâtre à corriger un défaut de prononciation, à diriger sa voix, à l'assouplir aux nuances du discours ; ou bien la nature en le choyant aura affranchi l'adepte de ces orthopédistes : il a le sentiment oratoire, l'ampleur du geste, l'instinct de la déclamation. Que les cordes vocales faiblissent, cependant, que le larynx se refuse aux fatigues exigées de lui, et voilà à vau-l'eau tous les efforts entassés.

La distance est donc notable entre l'admission au stage et l'inscription au tableau. Si les huit cents stagiaires et les sept cents avocats du barreau de Paris sont fixés à cet égard, le fisc ne l'est pas moins. La patente à laquelle sont astreints les avocats, il en dispense les stagiaires. Plus d'un de ces derniers, au moment de sa réception définitive dans l'ordre, hésite en pensant à l'impôt. Cette indécision, cependant, n'a pas toujours la pauvreté pour motif. Le marquis de Pomereu était depuis longtemps sorti de la phase du stage, qu'il balançait encore à demander son inscription. Héritier du marquis d'Aligre ; habitant, rue de Lille, un magnifique hôtel légué par son parent, il se souciait peu d'acquitter la patente sur un loyer de cent mille francs et au delà. Après plusieurs prolongations de délai, l'opulent stagiaire dut opter, néanmoins. Vers 1865, on inscrivit enfin le marquis de Pomereu — ou plutôt Mᵉ de Pomereu, pour parler comme le tableau.

Il n'était pas de ceux auxquels l'incertitude de leur sort inspire des inquiétudes et qui, perdus au milieu du tourbillon, sentent peu à peu leur moral s'affaisser. Beaucoup de stagiaires tombent à cet état psychologique et se rebutent ; baucoup, aussi, n'avaient jamais eu l'intention sérieuse d'exercer. Les uns sont entrés dans la magistrature, d'autres dans l'administration. Négligeons ces catégories. Le jeune avocat qui prend goût à la carrière pénètre peu à peu dans le grand courant du palais. Mais ce n'est pas au palais qu'il trouvera des causes. Les rapports avec les avoués, les relations mondaines, la protection des magistrats sont l'indispensable point de départ. Des années se sont succédé, parfois, entre le premier discours à la conférence et le premier plaidoyer à la barre. D'autres années s'écouleront, avant que se manifeste sous une forme palpable la gratitude d'un plaideur. C'est que presque toujours les clients d'avant-garde se recruent parmi les besogneux auxquels la justice fait l'aumône. Il n'est pas un commençant qui ne mette son zèle au service de l'Assistance judiciaire, et peut-être ce zèle gratuitement dépensé représente-t-il le plus pur de la gloire du barreau.

L'Assistance judiciaire récompense ces volontaires à sa façon. Le procès qu'elle confie, c'est le bâton offert à la main du voyageur. Il faut marcher, à n'importe quel prix, dès qu'on s'est engagé sur cette route de hasard où, comme dans les steppes glacées, l'immobilité endort et le sommeil tue. Les pieds se meurtriront aux cailloux du chemin ; au frottement des ronces, les membres saigneront. N'importe. Avant d'en obtenir même un sourire, l'avocat doit se résigner à souffrir pour sa profession. C'est une maîtresse impérieuse à laquelle il immolera tout, en attendant, très humble, qu'elle daigne le récompenser du sacrifice. L'avenir n'est aux forts que si les forts sont persévérants. En voyant entrer au palais un de ces vaillants auxquels la foi met comme un rayonnement au front, le passant ne soupçonne pas quels déboires, quelles amertumes cet intrépide surmonte, quelle pénurie décèlerait le vaste portefeuille qu'il porte sous le bras, si on en sondait les profondeurs.

A côté des athlètes qui étalent publiquement le fardeau de leurs dossiers liés par une courroie, la serviette en maroquin est un voile commode aux misères des uns, aux richesses des autres. Tel portefeuille dont le cuir, aujourd'hui, crève d'une pléthore de procédures, dissimulait jadis son émaciation sous le gonflement factice produit par une rame de papier. Comment la métamorphose s'est-elle opérée ? Aux uns, l'aisance permettait la lenteur ; ils ont pu regarder sans appréhensions pour eux-mêmes les impatients abandonner la partie, les découragés disparaître, et s'accomplir la loi fatale en vertu de laquelle, sur 280 stagiaires enregistrés pendant l'année judiciaire 1869-1870, il restait en 1880, au bout de dix années, 28 avocats, c'est-à-dire dix pour cent. Quant aux dédaignés de la fortune, ils avaient pour eux le travail.

En dehors de ces deux conditions, qui se flatterait de réussir, dans une profession sans analogie avec aucune industrie ? Le barreau est exclu des avantages de la quatrième page des journaux. S'il advenait à un imprudent de rêver de son nom flamboyant dans l'apothéose d'une annonce : — « Le meilleur avocat est l'avocat un tel ! » — les statuts de l'ordre contraindraient vite le rêve à s'évanouir. Le labeur sans répit, voilà le levier qui remplace tous les autres. Labeur au palais, labeur chez le patron. Le maître enseigne à l'élève l'art de triturer un dossier, d'en extraire l'essence ; l'élève adroitement stylé prépare bientôt au maître sa tâche quotidienne. Dépouiller et classer les documents d'une cause, raisonner le point de droit, aligner les faits en quelques traits vifs et clairs, c'est la préface nécessaire de tout plaidoyer. Il n'y a pas plus d'avocat sans la rapidité de l'assimilation que sans la facilité de l'élocution.

En admirant la puissance de travail de l'avocat arrivé, on oublie trop l'importance du secours apporté

par le commençant. Celui-ci aide à la fécondité de
celui-là ; il lui épargne de fastidieuses besognes ; il
contribue, conséquemment, à sa prospérité. Dans
quelle mesure en profite-t-il, quant à lui ? Interrogation délicate. De rémunération directe, il ne saurait
être question. Des patrons croient avoir fait assez
quand ils ont infusé à leurs secrétaires quelques bribes
d'un savoir longuement et chèrement acquis. Peut-
être serait-il exagéré de crier à l'exploitation, en face
de ce platonisme qui conserve, après tout, le caractère
d'une paternité intellectuelle. D'autres ne se considéreront pas comme quittes parce qu'ils auront donné
beaucoup de lumière en échange de beaucoup d'abnégation. Ils s'ingénieront en faveur de leurs protégés,
ils s'emploieront à leur procurer des causes. On en cite
qui obtiennent sans trop de peine ce résultat.

Ici, cependant, un obstacle surgit. L'obstacle, c'est
le client lui-même. Le client poussé chez l'avocat par
la foi en un nom célèbre se refuse à admettre que
l'avocat s'allège, sur des épaules moins chargées, de
l'excédant de son fardeau. C'est le maître célèbre en
personne qu'il veut, le client, comme d'autres exigent
la marque de fabrique sur le produit acheté. Pour les
affaires minimes, le calcul est peu ingénieux ; il
manque parfois de justesse même pour les plus vastes
procès.

Un avocat en vogue avait médiocrement confiance
dans le succès d'une cause. Il est pris d'un malaise au
moment d'affronter les juges. Empêchement provi-
dentiel. Le secrétaire, qui savait le dossier, plaide avec
éclat. Le lendemain, on ne s'entretenait que de cette
improvisation ; le débutant était sacré artiste, et le
grand premier rôle remplacé au pied levé tenait à féliciter un des premiers son émule.

Ainsi va le palais. Une étoile s'y dérobe dans les
ténèbres de l'inconnu ; mais une heure suffit pour tirer

un nom de la foule. La salle des Pas-Perdus édifie une
réputation en aussi peu de temps qu'il lui en faudra
pour l'anéantir. Ces caprices étaient le monopole de la
« parlotte», autrefois. Refuge trop étroit pour le nombre
des causeurs, la parlotte languit à l'état de souvenir.
Elle est partout, à présent, dans ce gigantesque vaisseau des Pas-Perdus, — certainement l'endroit de Paris
où l'on cause le plus — et le mieux.

La consommation d'éloquence faite par les avocats
dans les prétoires épuise leurs munitions, serait-on
tenté de supposer. Bien des traits, cependant, restent
dans les carquois; et ce ne sont pas les moins acérés,
souvent. La salle des Pas-Perdus est un terrain
neutre où les intelligences les plus opposées, les
talents les plus divers, les caractères les plus contra-
dictoires se confondent. Toutes les idées, toutes les
opinions s'y donnent la main. Pour les partis, elle est
comme un hôpital où les vaincus font panser leurs
blessures, plus respectés dans la défaite qu'ils ne
l'étaient au sommet des grandeurs. « Rien n'est plus
curieux, a écrit un maître éminent, — Mᵉ Rousse, —
que cette mêlée de tant d'esprits actifs, venus de
partout, doués des instincts les plus divers, préparés
par les éducations les plus contraires, et gardant sous
une même règle et dans de communs travaux leur type
d'origine, leur accent natal et comme le pli naturel que
rien ne peut effacer... » Une même règle : force incalculable. Les sujets de division ne manquent pas, au
palais. Divisions politiques, divisions sociales, divisions d'intérêts : elles sont plus communes là que
partout ailleurs. D'où vient qu'elles ne se traduisent
point par des dissentiments extérieurs ? Des traditions
courtoises, une discipline rigide — ceci conservant
cela — expliquent le miracle.

Un instant, la lutte religieuse faillit compromette
une si magnifique union. L'histoire pourra s'étonner du

spectacle qu'offrit le barreau se partageant en deux camps au premier signal de l'exécution des décrets de mars. Ceux qui virent le Palais le 1er juillet 1880 se souviendront longtemps de l'effervescence bruyante provoquée par l'éviction de la Compagnie de Jésus. Nulle part n'apparaissait plus évident cet antagonisme des « deux France », si manifeste alors. A aucun moment on ne constata mieux combien les idées anciennes ont de racines dans le jeune barreau, à quel point il est imbu de l'esprit d'opposition. Que l'on y prenne garde ! D'une part, les événements lui amènent les naufragés des partis en déroute ; d'autre part, les fonctions publiques lui empruntent le plus net de l'élément républicain. En le dépeuplant au profit du fonctionnarisme, on risquerait d'étouffer en lui le feu libéral, si de nouvelles recrues ne comblaient sans cesse les vides du barreau. Il est par excellence une démocratie, ne l'oublions pas. Il obéit à des chefs élus, et chacun de ces chefs doit son élévation à son propre mérite. Les premières places appartiennent aux premiers talents. Comme le conscrit emportant dans sa giberne le bâton de maréchal, tout stagiaire a au fond de son portefeuille le sceptre du bâtonnat.

Etre bâtonnier ! L'humble cénobite qui dans la solitude de la cellule s'abandonne à ce songe audacieux : être pape, n'a pas une plus éblouissante vision. Le bâtonnier, c'est le pape des avocats. A un signe de lui, toutes les têtes s'inclinent. Mais sa nomination n'a point pour précurseurs les mystérieux conciliabules d'un conclave ; elle est discutée par tous, en plein soleil. Bien avant que l'approche des vacances judiciaires marque l'heure du scrutin, chacun sait, au Palais, quel nom sortira de l'urne ; auxquels, aussi, il conviendra d'ouvrir l'accès du conseil de discipline. Le temps n'a pas manqué pour débattre les candidatures : la période électorale dure, en fait, toute l'année.

Le bâtonnat est non seulement, ainsi que le disait Me Bétolaud au bâtonnier pour l'année 1880-81, Me Barboux, « le plus grand honneur qu'un avocat puisse recevoir » ; il est la plus lourde des dignités. Le bâtonnier est le dépositaire du tableau ; il préside chaque mardi le conseil ; il le convoque au besoin ; il représente l'Ordre vis-à-vis de ses confrères ; il est leur intermédiaire auprès du corps judiciaire et, en cas de conflit, interpose son autorité. Elle n'est pas un vain mot. Le barreau a eu bien des fois maille à partir avec la justice, depuis Guy Foucault, le plus ancien avocat dont le nom soit parvenu jusqu'à nous. Ce Guy Foucault, — notons-le entre parenthèse, — eût vraisemblablement été oublié comme bien d'autres sans les hautes destinées qui le prirent sous leur égide. En 1250, il changeait de robe : on l'avait fait évêque. Quinze ans plus tard, montant en grade et changeant de nom, il devenait le chef de la chrétienté et s'appelait Clément IV. Le premier bâtonnier mentionné par les historiens — que ce soit Jehan Mauvelet au quatorzième siècle, comme l'assure M. Ambroise Rendu dans *Les Avocats d'autrefois*, ou Denis Doujat à la fin du seizième, comme l'affirment quelques autres — eut à défendre les prérogatives de son Ordre contre les empiètements des juges. Le Barreau de tous les temps a su combattre pour démontrer qu'il n'était pas inférieur à la magistrature.

Un soir qu'on apportait dans une chambre civile les lampes réservées aux membres du Tribunal et la simple chandelle dévolue à l'avocat, celui-ci apostrophant ceux-là :

— Le barreau est-il donc plus que vous éclairé, que vous lui donnez moins de lumière !

L'interpellation était d'un goût médiocre. Elle énonçait néanmoins, en sa forme abrupte, un sentiment que tout avocat a au fond du cœur. Chaix d'Est-

Ange l'exprimait avec la finesse d'un sous-entendu, en répondant à une interruption du ministère public :

— Monsieur l'avocat général et moi nous sommes égaux... au talent près.

Cette soif d'égalité n'est pas nouvelle. Jadis, l'avocat plaidait après que sa partie — c'est le terme convenu — avait d'abord expliqué l'objet de la demande. Quand furent institués les procureurs, ceux-ci représentèrent les parties. Soit qu'ils prissent des conclusions, soit qu'ils lussent des pièces, ils devaient, devant les juges, mettre la toque à la main ; à la différence des avocats, investis du droit de plaider sans se découvrir. Un jour, un procureur étant en retard, l'avocat s'avisa de prendre lui-même les conclusions. C'était accélérer les affaires, et on ne procéda plus d'autre sorte. Seulement, un problème s'imposait : les avocats, alors, demeureraient-ils couverts ? Ils soutenaient l'affirmative. Après de longues discussions, les juges réussirent à convertir les membres du barreau. Puisqu'à un moment ceux-ci faisaient office de procureurs, c'était en procureurs qu'ils devaient se conduire. Depuis, en se levant pour débiter les mots qui précèdent la plaidoirie, les avocats se découvrent. Ils ont accepté l'humiliation. Mais sous prétexte de conclusions ils mâchonnent une phrase inintelligible, et les voilà vengés.

Dans tous les temps et à tous les propos, des tiraillements se sont produits entre les gens qui plaident et les gens qui jugent. La prétention des derniers à contrôler les premiers alimente surtout ces dissensions. Le barreau n'a jamais renoncé à l'empire absolu sur le tableau de son Ordre. Cette doctrine eut pour défenseur auprès de la Cour de cassation l'aîné des Dupin. Procureur général, il conservait assez vivant le souvenir des années passées au barreau pour appeler la toge d'avocat sa robe de dessous. Chez Baroche,

la « robe de dessous » était faite d'une autre étoffe. A
dater de 1852, plusieurs arrêts de la juridiction souveraine conféraient aux cours d'appel le droit d'intervention dans les affaires du barreau. Ce principe est
largement consacré aujourd'hui.

Faut-il applaudir ? Faut-il regretter ? Le conseil de
discipline est terriblement exclusif dans ses décisions.
Oui, certes, le scrutin porte en général aux honneurs
les plus méritants. Mais enfin le Palais n'échappe
pas à la loi qui gouverne les agglomérations d'individus. Il a ses coteries, ses petits cénacles, ses écoles
de médisance. Et puis, rappelez-vous le mot de Tal-
leyrand sur l'influence d'un habile cuisinier. Le
grand sanhédrin formé des vingt élus exerce l'autorité la plus entière. Sa volonté seule peut ouvrir
la porte de l'Ordre à un candidat. Il est vrai que,
d'après Mollot, la plus haute compétence en la matière,
« les refus d'admission n'ont rien de définitif; ils se
prêtent à autant de révisions nouvelles qu'il plaît à
ceux qu'ils touchent d'en provoquer ». Mais les personnalités desquelles dépendrait un changement sont
trop stables pour que les opinions varient. De même
que l'usage a limité à deux années consécutives, c'est-
à-dire à une seule réélection, le bâtonnat, de même il
devrait réduire à trois ou quatre années l'exercice du
mandat disciplinaire. Le mouvement des idées, leur
progrès normal exigeraient que les favorisés du vote
consentissent à ne point s'éterniser au conseil. La
Révolution a aboli les castes. La Déclaration des
Droits de l'Homme proclamait la liberté des professions. Il en est une qui n'est pas libre : la profession
d'avocat.

Incontestablement, elle nécessite des qualités et des
garanties que n'exigent point toutes les autres.
Dans un livre de fière allure, publié à une époque
où il y avait du courage à écrire ces choses, M. Jules

Le Berquier soutenait la thèse de l'indépendance complète de l'Ordre. « Avec la discipline intérieure, lit-on dans le *Barreau moderne*, le barreau devient le gardien de sa propre dignité ; avec la possession de son tableau, il admet ou rejette qui bon lui semble, et apprend à se connaître... Un débat judiciaire n'est point, Dieu merci, une guerre de buissons et de surprises ; c'est un combat à armes loyales. Au civil, les avocats échangent leurs dossiers sans reçu, quel que soit le nombre, quelle que soit l'importance des procès. Au criminel, ils ont communication de tous les éléments de l'instruction. Une seule pièce peut parfois décider de la fortune d'un plaideur ou de la vie d'un accusé. Eh bien ! il est sans exemple au barreau que jamais une pièce ait disparu d'un dossier dans ces continuelles communications. » La démonstration est péremptoire. Justifie-t-elle les textes draconiens qui menacent une défaillance, un oubli ?

Le conseil de discipline est un tribunal sévère pour l'avocat. Il le frappe de la réprimande, de la suspension, voire de la radiation. Qu'elle soit prononcée pour quinze jours ou pour un an, la suspension est notifiée par le bâtonnier au Procureur général, qui en informe à son tour les présidents et vice-présidents du ressort. Dans toutes les chambres, l'avocat est à l'index. Ces rigueurs profitent au public plaidant. Il aurait donc mauvaise grâce à s'en plaindre. L'espèce de franc-maçonnerie qui rend solidaires les uns des autres les membres de la profession est un préservatif contre des transgressions qu'on ne saurait trop soigneusement écarter. Le jour où le barreau rentrerait dans le droit commun, où on lui ôterait règlement, restrictions, insignes, il perdrait la meilleure part de son prestige. N'est-il pas la dernière des corporations, l'unique vestige qui subsiste intact de la France d'avant 1789 ? Son existence date de six siècles, si on la fait partir de saint Louis ; elle date de neuf cents ans, si on la fait remonter à Hugues-Capet. Le Sénat de Rome, les archontes d'Athènes, toutes ces grandes institutions n'ont pas vécu aussi long-temps.

C'est le plus bel éloge qu'on puisse faire du bar-reau, quoi qu'ait pensé Lucien écrivant dans ses *Dia-logues* : « Quand j'eus compris jusqu'à quel point les avocats sont obligés de s'avilir par les fourberies, les intrigues, les clameurs, je pris le louable parti d'aban-donner cette odieuse carrière ; je me réfugiai en vos bras, sainte philosophie ; je voulus, dans l'étude de vos préceptes, couler le reste de mes jours, comme dans un port tranquille, échappé à la fureur des tempêtes ». Mais passons. Plus il est une corporation fermée, plus notre barreau se doit à lui-même de montrer de libéralisme envers ceux qui relèvent de sa puissance.

Cette puissance étant, en somme, un contre-poids opposé à l'inamovibilité du corps judiciaire, seul, le corps judiciaire aurait intérêt à l'amoindrir.

IX

POUR ET CONTRE

Dans une facétie insérée au *Bulletin du Bibliophile*,
en 1836, : *De l'indignité des bibliothécaires et de la
dignité des avocats*, Charles Nodier raillait fort l'ostra-
cisme d'un avocat coupable de remplir quelque part
les fonctions de bibliothécaire. La prohibition du
cumul répond à une préoccupation grave, cependant.
Le fonctionnarisme, c'est la dépendance. L'avocat ne
doit reconnaître d'autres chefs que ceux de son ordre.
Quelle pourrait être la confiance des plaideurs, si des
influences étrangères pesaient sur les consciences qu'ils
font dépositaires de leurs secrets ? Les avocats sont des
porte-voix : « cil qui parolent pour autrui », comme
les définissait dans ses *Coutumes du Beauvoisis* Philippe de Beaumanoir « parolant », deux cents ans
avant Rabelais, la langue imagée de l'auteur de *Gar-
gantua*. L'éloquence que l'avocat apportait alors à la
barre ne brillait ni par le raffinement ni par la méthode.
Là aussi, le progrès a marché.

Inépuisable mine de gaieté pour les modernes, que

ces discours de jadis dans l'un desquels on voyait l'orateur invoquer tour à tour Ezéchiel, Plutarque, Codrus, saint Pierre et quelques autres ; puis comparer les seigneurs, lumières du royaume, aux yeux du corps ; et enfin aborder un éloge de l'œil : « qui estant placé sur le haust de la teste illumine tout le corps... Si l'un regarde d'un côté et l'autre de travers, le corps est tout difformé... L'œil a la forme ronde pour sa plus grande noblesse. Il a tel souci de tous les membres de son corps, qu'aussi qu'un est blessé, aussitôt il s'en pleure. » L'auditoire écoutait cette harangue sans étonnement. La Cour, au dire d'un contemporain, la déclarait « faite en beau françois, haut et clair, en beaux termes, bonne, saine et juste en raison ». Affaire de goût. L'ordonnance qui suit a la valeur d'un correctif :

Pour ce que les advocats de nostre docte Cour en plaidant leurs causes, souventes fois sont trop longs et trop prolixes en préface, réitérations de langage, accumulation de faits et de raisons sans causes, et parce qu'ils s'arrêtent trop aux mêmes fins de petit effect et valeur, voulons et ordonnons que dorénavant, ils soient brefs le plus que faire se pourra, à peine de parjure et d'amende arbitraire.

Cette ordonnance est de 1446. Il n'eût pas été inutile d'en rafraîchir de loin en loin la date, depuis. Bien des ans devaient s'écouler, avant que le barreau répudiât l'amphigouri amalgamé de latin et de grec qui, embroussaillant d'un fatras de citations oiseuses les discussions les plus simples, inspirait à La Monnoye cette traduction d'une épigramme de Martial :

Pour trois moutons qu'on m'avoit pris
J'avois un procès au bailliage.
Guy, le phénix des beaux esprits,
Plaidoit ma cause et faisoit rage;
Quand il eut dit un mot du fait,

> Pour exagérer le forfait
> Il cita la fable et l'histoire,
> Les Aristotes, les Platons.
> Guy, laissez là tout ce grimoire
> Et revenez à vos moutons.

Peut-être ne faudrait-il point proclamer trop haut que Racine serait à court de modèles, s'il prétendait refaire aujourd'hui les *Plaideurs*; le soleil et la lune, les Babyloniens et les Macédoniens rencontrent toujours, çà et là, des Petit-Jean hospitaliers. Le caricaturiste Daumier n'a pas inventé de pied en cap les types de son album aux curieuses figures. Mais si le barreau a encore ses grotesques, combien la transformation radicale subie par l'éloquence judiciaire a rehaussé le niveau général des talents! Les générations d'orateurs qui se sont succédé depuis le commencement de notre siècle ont travaillé à cette métamorphose. Delamelle, Bellart, de Martignac, Bonnet répandaient leur éclat sur le barreau de la première moitié de la Restauration; la seconde eut Dupin aîné, Maugain, Persil, Hennequin, Barthe, Merilhou, Berville, Tripier. Puis vint la grande pléiade de 1830; Philippe Dupin, Paillet, Marie, Bethmont, Chaix d'Est-Ange, Michel de Bourges, Odilon Barrot, Berryer, Jules Favre, Crémieux, Léon Duval, Hébert, Dufaure, Sénart. Et que de noms à ajouter à ceux-là! Des noms actuels qui sont sur toutes les lèvres, Et à côté des plaidoyers recueillis, que de discours superbes évanouis pour jamais!

Où vont-elles, ces plaidoiries mortes? Flottent-elles, entre les audiences, dans la solitude des prétoires, comme des âmes de revenants? Pourquoi aucune main n'a-t-elle tenté pour elles ce que la main de l'entomologiste fait pour le papillon? Certains plaidoyers appartiennent à l'histoire d'une époque; ils la complètent et ils l'éclairent. Hélas! ce ne sont pas

seulement les mots qui s'envolent. L'illustration de
ceux qui les prononcent a aussi ses revers. Un des plus
sympathiques et des plus populaires avait, deux mois
durant, déployé les ressources de son art dans une
cause qui passionnait ardemment le pays. Sept généraux
jugeaient, à Trianon, un maréchal traître à la France.
Après l'arrêt de mort de Bazaine, un provincial, lecteur assidu des journaux, proférait ce cri plein de
candeur :

— Pourtant, madame Lachaud l'avait bien défendu !

Pendant ces huit semaines, le bonhomme avait traduit à sa façon le signe abréviatif qui, dans les gazettes,
précédait le nom du défenseur.

O vanités de la gloire, ce n'est pas de vous que l'avocat s'éprend. Il aime sa profession pour elle-même,
parce que les jouissances qu'elle donne c'est en elle-
même qu'elle les contient. Le reste : argent, considération, honneurs, n'est qu'accessoire. L'affilié du barreau qui accorde à ces éléments extrinsèques une
outrageante priorité est inférieur à sa situation. Celui
qui d'un cœur noble les relègue à l'arrière-plan va
au-devant de plus d'une désillusion, en revanche. Le
discoureur forcé de débiter sans conviction des phrases
sans relief est à plaindre à l'égal de l'écrivain contraint
de coudre bout à bout des lignes banales. Ceux-là seuls
n'ont pas souffert, qui toujours ont plaidé des causes
de leur choix.

Et quel avocat oserait se flatter de n'avoir jamais
convoité le rôle de son contradicteur ? Dans combien
de débats un hasard ironique n'a-t-il pas imposé le
pour à celui qui le mieux eût soutenu le *contre*, et in-
fligé le *contre* à celui dont le *pour* eût pu faire un
triomphateur ? Quel magistrat du Parquet, ayant à
soutenir une accusation, n'a envié le temps où il l'eût
combattue ; ou bien, descendu de son siège et défendant

un prévenu, n'a regretté l'époque où il l'eût accusé?
Bon ou mauvais, cependant, le procès commande.
Quelque côté de la barre qu'il occupe, l'orateur a les
mêmes obligations.

Il ne s'embourbe plus, comme jadis, dans un exorde
pompeux. Il pousse droit à l'affaire, déblayant hardiment la route de tous les *impedimenta* qui pourraient
l'encombrer. Les survivants de l'art ancien avaient crié
haro, devant ce mépris de leurs idoles. Eh quoi! la
discussion courait au but sans passer par les Juifs, les
Grecs et les Romains! On laissait se faner les fleurs
de rhétorique! Quoi! on ne tirait même plus le feu
d'artifice de la péroraison! Des arguments, des arguments encore, toujours des arguments! C'était la fin
de l'éloquence, l'avènement d'une ère d'aridité dont on
se lasserait heureusement bientôt. L'épreuve continue,
cependant, plus rigoureuse et plus serrée. Les conces-
sions aux vieilles méthodes jettent par-dessus bord
leurs dernières pudeurs. Les romantiques avaient succédé aux classiques. L'évolution s'achève ici comme
dans les autres arts. Le ton déclamatoire disparaît.
L'esprit scientifique de notre âge prévaut. Et la science,
bien loin de dessécher les beautés du langage, les
renforce, les vivifie en leur imprimant un accent
plus vrai.

Cette victoire du réel sur le factice, il est peu de
maîtres de la barre, parmi les modernes, qui chaque
jour ne contribuent à l'affermir.

L'un, majestueux dans l'ampleur de sa toge, le
front imposant, le geste olympien, avec, par instants,
un tressaillement des omoplates, comme si ses épaules
secouaient un monde, semble contenir à grand'peine
le flot débordant de sa parole haute et fière, faite de
réserve et de dédains, d'envolées étincelantes et de
repliements d'ailes discrets. La rapidité du débit ourle
ses lèvres massives d'une mince frange d'écume. L'œil,

petit, a des clignements saccadés. Cependant, la face marmoréenne conserve sa pâleur. Le corps garde son immobilité sereine, au milieu des plus fougueuses chevauchées de ce verbe presque invariablement en règle avec les grammairiens, même dans les moments où il désespère le plus les sténographes. Seuls, les doigts s'agitent, comme heurtant les touches d'un invisible clavier. Avant l'action, le faible remuement des lèvres silencieuses, ce mouvement des phalanges au bout des mains pendantes ou à demi tendues annoncent la présence du Dieu intérieur. L'action terminée, la puissante charpente légèrement infléchie rappelle la lassitude de la pythonisse descendue de son trépied. Dans l'abondance des mots, pas une syllabe à reprendre, d'ailleurs. Est-ce un procès d'affaires ? Des faits. Est-ce une de ces causes civiles qui vivent par l'émotion ? Des sentiments élevés exprimés simplement. La simplicité dans l'élévation : voilà ses moyens.

L'autre, correct, sévère ; la voix sans éclat, mais sans défaillances ; dans l'œil gris-bleu peu de chaleur, mais une limpidité tranquille. Tête droite, geste sobre, correction d'attitude et correction de discours ; point de marge abandonnée à l'imprévu : si la conscience altière et la parole froide ne laissent rien à l'entraînement, c'est qu'elles donnent tout à la conviction. Recherche constante de la perfection dans la forme : le style châtié mêlé d'un grain d'afféterie. Eloquence d'académie plus encore qu'éloquence de la barre, si l'on n'avait à tenir compte du fond, de l'étude mûrie du dossier, du choix scrupuleux des documents, de la rare franchise capable de convenir des points faibles pour insister mieux sur les points forts ; de cette hauteur de vues et de caractère, enfin, prête à tout sacrifier à la profession, — jusqu'aux affections personnelles, jusqu'à l'amitié de ce magis-

trat qui, regardant avec affectation la pendule durant
une plaidoirie et faisant remarquer l'heure avancée,
s'attirait, dit-on, cette réponse de l'orateur se couvrant
de sa toque et ramenant sa robe aux plis flottants :

— Je ne savais pas encore, monsieur le président,
qu'il y eût une heure pour la justice !

Tel, méthodique, solennel, scandant d'un bras
anguleux sa prose austère que n'illumine jamais
la grâce d'un sourire, forgeant à petits coups des
périodes martelées par un organe nasillard, puise de
surprenants effets dans la seule vigueur de sa logique,
dans la fermeté mâle de ses raisonnements, dans l'obstination même avec laquelle il s'interdit toute excur-
sion hors du catalogue de ses pièces, numérotées avec
la précision d'une planche takymétrique.

Tel autre, souple, vif, la phrase colorée, le ton toujours courtois, l'œil toujours souriant sous le binocle
qui en voile la flamme, dissimule comme à plaisir,
derrière le vernis brillant de l'extérieur, la solidité du
dedans. Lame d'acier qu'emprisonne un fourreau de
velours à paillettes. Ce sanguin sait se dompter, quand
il le faut. En même temps qu'elle apprenait à parler,
sa turbulence apprenait à se taire. Mieux que quiconque, au palais, il sait un art trop peu connu : écouter.
Respectueux de l'éloquence du prochain, il est prodi-
gue de la sienne. Les allées et venues énervantes de
l'auditoire, les *a parte* des groupes jaseurs stimulent sa
verve au lieu de la troubler. Parfois, elle met une
sourdine. Raffinement de duelliste sûr de son jeu. Il
ne recule que pour prendre un élan. Sa bouche crispée
se détend comme un arc, le mot incisif part avec un
sifflement de flèche fendant l'air : un mot dans lequel
tient tout un chapitre, parfois ; comme cette répartie à
un président qui, après avoir à plusieurs reprises in-
terrompu l'avocat, lui disait :

— La Cour vous ordonne de conclure.

— Eh bien ! je conclus à ce que la Cour m'entende !

Encore un fin escrimeur : celui-ci, figure glabre, nez au vent, pare et riposte à la crâne, la toque sur l'oreille, la voix stridente, sonnant la charge ; tantôt avec les déhanchements goguenards d'un titi de barrière, tantôt avec l'onction spirituelle d'un abbé de cour ; maniant à tour de bras le comique et le tragique fourbis sur la meule où, avant chaque escarmouche, il repasse sa rapière ; frappant d'estoc, pourfendant, tailladant, déchiquetant sa proie, s'oubliant à s'écouter, à compter les morsures. Devant un tribunal, on le priait d'abréger :

— J'essaierai, monsieur le président ; mais alors je parlerai petit nègre et je me bornerai à dire : moi raison, lui tort ; toi, bon juge, décide.

Un autre jour, ayant cité Horace, il se mettait en devoir de traduire.

— Nous comprenons le latin, fit l'un des assesseurs.

— Eh ! je le sais, Messieurs, c'était pour mieux me comprendre moi-même.

Aimez-vous les contrastes ? Tendez l'oreille vers cet organe grêle, regardez ce geste hésitant. Point de tumulte, point d'éclat chez ce circonspect, j'allais écrire ce timide. Il avance à pas lents, effrayé de tout ce qui détonne et étonne. Il emploie à broyer du gris sur sa palette le même soin que d'autres à barioler la leur de tons violents. Eux aiguisent des pointes. Lui, prudemment, émousse celles qui dépasseraient l'alignement de sa lourde armure. Sobre de mots, sobre de gestes, à mesure qu'il parle, ses yeux embusqués derrière leur rempart de verre épient sur la physionomie des juges l'effet produit. Une expression acerbe lui échappe-t-elle, elle est ouatée si douillettement que tout d'abord l'adversaire n'y prend garde. Tel le projectile à triple enveloppe aperçu seulement quand il ravage le camp ennemi. Cette modération pesante a la force du bélier frappant sourdement et faisant brèche. Le reste est l'œuvre du dialecticien.

Est-il appel aussi puissant que l'appel adressé à la raison ? Oui, celui qu'on adresse au cœur. Les remueurs de cœurs sont des rivaux redoutables, pour les remueurs d'idées. Considérez comment on émeut un jury. Dans le compartiment qui l'isole de l'univers, l'accusé est plié en deux, hébété en sa prostration. Toutes les voix étaient liguées contre lui. Une voix va s'élever pour lui, à présent. Le défenseur se lève. « Messieurs de la Cour... » Il laisse ces quatre mots tomber, plutôt qu'il ne les articule ; il obéit, indifférent, aux exigences de l'étiquette. Qu'a-t-il à faire de messieurs de la Cour ? C'est en face de lui qu'il regarde ; si le salut est quelque part, il n'est que là. « Messieurs les jurés... » Quelle intonation différente ! Comme aux vibrations de l'organe on sent que le drame va tenir dans l'espace qui sépare des douze magistrats d'un moment l'avocat debout à la barre ! Il commence. Selon qu'il s'irrite ou qu'il s'apitoie : impétueux, les poings lancés en avant ; ou patelin, la main levée avec componction, une main grasse et blanche d'évêque qui bénit. Les premières phrases ont le laconisme d'une synthèse. Des notes saisies dans le développement de l'interrogatoire ou sur le vif des dépositions ; des questions à quelques témoins ; un incident, çà et là, accaparé au profit de la cause, ont préparé la plaidoirie. Le jury connaît uniquement ce que lui a montré l'audience ; ce n'est pas le dossier de l'instruction, c'est le dossier de l'audience qui va être analysé. Analyse de faits et analyse de sentiments : le diapason de l'orateur varie avec les phases du débat. C'est un acteur dont les nécessités de la pièce règlent l'allure. Il caresse et il tonne, il anathématise et il adjure, il pleure et il rugit. A ce souffle ardent, l'accusé, peu à peu, se redresse.

Suspendu à cette parole, en une heure, lui aussi, il parcourt la gamme entière des passions, ravivant les flammes éteintes, revivant les jours vécus. « Marchons, marchons... » Et la phrase décrit sa trajectoire brûlante pour s'en aller frapper la cible. L'accusé s'est-il mal défendu ?

— Laissez-le se défendre comme il veut ; l'avocat est près de lui pour le défendre comme il doit !

La cause est-elle obscure ?

— Je ne suis pas ici pour prouver, monsieur l'avocat général, je suis ici pour démontrer que vous ne prouvez pas !

Ou, prenant plus directement à partie le ministère public :

— Ah ! monsieur l'avocat général, vous refusez les circonstances atténuantes à ce malheureux au passé irréprochable ! A qui donc les donnerez-vous ? Votre devoir de magistrat vous oblige à vous taire. Mais je vous connais comme homme, et si je pouvais vous déplacer, vous mettre sur ces bancs, ah ! tenez, j'attendrais avec confiance votre verdict !

La controverse va son train. Des airs de bravoure l'entrecoupent. La voix de l'orateur monte, son geste s'élargit ; sa face ronde, lisse et rosée a des soubresauts de tête de lion secouant sa crinière. Tantôt il fulmine, les bras en l'air, le buste cambré ; tantôt il implore, le front courbé, les bras en croix. L'accusation avait ébauché un portrait ; il en esquisse un autre, ici étendant une couche d'ombre, plus loin piquant la toile d'un point lumineux, ailleurs fondant les nuances en un mélange indécis. « Marchons, marchons... » Il marche, la prunelle droite rivée sur le jury, le gauche regardant on ne sait où, au ciel, ou au diable, ou au fond du sac de Robert-Houdin. Prestidigitation qui va jusqu'à l'escamotage de la phrase. Ah ! il se préoccupe bien du purisme, lui qui atteindrait à la correction de

Bossuet, s'il voulait ! Il est trop au client pour être à la syntaxe.

Et quand ce virtuose a développé son thème, quand sur les variations il a brodé d'autres variations, quand des grandes lignes mélodiques reprises une à une il a composé son finale, le connaît-on à sa mesure entière ? Non ; car il sait, au tribunal, s'emparer de l'esprit du juge comme il sait, à la cour d'assises, captiver l'âme du jury. Bonhomie fine ou chaleur pénétrante, il apporte partout la même indépendance qui faisait dire à Berryer à la barre :

— La défense est plus respectable que l'accusation.

Et à Berryer à la tribune :

— Il y a quelque chose de plus précieux que le respect de la magistrature, c'est la liberté des citoyens!

Faut-il faire défiler encore quelques-uns de ces profils entrevus ? Saluez celui-ci, plus nouveau dans la renommée. Accent vibrant, richesse d'inflexions, vigueur oratoire, transitions étudiées du sévère au léger et de l'enjoué au grave ; même horreur de la métaphore, même recherche du pathétique, même sensibilité féminine : avec plus de prestance et moins de naturel, l'estampille des élus des causes criminelles.

Et celui-là, que seuls les procès au civil intéressent, qui s'attaque en légiste aux plus hautes questions sans dédaigner de descendre aux détails de la pratique, passe les ambiguïtés au crible de son esprit d'une superbe clarté, parle en savant, enchaîne les faits en artiste et, modeste autant qu'énergique dans les résolutions prises. règle sur le papier chacun de ses mouvements, n'oubliant pas que Nicolet a écrit des orateurs : « Demandez-leur comment ils sont parvenus à leur rang et à l'honneur d'être vos modèles... Ils vous diront qu'ils ne se sont pas laissés prendre aux premières avances de la parole pour y voir le gage d'une conquête assurée, et que, pendant de longues années, ils ont redressé, corrigé, *la plume à la main,* cette grande capricieuse qui ne devient à peu près fidèle que quand on a mis beaucoup de temps à l'asservir. »

Et cet avocat sémillant, diseur pittoresque aux belles notes graves, ciseleur de paroles, dont un balancement du bras rhythme la prose cadencée, tandis que la main opposée retient la manche pendante.

Et cet autre ponctuant ses plaidoiries d'un : « Vous m'entendez bien ? » qui revient comme un glas et, parce qu'il ne manie que la langue des affaires, s'imaginant avoir à réveiller l'attention des auditeurs en frappant sur la barre, comme s'il n'était pas, au milieu de ses chiffres, un jongleur merveilleux...

Où donc irions-nous, si nous nous attachions à passer en revue la galerie complète des maîtres parmi les maîtres, si nous dressions le bilan de tout le dévouement dépensé ? — Dévouement gratuit ? Non certes. Montaigne disait, lui qui voyait dans l'avocat un hâbleur fort détaché des griefs du client : « Mais l'avez-vous payé pour y mordre et pour s'en formaliser, sa raison et sa conscience s'y eschauffent quant et quant. » Maxime que rajeunissait Pascal en écrivant : « Combien un avocat bien payé d'avance trouvet-il plus juste la cause dont il est chargé ! » Pascal et Montaigne sont humains. L'hypocrisie est humaine aussi, — et il en entre toujours quelque dose dans les règlements. L'article des statuts qui interdit à l'avocat, sous des peines disciplinaires, de réclamer paiement de ses services établit-il autre chose qu'une fiction ? L'avocat illustre rétribué *avant* n'a pas *après* à exiger de salaire. Mais l'avocat obscur ? Les plaideurs font preuve d'une fâcheuse propension à traduire leur reconnaissance par le don d'un oiseau empaillé, d'un coffret d'étagère ou d'une réduction de la Vénus de

Milo. Même, voyez quelles proportions prend l'injustice. Le commerce du bronze inonde nos marchés de bustes d'Hippocrate à l'adresse des médecins ; il n'a pas eu encore la pensée consolante d'une effigie de Démosthènes à l'intention des avocats. Un de ceux-ci, aujourd'hui hors de page, montrait, il y a quelques années, avec un orgueil mêlé de dépit, quatorze paires de candélabres dues à la munificence d'autant de clients.

Il y a bien quelqu'un qui s'entend à activer les générosités paresseuses. Ce quelqu'un, c'est l'avoué. Si une exhortation verbale peut être utile, l'avoué la glisse adroitement. S'il faut expédier une lettre qui compromettrait la dignité du barreau, l'avoué prête sa plume. Seulement, il songe à lui-même, d'abord. On assure en avoir vu dont l'âpreté retenait au passage le plus clair des honoraires destinés à l'avocat. Petites misères dont on conçoit que les commençants se préoccupent.

Certains barreaux estiment que le désintéressement de leurs membres ne doit point les rendre victimes de l'ingratitude des plaideurs. Ce sont, a-t-on objecté, des barreaux peu importants de province. A Paris, on courrait le risque de scandaleux abus ; le tableau compte trop d'avocats.

Trop d'avocats ! Si la répartition des causes était proportionnelle au nombre de ceux qui ont qualité pour les plaider, si aux accusateurs publics la loi opposait des défenseurs publics, tout au plus seraient-ils assez pour disputer, tantôt à la répression et tantôt à la chicane, les malheureux sur lesquels elles émettent d'iniques prétentions.

X

L'ENGRENAGE

Prison préventive. — La routine. — Innocent ou coupable? — Le coquin favorisé. — L'instruction fermée et l'instruction ouverte. — Le sourire fin. — Combat singulier. — Beau courage civil. — La liberté individuelle et l'arbitraire. — Les abus administratifs. — Supplice bureaucratique. — *Habeas corpus*. — Ordonnance de non-lieu. — Consigné à la disposition de la justice.

Aussi modestement que ce soit, on ne touche pas à un sujet comme celui qui nous occupe, sans soulever quelques problèmes, sans froisser quelques susceptibilités, sans hasarder quelques interrogations. Le barreau et la magistrature ont chacun une façon d'envisager les questions judiciaires. De tout temps, les juges se sont ingénié à maintenir ce qu'ils appellent les garanties de la répression. Pendant des siècles, les avocats ont lutté pour la liberté de la défense. Avec eux ou avant eux, de sages esprits, des esprits mûris dans la réflexion et dans l'étude, ont fort raisonnablement divisé en deux catégories les réformes souhaitées par l'opinion : celles que l'assentiment général rend immédiatement accessibles ; celles qui tireront leur réalisation d'un lent examen et d'une évolution non moins lente des idées.

Que les réformes réservées à l'avenir se meuvent dans les hautes sphères de la spéculation philosophique jusqu'au jour où, lasses de planer, elles descendront prendre, sur notre boule terrestre, le rang qui les attend, soit. Mais les réformes sur lesquelles tout le monde est d'accord, pourquoi n'entrent-elles pas de plain-pied, celles-ci, dans le domaine de la pratique ? A toutes les périodes de l'histoire humaine, des chercheur ont pâli sur cette simple question. Naïfs qui ne savent pas, ou prudents qui feignent d'ignorer la puissance de l'idole dont les autels se dressent à chacun de nos carrefours : la Routine.

Sans la routine, comment des institutions honnies de tout un peuple conserveraient-elles leur empire ? Il en est des mauvaises mœurs, croirait-on, comme des lettres de noblesse : plus elles ont d'ancienneté, plus elles comportent la vénération. Un usage en antagonisme avec l'intérêt public revêt des droits au respect, pourvu qu'il remonte aux croisades. Ainsi s'explique la faveur dont a si longtemps continué à jouir, devant les cours et tribunaux, l'incarcération hâtive des prévenus, contre laquelle la masse proteste sans distinction de partis.

Condamné par son passé, blâmé pour les coups aveugles qu'il frappe, définitivement jugé après cent et cent exemples d'injustice ou d'erreur, l'emprisonnement préventif n'en continue pas moins à trôner en maître sur les ruines des vieilles législations écroulées.

Il règne ayant pour lui, quoi ? La mode. Une mode, semblerait-il, adoptée et perpétuée parmi les magistrats instructeurs pour leur commodité personnelle. Car la prison préventive n'est en aucune manière prescrite par la loi comme une obligation. La loi énumère les moyens dont le magistrat dispose pour assurer l'exercice de ses fonctions, le faciliter, l'imposer par la coercition, au besoin :

Mandat de comparution ;

Mandat de dépôt ;

Mandat d'amener ;

Mandat d'arrêt, etc.

Quant à la nature du moyen à employer, le Code

d'instruction criminelle (art. 91) l'abandonne au discernement du magistrat. La latitude qu'il lui laisse est
des plus vastes; elle suffirait à garantir la liberté des
citoyens, sans les tendances à l'absolutisme dont
notre magistrature s'est fait comme une tradition.

La tradition est redoutable, non le code. Volontiers
le code consentirait à ce que l'instruction judiciaire
précédât l'arrestation du prévenu. La tradition exige
que l'arrestation du prévenu précède l'instruction judiciaire. Le code ne demanderait qu'à s'incliner devant
la logique; la tradition professe pour la logique le
plus parfait dédain.

Une loi a été édictée, en 1863, sur l'instruction
des flagrants délits devant les tribunaux correctionnels. Les articles qui la composent peuvent être faci-
lement résumés. Aux termes des trois premiers, tout
inculpé arrêté en état de flagrant délit pour un fait
puni de peines correctionnelles, est immédiatement
conduit au parquet, interrogé, déféré au tribunal; s'il
n'y a point d'audience, la comparution est renvoyée à
l'audience du lendemain ; au besoin, le tribunal est spécialement convoqué; quant aux témoins, ils sont tenus
de comparaître sur la réquisition verbale d'un délégué
de la police judiciaire. Les trois articles suivants
accordent à l'inculpé, s'il le réclame, un délai de trois
jours pour préparer sa défense; au tribunal, s'il le dé-
sire, le droit de renvoyer l'affaire pour plus ample information, avec faculté de mise en liberté provisoire
de l'inculpé. Si celui-ci est acquitté, enfin, il doit être
relaxé aussitôt, et nonobstant appel du ministère
public.

Qu'a voulu cette loi? Épargner au prévenu les
anxiétés de la détention provisoire, abréger les formalités, supprimer le fatras des paperasses judiciaires.
Les faits sont établis, on a surpris le délinquant
dans l'exerciçe du délit; deux hypothèses sont seules

admissibles : ou les témoins ont mal vu, et c'est l'acquittement; ou les témoins ont bien vu, et la condamnation est certaine.

Excellente innovation, que celle de 1863 ; nous y reviendrons plus loin. Seulement, quelle conséquence paraît s'en dégager le plus nettement, de prime abord ? C'est qu'elle favorise le coquin avéré au détriment du malheureux sur lequel pèsent des soupçons peut-être absurdes. C'est qu'elle donne au filou pris « la main dans le sac » un avantage sur l'honnête homme suspecté à tort.

La nécessité du prompt jugement des flagrants délits reconnue par le législateur, quel aveu décisif de l'injustice de la détention préventive !

Plus la peine applicable à la faute commise est de courte durée, plus l'emprisonnement antérieur à la condamnation choque le sens commun. Encore, s'il était tenu compte aux coupables des jours, des semaines, des mois préalablement passés sous les verrous ! On y viendra en France comme on y est venu en Belgique. Une catégorie de citoyens continuera seule à souffrir, alors : les innocents.

Ah ! pour ceux-ci point de dédommagement, de quelque façon qu'on s'y prenne. Le châtiment subi est subi sans retour. L'incarcération anticipée, c'est à leur intention, surtout, semblerait-il, qu'il conviendrait d'en restreindre l'emploi. C'est à eux que profitera plus spécialement l'adoption du projet, profitable pour tous, baptisé par M. le procureur général Dauphin de ce nom qui restera : l'instruction ouverte.

En l'état actuel, innocent et coupable sont égaux devant les sévérités de l'information.

Ils nient, chacun à sa manière, avec l'accent que donne l'indignation feinte ou vraie. A tous les deux, le magistrat tient tête à l'aide du même argument :

— Vous déployez d'inutiles efforts ; mieux vaudrait

4***

avouer, nous savons de quel poids est une parole comme la vôtre.

Et il sourit avec finesse. Le sourire fin fait partie des fonctions. Ce n'est pas qu'il soit plus méchant qu'un autre, cet homme. Convaincu d'une méprise, il s'inclinerait bénévolement. Le malheur est qu'il a la conviction rebelle. Il part invariablement de cet axiome que si l'individu amené dans son cabinet était vertueux, il ne serait pas là, devant lui.

Le combat est rude, souvent, entre ces deux forces adverses : l'inculpé d'un côté, de l'autre le juge d'instruction. Le cabinet du magistrat est un champ-clos voué à des tournois gigantesques. Un seul geste y renferme un monde, un clignement de paupières y révèle un drame ténébreux. Il n'y a que les femmes et les forçats pour faire tenir tant de sous-entendus dans un éclair de la prunelle. Ce duel où les regards des champions sont comme deux épées qui se croisent, où les lutteurs se tâtent d'un mot, se sondent d'un signe, où il s'échange en cinq minutes plus de feintes, plus de dégagements que chez un prévôt en un jour, ce duel est inégal. La supériorité du magistrat instructeur est évidente. Toutes les chances sont pour lui. Il choisit l'heure, et le lieu, et les armes. En dépit de tant d'avantages, il ne remporte pas toujours la victoire. La perspicacité est un don précieux. L'acquiert-on ? C'est plutôt un sens, peut-on croire. Dans un bon juge d'instruction, il y a deux artistes : un comédien et un poëte ; le poëte pour recevoir des impressions, le comédien pour en rendre. Jouer l'indifférence, voir et faire penser qu'on ne voit pas ou ne pas voir et laisser supposer que l'on voit, poser sur son visage tour à tour le masque de l'impassibilité, celui du contentement, celui de la colère : c'est le comédien. Abandonner son esprit au fil des intuitions, éprouver ces chocs intérieurs qui sont des avertissements, jeter son âme dans

une autre âme et la ramener pleine de secrets, observer
avec le cœur sans cesser d'observer avec la tête, s'im-
prégner des effluves qui se dégagent de l'inconnu :
c'est le poëte.

Un juge recueille comme des aveux les paroles in-
cohérentes d'un homme rencontré près du théâtre d'un
méfait ; il remarque chez son prisonnier cet air inquiet
et hagard si commun dans les asiles d'aliénés, et sans
réfléchir que la folie est sœur du crime, il prend le fou
pour un criminel : trait de sottise. Ayant devant lui
un sacripant qui simule la démence, un juge est frappé
d'une inspiration ; subitement, comme atteint de contagion, il apparaît en proie à un accès d'aliénation
mentale et il contraint le criminel à se trahir : trait
de génie.

Dans cette continuelle bataille où la Justice et le
Crime, face à face, s'enlacent, mêlent leurs souffles, le
sang-froid est la qualité la plus indispensable au magistrat ; elle est peut-être aussi la moins commune. Nos juges opposent aux bandits une intré-
pidité que les plus sérieux périls ne réussissent
pas à mettre en défaut. Pour en révéler l'étendue, tel
de ces incidents d'audience que les journaux rapportent quelquefois suffit à peine : chaise ou sabot ferré
lancé du banc des prévenus dans la direction du tribunal ; couteau brandi brusquement par un gredin
qu'on croyait désarmé. En contact plus intime avec
les criminels, le magistrat instructeur déploie un admirable courage. Pourquoi faut-il qu'une sorte de
fièvre l'agite perpétuellement ? Sans cette constante
inquiétude, le principe sacré de la liberté individuelle
serait moins fréquemment outragé.

A ne considérer que les déclarations pompeusement
inscrites dans nos chartes, la liberté individuelle est
entourée, en France, des plus enviables garanties.
D'après la Constitution de septembre 1791, qu'aucune

des constitutions ultérieures n'a explicitement abro-
gée, nul ne peut être arrêté et détenu, sauf dans
les cas prévus par la loi et selon les formes pro-
tectrices qu'elle a prescrites. Mais si des déclarations
de principes on descend à l'application des principes;
si de l'analyse des textes on passe à l'analyse des
faits, on arrive fatalement à cette constatation : la
liberté individuelle est un sophisme toujours prêt à
crever sous le poing du premier venu d'entre les cau-
dataires de l'administration.

La conscience publique ne se repaît pas d'abstractions. Elle proclame l'utilité de cette sauvegarde qui
se nomme : autorité. Elle revendique aussi ce bien
précieux qu'on appelle : liberté. Entre la liberté et
l'autorité, elle voudrait la balance égale. La liberté
succombe chaque fois que, sous les traits d'un citoyen
inoffensif, elle est prise à la gorge par l'autorité, sym-
bolisée par la lourde main d'un gendarme.

Circulez , stationnez, mouvez-vous ou restez en
place, tombez ou non dans « les cas prévus par la
loi », — rien au monde ne vous démontre que vous
n'irez pas ce soir coucher en prison. Vous croyez très
fermement vous appartenir. En contemplant l'enveloppe charnelle obligeamment prêtée par le Créateur
à votre âme, vous vous dites, non sans fierté :

— Ceci est à moi !

Néanmoins, votre raison vous avertit que toute
possession a des limites; vous ajoutez, en forme de
diminutif :

—... Pourvu que je respecte les autres et moi-
même.

Restriction pleine de sens, mais pleine en même
temps de candeur. Non, vous n'êtes pas à vous ! La
preuve, c'est que s'il plaît à un gardien de la paix de
vous inviter à le suivre, vous le suivrez, — de force,
sinon de gré ; — vous le suivrez même sans qu'il ait

à vous révéler pourquoi il vous contraint à le suivre.

Vous vaquiez paisiblement à vos occupations ou à vos plaisirs, sous l'égide du code dont certains articles, terribles pour les méchants, devraient représenter la sécurité pour les bons. Le code, voilà, vous en aviez la notion rassurante, l'écueil auquel se heurterait un outrage volontaire à votre inviolabilité ; voilà le palladium contre toute tentative, à votre préjudice, de détournement de corps humain. Votre confiance était entière, donc. — Quel risque ai-je à courir, songiez-vous, avec un tel arsenal de dispositions tutélaires ? L'idée d'une incarcération imméritée ne traversait votre esprit que comme une de ces éventualités cataloguées au chapitre des exceptions monstrueuses.

Vous comptiez sans les immunités réservées au fonctionnarisme ; vous perdiez de vue que, dans notre pays, un personnage revêtu d'insignes officiels a toujours vu la troupe des privilèges lui faire escorte humblement.

La liberté individuelle est protégée contre l'arbitraire des particuliers ; elle n'est pas encore suffisamment protégée contre l'arbitraire des juges. Partout et en tout, il reparaît.

Il y a là une force acquise que le temps seul brisera. Même en décrétant les plus salutaires réformes, ce n'est pas en un jour qu'on extirpe la routine des bureaux. Voulez-vous, entre dix, un exemple de ses effets ? Un pauvre diable reçoit un mandat de comparution. Il accourt.

— Vous avez volé, ou escroqué ou incendié.

— Moi ! Où ? Qui ? Quoi ? Quand ? Comment ?

Le juge spécifie. L'autre se récrie, indigné. On s'informe sur son compte. Va-t-on le mettre sous mandat de dépôt ? Les renseignements sont excellents. Reste à vérifier de près l'exactitude des faits. Le magistrat se radoucit :

— C'est bien, vous attendrez; revenez à mon premier appel.

Le malheureux a pour lui la pureté de sa conscience. Il n'est pas sans éprouver quelque frayeur, toutefois. Il s'en retourne heureux de demeurer libre, mais tout déconforté d'être sous le coup d'un soupçon. Jusqu'à ce que cette odieuse affaire soit éclaircie, il ne vivra plus, il n'osera plus sortir, de peur d'être montré au doigt, il négligera ses affections, ses intérêts. De temps à autre, il louvoie vers le palais, en catimini.

— Où en est l'instruction?

— Elle continue.

Quinzaines sur quinzaines, mois sur mois vident le calendrier. Le supplice ne cesse pas. Elle sera donc éternelle, cette instruction! Un matin, le supplicié a une lueur d'espoir. On lui fait pressentir une ordonnance de non-lieu. Il compte les heures; il guette la nouvelle, oppressé, anxieux, toujours à l'index dans son quartier, se sentant prêt à renaître, pourtant. Rien ne vient. La situation est intolérable, à la fin . Il en veut sortir à tout prix. Non sans trembler, il tente encore une démarche :

— Cette ordonnance de non-lieu ?

— Eh bien !

— Sera-t-elle rendue bientôt ?

— Mais... elle l'est déjà.

— Elle l'est ?

— Oui, depuis six semaines.

Pendant que l'idée fixe empoisonnait les veilles et harcelait le sommeil d'un innocent, l'ordonnance de non-lieu, conclusion de la procédure, reposait en paix dans le dossier. On ne la notifie pas à l'inculpé : tel est l'usage des bureaux.

Jamais on ne protestera trop contre ces procédés révoltants. Il y a cependant deux siècles que les Anglais nous enseignent une autre méthode. Chez

eux, l'*habeas corpus* a organisé d'une manière
effective la liberté individuelle restée, chez nous, une
promesse. — Avec l'*habeas corpus* : pas de détention
sans jugement ; pas d'emprisonnement préventif sans
instruction judiciaire; pas d'incarcération sans désignation de motif; copie au détenu de l'ordre d'arrestation, dans les six heures qui la suivent; subordi-
nation absolue de la police à la justice, barrière in-
franchissable à toute incorrection administrative; grâce
au *writ* qui délivré, soit par le lord chancelier, soit
par l'un de ses suppléants, met immédiatement fin à
la détention si elle est illégale, ou permet au haut magistrat d'en vérifier la légalité.

Cet ensemble imposant détonne quelque peu sur
nos usages.

De ce côté-ci du détroit, un homme est accusé par
n'importe qui de n'importe quoi : l'engrenage policier
et judiciaire le saisit ; on l'enferme, — quitte à vérifier,
après, le plus ou moins de vraisemblance des charges.

Parfois, les imputations sont notoirement imaginaires; ou bien elles reposent sur un quiproquo; ou
bien quelqu'un les a ourdies en vue d'une vengeance.
L'affaire aura pour issue le châtiment du dénonciateur.

— Bah ! empoignons toujours le dénoncé

On l'empoigne, par habitude ; il est, c'est le terme
usuel, « consigné à la disposition de la justice ». Péri-
phrase ingénieuse. Pour en comprendre la saveur,
il faut lier connaissance avec le dépôt de la préfecture
de police.

XI

AU DÉPOT

Comment on entre et comment on sort. — Le violon. — Le panier à salade. — La Permanence. — Petit parquet et grand parquet.— La machine à coffrer et la machine à cribler.— L'habit.— La blouse. — Contacts ignobles.— Les affamés. — Flagrants délits.— Confection du dossier. — La drague administrative et le blutoir judiciaire.— Etats civils fantaisistes. — Gaillepand. — Les ahuris.— Un louis et une montre.— 8 fr. 25 c. multipliés par 7,000.— Ce que deviennent les prévenus. — Du dépôt de la préfecture aux prisons.

Est-ce une prison ? C'est plutôt un prologue. Salle d'attente de la liberté, pour les uns ; pour les autres, antichambre de la réclusion, du bagne ou de l'échafaud.

Il n'est qu'une façon d'entrer au dépôt : descendre à la Permanence. Simple formalité, mais qui ne comporte pas d'exception. La Permanence est un bureau où se relaient, jour et nuit, trois ou quatre inspecteurs de la police municipale. Agents en charge de mandats d'amener, voitures cellulaires, — le *panier à salade* de la langue faubourienne, — débarquent là les prévenus capturés à domicile ou recrutés dans les violons, — c'est la locution technique, — de Paris et de la banlieue Les voitures naguère fastueusement maquillées de jaune, aujourd'hui plus discrètement peintes en brun, achèvent à midi, à sept heures, à minuit leurs trois « tournées » quotidiennes. L'inspecteur de service à la Permanence prend livraison des captifs et des documents qui les accompagnent : mandat signé d'un juge d'instruction, procès-verbal ou ordre d'envoi signé d'un commissaire de police. Il inscrit chaque entrée sur une feuille spéciale, avec la nomenclature des pièces à conviction saisies. Séance tenante, les prisonniers sont transmis à destination ; une formule les escorte :

Le directeur du Dépôt recevra le nommé...
âgé de.....
né à....
département de.....
et l'y gardera jusqu'à ce qu'il en soit autrement ordonné.

L'INSPECTEUR PRINCIPAL.

(*En marge, la mention du délit.*)

Le brigadier de garde, destinataire effectif de cette injonction, délivre, au nom du directeur, un récépissé. Récépissés et documents antérieurs sont envoyés à la préfecture de police — 1re division, 2e bureau, — par l'inspecteur de la Permanence. Les prisonniers ont traversé une cour ; un battant s'est ouvert devant eux : les voici dans le vestibule du Dépôt.

D'un côté de l'entrée, la geôle ; de l'autre, le greffe ; en face, une cage de verre où siége le brigadier. A droite et à gauche, portes latérales. Sur la première : *Quartier des hommes* ; sur la seconde : *Quartier des femmes*. Les sexes ne sont répartis qu'après les procédés préliminaires de la fouille, du passage sous la toise et des annotations signalétiques portées au registre d'écrou.

Si on n'entre que d'une façon au Dépôt, il y a trois manières d'en sortir, quelle que soit, d'ailleurs, la longueur du séjour qu'on y aura subi.

L'une, au moyen d'un permis d'élargissement brièvement libellé :

RÉQUISITOIRE

Le procureur de la République près le Tribunal de première instance de la Seine, séant à Paris, mande au directeur du Dé-

pôt de la préfecture de police de mettre sur-le-champ en liberté le nommé... s'il n'est détenu pour autre cause.

L'autre, par application du texte législatif de 1863
déférant les flagrants délits au tribunal correctionnel.

La dernière, en vertu d'un mandat de dépôt qui
transfère à Mazas les hommes, à Saint-Lazare les
femmes, à la Petite-Roquette les enfants :

De par la loi :

Nous, juge d'instruction près le Tribunal de première instance de....

En vertu des art. 61 et 91 du Code d'instruction criminelle,

Mandons et ordonnons... de conduire en la maison d'arrêt
de....., en se conformant à la loi,

Le nommé...., inculpé d....., que nous enjoignons au gardien
de ladite maison d'arrêt de recevoir et retenir en dépôt jusqu'à
nouvel ordre ;

Requérons tous dépositaires de la force publique de prêter
main-forte, etc...; à l'effet de quoi avons signé le présent mandat, scellé de notre sceau.

Fait au Palais de Justice, à... le...

(En marge, le signalement.)

Mais quel que soit celui des trois modes de sortie
auquel l'incarcération doive aboutir, on ne quitte pas
le Dépôt de la préfecture de police sans l'intermédiaire
de l'un des magistrats chargés du triage. Ils forment
ce qu'on appelle au Palais le *petit parquet*, par opposition au *grand parquet*, composé de vingt juges d'instruction, auxquels sont dévolues les affaires destinées
à une suite.

Le dépôt, c'est la machine à coffrer ; le petit parquet, la machine à cribler. Ici un tamis, là un sac.
Voyons ce que devient, entre le sac et le tamis, le
grain, mauvais ou bon.

Un jurisconsulte écrivait récemment : « Le malheur
de notre époque, tant sollicitée par des paroles plus

ardentes souvent qu'éclairées, est de s'occuper beaucoup trop des malfaiteurs, dont les feuilles quotidiennes suivent les moindres actes, et pas assez des honnêtes gens. » Le magistrat qui a tracé ces lignes voudra
bien me pardonner ; mais il est impossible de ne pas
englober dans la même commisération les honnêtes
gens et les malfaiteurs, quand on s'occupe du Dépôt.
Qu'entendez-vous par malfaiteur, au surplus ? Est-ce
le déshérité auquel la loi accole l'épithète de « vagabond » parce qu'il a commis ce crime monstrueux :
être sans asile ? Est-ce l'ouvrier dur à la peine, coupable, une fois par hasard, de s'être abandonné aux
séductions de l'alcool ? Est-ce le bourgeois aux mœurs
calmes, pris, par un concours fortuit de circonstances,
dans une rixe où il aura été provoqué ? Au Dépôt, tout
est confusion. Astreignez donc des guichetiers au sentiment des nuances ! Introduisez le tact, la discrétion,
dans ce vaste *in pace* qui s'étend de l'angle du quai de
l'Horloge et de la place Dauphine jusqu'à l'extrémité
intérieure des sous-sols de la cour d'assises !

Pour horizon, des murs gris ; pour clarté, un demi-
jour blafard ; pour atmosphère, l'air artificiellement
dispensé par un ventilateur ; pour nourriture, « l'ordinaire » des prisons : à sept heures du matin, une
livre et demie de pain noir ; à neuf heures, une écuel-
lée de soupe ; à trois heures, une gamelle de légumes ;
le jeudi et le dimanche, du bouillon gras remplaçant
la soupe maigre, quatre-vingt grammes de bœuf bouilli
ajoutés aux légumes sec. Le premier devoir de l'autorité,
semble-t-il, serait d'isoler entre eux les hôtes de cet
antre où geignent pêle-mêle les corruptions et les misères, le vice irrémédiable et l'innocence méconnue.
Qui dit isolement dit espace. L'espace fait défaut. On
n'arrache les malheureux ou les coquins à la fange et
au stupre qui les ont vomis que pour les plonger
dans le stupre et dans la fange officiels. Quatre-vingt-

trois pour le quartier des hommes, soixante-dix-huit pour le quartier des femmes : tel est exactement le chiffre des cellules attribuées à une agglomération d'individus dont la moyenne dépasse cinq cents.

Pour trois cent cinquante d'entre eux, c'est la promiscuité inévitable des chambres communes. Dans la section de gauche : chambre de la prostitution, chambre des délits ordinaires ; travail partiel sous les auspices des sœurs de la congrégation de Marie-Joseph. Dans la section de droite : division des vieillards, division des enfants dont l'âge n'excède pas quatorze ans, salle des habits, salle des blouses; oisiveté absolue sous les yeux de détenus condamnés, auxiliaires des surveillants postés au dehors. Guenilles, paletots : voilà les catégories ingénieuses imaginées par la sagacité administrative. Préséance du costume sur la livrée morale. Le travailleur à l'âme rude et fière sous son bourgeron troué coudoiera d'immondes souillures; la médiocrité décente sera contaminée au souffle de l'ignominie harnachée de drap fin; qu'importe ! La police n'est pas assez riche pour mettre chacun de ses administrés vis-à-vis de lui-même, pour laisser le coupable en tête-à-tête avec ses imprécations ou ses remords, pour séquestrer ensemble l'innocent et ses espérances.

Il faut voir la salle des blouses le soir, aux lueurs du gaz trouant le brouillard méphitique entre le sol bitumé et le plafond bruni. En haut, une cloison vitrée que longe une galerie extérieure. Par cette galerie les gardiens, de temps à autre, dardent un regard au dedans. En bas, un entassement de corps vautrés sur des paillasses, des traits contorsionnés par la souffrance ou par la bestialité. De hideux appels, d'abominables jurons, des plaintes étouffées, des rumeurs obscènes s'entrecroisent. Toutes les lèpres et toutes les abjections déchaînées. Des torses frétillants se soulèvent, des membres endoloris se détendent, des spectres râlent, secouant leurs haillons. Bourbier sinistre, auquel a manqué le pinceau d'un Goya.

Le matin ces cauchemars de la chair et de l'esprit se dissipent, chassés vers les préaux où les poumons que la congestion menaçait inhalent quelques bouffées d'air. Les propos orduriers succèdent aux rêves nauséabonds. Des amitiés se nouent et s'affermissent, farouches promesses de méfaits à venir. Les plaisanteries crapuleuses se donnent carrière. Cette tourbe a ses joyeusetés. Une des facéties favorites consiste à projeter à travers des sarbacanes, des... insectes sur les nouveaux arrivants. Pendant que vont leur train ces loisirs de la promenade, les auxiliaires se livrent au récurage des dortoirs. Des ablutions au chlorure de chaux désinfectent le cloaque. La contagion en règne-t-elle moins en souveraine ? Contagion des maladies parmi les adultes, des affections purulentes parmi les enfants, des dépravations de part et d'autre, l'ulcère ronge, se propage, triomphe. L'infirmerie est proche, avec ses soins et ses réconfortants. A l'infirmerie, on ne guérit pas les âmes.

C'est un soufflet sur la joue de la civilisation, que ce régime. La civilisation érige des hôpitaux, assainit les établissements pénitentiaires, innove le système des bains cellulaires à Poissy, purifie par des fumigations les vêtements des arrivants dans les maisons de détention et d'arrêt. Ces mesures sanitaires répandues sur les condamnés, on les refuse à des prévenus. Aux couchettes des cellules, aux litières des chambrées, point de draps. Que ceux dont les ressources pécuniaires sont à la hauteur des besoins s'adressent à la pistole. Pas de buanderie pour le linge. Défense d'aspirer à ce luxe : la propreté. La consigne est de croupir.

Le contact de ces chancres et de ces hontes apprivoise

les apprentis du crime. A l'aspect du Dépôt, ils sentent s'émousser en eux la peur de la prison. Les instincts pervers s'épanouissent, sous l'haleine embrasée du mal. Il y a de l'or, pourtant, dans cette boue. La boue corrode l'or qu'elle charrie. Les cœurs indécis mollissent. Le dégoût de l'arrivée cède la place à une envahissante torpeur. Après enquête ou réflexion, au prévenu « consigné à la disposition de la justice », le commissaire a montré le chemin du Dépôt. Victime des brutalités du noviciat, le prévenu trouve intérêt à se familiariser avec ce déshonneur bon enfant qui ne demande qu'à lui sourire.

Aux endurcis, le Dépôt sert de refuge. Les compagnons de forfait s'y assignent des rendez-vous. Les vétérans de la paresse et de l'indigence s'y procurent un abri. Ils ont leurs heures. A la nuit tombante, la horde rampe vers le commissariat de police voisin. Ni domicile, ni travail, c'est l'équivalent de vagabondage. Chaque soir, la Permanence reçoit cette triste fournée. Faveur insigne accordée à l'inanition. La tyrannie de l'estomac s'adoucit devant le morceau de pain qui suit l'ordre d'écrou.

Il n'y a pas longtemps, d'autres affamés se précipitaient sur les aliments avec une voracité inquiétante : les pauvres hères conservés jusqu'à deux jours dans les postes, bien que l'incarcération n'y doive jamais excéder quelques heures. Ce n'était pas le seul abus qu'eussent à se reprocher les commissaires de police ou le service de la sûreté. Le droit d'ordonner le secret, ce droit effrayant dévolu au juge d'instruction seul, ils se l'arrogeaient à l'aide d'un mot : *séparé*, sur le procès-verbal ou sur l'ordre d'envoi. Séparé était un synonyme. Les sombres profondeurs du Dépôt sont aussi des oubliettes. On travaille heureusement à réformer cela.

Procès-verbal, ordre d'envoi : la différence est

grande entre ces deux instruments. Parfois, l'ordre d'envoi mentionne que « la procédure n'étant pas close, le procès-verbal sera expédié ultérieurement ». Si le procès-verbal parvient le lendemain, tant mieux. Tant pis, si un retard de plusieurs journées entrave la procédure. Le captif attendra. Malgré des améliorations récentes, il n'est pas devenu sans exemple que l'interrogatoire au petit parquet ait lieu au bout d'une semaine.

Voici enfin les pièces au pouvoir du magistrat auquel incombe l'opération du triage. Le crible entre en mouvement. Et tout d'un coup, sans autre miracle que le fonctionnement régulier de la machine, un tiers de ces hommes sur lesquels la police avait appesanti sa main, recouvrent leur liberté par la main de la justice. Un tiers ! Substituts et juges du petit parquet sont là pour l'attester. Leur rôle est le grand correctif du régime de la détention préventive. On a élargi ce rôle en rendant effective la procédure jusqu'alors chimérique des flagrants délits.

Loi excellente que celle de 1863, écrivais-je plus haut. Elle avait un défaut capital : celui de n'être pas appliquée. Un changement notable s'est produit.

Après de longs tâtonnements, la prompte expédition des affaires de flagrant délit a cessé d'être lettre morte.

A proximité du dépôt de la préfecture de police, dans les bâtiments neufs annexés au palais compris entre la place Dauphine et une ruelle perpendiculaire au quai des Orfèvres destinée à disparaître, — la rue Mathieu Molé, — une demi-douzaine de bureaux alignent leurs portes brunes sur un corridor sombre : ce sont les bureaux du petit parquet. Une salle voûtée précède le couloir. L'atmosphère y est lourde et fade. Les murs suintants semblent pleurer. Deux banquettes en chêne courent, à droite et à gauche, sur l'étendue de la paroi. Les gens assis là ont des poses accablées et des regards anxieux. Ils attendent. Qui ? Un ami, son ami pris dans une bagarre; un amant, sa maîtresse ramassée dans la rue; une mère, son fils qu'elle verra passer conduit par deux gardes, tantôt.

Derrière l'huis vitré du fond, des êtres à mine patibulaire glissent comme des ombres, près des soldats qui les mènent en laisse par leur poing enchaîné. Des garçons de bureau s'entrecroisent, échangent des ordres en chuchotant. Les hommes du corps de garde éteignent, en parlant, le timbre de leur voix, étouffent, en se mouvant, le cliquetis de leur sabre. Quelque porte est entrebâillée, tantôt l'une, tantôt l'autre ; un détenu sort, escorté; un autre détenu entre, le battant se referme. Une voix questionne :

— Votre nom ?... Votre âge ?... Où êtes-vous né ?... Quel est votre état ?...

Une voix répond. Un greffier écrit. Tout en questionnant, le magistrat compulse un rudiment de dossier que cet interrogatoire va grossir, éclaircir ou annuler.

La police opère, un jour dans l'autre, à Paris et dans la banlieue immédiate, un minimum de 200 arrestations. Toute arrestation sur la voie publique, qu'elle soit ou non maintenue, motive un rapport des gardiens de la paix ou des agents. Ce rapport, adressé au chef du poste le plus voisin, indique le motif et l'heure de la capture.

Veut-on des chiffres ? Il est entré au Dépôt de la préfecture de police, en 1878 :

Hommes et garçons. 34.283
Femmes et filles. 17.151

Total. 51.434

En 1879 :

Hommes et garçons. 34.405
Femmes et filles. 15.731

Total. 50.136

En 1880 :

Hommes et garçons. . . . . - . . . 50.556
Femmes et filles. 8.537

Total. 59.093

Les documents, on l'a vu, vont directement à la préfecture. Le 2ᵉ bureau de la 1ʳᵉ division y joint, s'il y a lieu, le sommier judiciaire. Ne pas confondre le sommier avec le casier. Le casier a son bureau spécial contigu à celui du parquet correctionnel ; le casier fait mention uniquement des condamnations encourues. Au sommier, on inscrit les poursuites, même si elles sont restées sans effet. Pour être affligé d'un casier, il faut avoir été frappé par la justice. Que l'on ait une fois été arrêté, fût-on redevenu libre aussitôt, on a conquis des titres au sommier. En d'autres mots, le sommier est une pièce administrative, le casier est une pièce légale. Celui-ci relève de la justice ; c'est de la police seule que dépend celui-là.

Une couverture, un numéro, un nom propre, — c'est le lien qui va relier entre eux les documents épars. Le dossier à l'état enbryonnaire passe de la 1ʳᵉ division de la préfecture au petit parquet du tribunal ; la drague de la police a fonctionné, elle déverse sa prise dans le blutoir de la justice : voilà le point de suture, la jonction.

Jusqu'ici l'administration avait pouvoir sur l'homme ; il lui était loisible de le conserver, de le renvoyer, d'atermoyer une décision. Désormais, elle ne peut plus rien ; l'homme appartient à la loi.

Peu nombreux, au surplus, trop peu nombreux, peut-être, le personnel du petit parquet. Deux substituts du procureur de la République ont sous leurs ordres trois greffiers et trois attachés dont chacun est occupé cinq jours par semaine. En leur qualité de jeunes avocats se destinant à la magistrature, les attachés apprécient par dessus toutes cette besogne qui, mieux qu'aucune, donne l'expérience des criminels.

Trois magistrats instructeurs, en bas, servent de trait d'union entre la petite instruction, dont ils sont les titulaires, et la grande instruction, où les juges sont au nombre de vingt. La grande instruction est en haut, au-dessus du grand parquet. Un long couloir du bâtiment correctionnel la dessert. L'organisation du petit parquet étant conçue en vue de la rapide expédition des affaires, une affaire ne passe des mains de l'un des substituts dans celles de l'un des juges d' « en bas » qu'autant qu'elle offre une suffisante gravité. Y a-t-il eu crime ? Le juge régularise sur-le-champ la situation de l'inculpé en décernant contre lui un mandat de dépôt, insère au dossier une fiche, trace sur la couverture les initiales abréviatives G I, et expédie le tout « en haut, » au service central, où les dossiers seront répartis entre ses collègues de la grande instruction. S'agit-il d'une de ces causes secondaires nécessitant une enquête qui ne saurait être achevée du jour au lendemain ? Le juge de la petite instruction l'instruira en personne ; c'est à proprement parler sa mission. Au contraire, le sujet paraît-il de nature à être promptement élucidé ? Le substitut se l'approprie ; il devient juge d'instruction, en réalité. Il a le droit de citer les témoins à comparaître, de leur infliger des amendes en cas de non comparution. Ses efforts doivent tendre à vider sans perte de temps l'affaire pour le dénouement de laquelle il s'est réservé de prendre les mesures utiles. Dans les

vingt-quatre heures, autant qu'il est possible, si le
délit ne lui semble pas démontré, il requerra l'élargissement du détenu. Son réquisitoire forme la souche
d'un talon que le directeur du dépôt est tenu de renvoyer à bref délai, après y avoir constaté la mise en
liberté. Tout procès-verbal portant la mention :
« sans suite, » serait incomplet sans ce talon épinglé
à sa marge. Enfin, s'il juge la poursuite fondée, le
substitut fait diligence pour qu'elle soit évoquée à
l'audience au plus tôt : cette dernière procédure est
celle des flagrants délits.

Procédure nouvelle seulement dans l'extension
donnée à sa pratique, puisqu'en théorie elle date de
dix-huit ans.

Le long emprisonnement préventif des inculpés
avait soulevé dans le public et dans la presse des protestations fréquentes; par le texte de mai 1863, on
avait voulu donner une satisfaction à l'opinion. Satisfaction mince ; car, si la loi impériale figurait sur le
papier, elle n'avait pas pénétré dans les mœurs judiciaires. C'était une sorte de trompe-l'œil.

Après le stage prolongé que lui avaient imposé les
circonstances, on s'est avisé de l'existence du texte de
1863, et le parquet de la Seine en a décidé l'application.
Elle repose, on l'a vu, sur la sagacité, sur la célérité
des substituts du petit parquet chargés de mettre en
mouvement les rouages qui, en peu d'heures, amèneront
le prévenu à la barre du tribunal.

L'inculpé a été interrogé. Si des témoins étaient présents, le substitut les a entendus. Dans l'hypothèse
contraire, il les cite pour l'audience du lendemain.

Certains genres d'affaires ne comportent pas de dépositions : cas de rupture de ban, d'infraction à la loi
d'éloignement, d'infraction à expulsion, quelquefois de
vagabondage ; le délinquant peut alors être jugé une
heure après son apparition au petit parquet. Un garde

emporte le dossier. Dossier et prévenu parviennent ensemble dans celle des quatre chambres correctionnelles que concernent les flagrants délits. Les chambres sont « de semaine » à tour de rôle, en vertu d'un roulement.

On ne saurait simplifier mieux les formalités. Il ne serait pas impossible, par contre, de les accélérer davantage.

La préfecture de police remet ses derniers procès verbaux à deux heures; elle pourrait prolonger d'une heure au moins ces livraisons, et l'on obtiendrait aisément des magistrats qu'ils siégeassent jusqu'à cinq heures. Ce mode supprimerait l'incarcération préventive pour toute arrestation opérée avant midi. Il se combinerait heureusement avec la précaution prise par le substitut de ne point décerner de mandat de dépôt quand l'inculpé possède un domicile et paraît digne d'intérêt.

Grâce à cette abstention, si le prévenu est condamné, il ne sera pas retenu après le jugement; il aura le loisir de former en liberté son appel, d'attendre qu'on l'invite à se constituer prisonnier, d'obtenir un sursis au besoin.

Voulez-vous plus de vitesse encore? Au lieu de citer plaignants et témoins pour le lendemain, obtenez qu'ils se présentent à l'heure même où le captif comparaîtra devant le substitut. Ce serait presque, comme en Angleterre, le jugement instantané des flagrants délits, surtout si on les déférait à une chambre spéciale en communication directe avec le petit parquet.

Le mécanisme, tel qu'il fonctionne, est sorti victorieux des premières épreuves. Est-ce à dire qu'il n'offre qu'avantages? Non.

La difficulté qui s'attache à la reconstitution pour ainsi dire instantanée des individualités crée un pre-

mier embarras. Il n'est pas rare qu'un délinquant
s'improvise un état civil de fantaisie. Le temps manque pour contrôler. La condamnation sera inscrite
sous un nom d'emprunt. Si le coupable recommence,
il changera de nom encore. Une série de casiers s'ap-
pliquera au même individu. Gaillepand, condamné à
mort à la fin de septembre 1880 par la cour d'assises
de la Seine, pour assassinat du marchand de vin Schmitt,
avait pendant plusieurs mois échappé aux investigations de la police. Il s'était emparé du livret d'un
honnête ouvrier appelé Amy. Cinq fois, on avait arrêté
Gaillepand sous ce nom d'Amy, soit comme vagabond,
soit comme voleur. Tandis que les agents le cher-
chaient, il logeait tranquillement au dépôt de la
préfecture.

Un second inconvénient résulte du défaut de préparation de toute défense de la part du prévenu. Supposez un malheureux très timide, ou bien un étranger
peu au courant de notre langue. Entraîné vivement,
rapidement interrogé, imparfaitement confronté, aba-
sourdi, penaud, stupide, il sera conduit à la barre,
convaincu de culpabilité et condamné avant d'a-
voir réussi soit à recouvrer son sang-froid, soit à
se faire comprendre. Le danger est sérieux. Le pal-
liatif serait simple : avertir tout détenu qu'il a droit
à un défenseur ; lui accorder, sur sa demande, le délai
de trois jours que le Code a prévu.

Ces écueils n'infirment aucune des vertus de l'innovation de 1863. Maniée avec prudence, elle agrandit
le cadre de la liberté individuelle, elle abrège les incertitudes et les affres de la prévention. Le succès d'une
loi dépend, pour une large part, des aptitudes de ceux
qui l'appliquent.

Il s'en faut, disons-le, que tout ce qui entre à l'audience des flagrants délits en sorte atteint d'une condamnation.

Deux exemples, entre cent que l'on pourrait citer.

Une bonne femme donne chez elle à une pauvre fille l'hospitalité. La commensale fait le ménage de sa bienfaitrice. Celle-ci lui impute un soir la disparition d'une pièce d'or placée sur un coin de table le matin. Aucune preuve, d'ailleurs; des présomptions. La femme accuse, la fille repousse l'accusation avec énergie. Ni sur l'une, ni sur l'autre, les juges n'ont de renseignements de moralité. En réalité, ce n'était point là une affaire de flagrant délit, mais une cause qu'il eût fallu instruire.

Les juges acquittent, et ils font bien.

Autre histoire.

Un chiffonnier est dénoncé comme voleur. Le dénonciateur est un jeune homme dont la blouse, jetée dans la rue par mégarde, renfermait une montre. La loque trouvée par le chiffonnier a été restituée à son légitime maître, à la première réclamation; mais la poche est vide. Qui a pris la montre? L'homme au crochet, prétend le propriétaire dépossédé. Un gardien de la paix emmène le chiffonnier au violon. Le petit parquet l'envoie séance tenante en police correctionnelle.

— Combien de temps s'est-il écoulé entre l'instant de la chute de la blouse et celui où elle a été ramassée? demande le président.

Le plaignant répond :

— Un quart d'heure.

Eh bien, en un quart d'heure cette montre qu'on n'a pas retrouvée a pu être volée par un passant. Le tribunal renvoie la cause, ordonne un supplément d'information. Huit jours après il prononce l'acquittement du prévenu.

Ainsi comprise, la loi est un bienfait; quoique, dans la seconde affaire, il y eût eu équité à ordonner la mise en liberté provisoire.

Cette loi, jusqu'ici, les huissiers sont seuls à s'en plaindre. C'est que seuls ils y perdent de sérieux profits. Voyez quels grimoires elle supprime.

Un bulletin délivré par le substitut du petit parquet remplace la signification du mandat de dépôt, dont le coût était de. . . . . 1 fr. 75

Un garde conduisant directement le pré-venu à l'audience remplace l'ordre d'extrac-tion, coté. . . . . o fr. 75

Une mention sur le procès-verbal d'inter-rogation et un avertissement oral au prévenu sont substitués à la citation, de . . . . 4 fr. 83

Une invitation sur papier libre tient lieu de l'assignation, dont le prix, pour un té-moin, est de. . . . . 3 fr. 32

Fr. . 10 fr. 65

De ce chiffre, il convient de déduire le timbre, perçu par l'Etat. . . . . . . 3 fr. »

Reste. . 7 fr. 65

Plus, le montant minimum de la nourri-ture pendant un jour du détenu au Dépôt. o fr. 60

Economie totale. . . F. 8 fr. 25

Qu'on multiplie par 7,000 individus environ tom-bant annuellement sous l'application de la loi des flagrants délits, et on obtient une somme dont on uti-liserait sagement une part pour l'amélioration du sort des petits employés des bureaux et des greffes.

On sait ce qu'est le Dépôt, à présent. Dans l'engre-nage qui transmet l'inculpé des mains de la police à celles des magistrats, il représente le point de contact entre la roue administration et la roue justice. Un réseau télégraphique relie entre elles les diverses prisons de Paris. Un fil central aboutissant au Dépôt de la préfecture assure le service de la répartition des détenus.

Les hommes condamnés à l'audience des flagrants délits vont le soir même aux prisons de Sainte-Pélagie ou de la Santé ; les femmes et les enfants sont transférés le lendemain matin, celles-là à Saint-Lazare, ceux-ci à la Petite-Roquette. La Petite-Roquette et Saint-Lazare sont assignés, aussi, aux enfants et aux femmes placés sous mandat de dépôt ; les hommes vont à Mazas. Dès qu'il est sous mandat de dépôt, le prévenu n'appartient plus qu'à la grande instruction. Est-ce d'un crime qu'il est accusé ? En ce cas, avant le jugement, il lui reste deux étapes à franchir : la Souricière et la Conciergerie.

XII

SOURICIÈRE. — CONCIERGERIE

Dans la langue administrative, on dit : le Dépôt du
parquet. Souricière est moins noble mais plus expres-
sif. Honneur aux mots qui rendent exactement les
choses. Celui-ci dit ce qu'il veut dire avec une inso-
lente précision. Il donne en quatre syllabes l'image de
ce double boyau entre les parois duquel la bête humaine
est prise comme en un piège. Et par quel mécanisme
d'une étonante simplicité ! Le Dépôt du parquet est
sous les ordres du directeur du Dépôt de la préfecture.
Mais, à l'inverse du Dépôt de la préfecture, il ne reçoit
que des hôtes dont la quantité et la qualité ont d'avance
été convenues. Ses pourvoyeurs quotidiens sont l'instruction et la police correctionnelle, ses agents respon-
sables sont les huissiers audienciers.

Chaque après-midi, un commis du bureau des huissiers exécute une battue dans les cabinets des magistrats instructeurs. Les juges ont dressé leur bilan du
lendemain. Ils savent quels inculpés ils interrogeront :
tant sont à Mazas, tant à la Santé, tant à Saint-Lazare
ou ailleurs. Reste à remplir une formule ;

TRIBUNAL
DE 1ʳᵉ INSTANCE
du
Département de la Seine.

—

*Le Directeur de la maison d'arrêt de   remettra
à l'huissier porteur du présent le   nommé*

*pour le   conduire par-devant nous, en notre
cabinet, au Palais de Justice, à Paris, à l'effet d'y
être interrogé . sur les faits à   imputés, et
être ensuite réintégré en ladite maison d'arrêt.
Fait à Paris, au Palais de Justice, le*

Le Juge d'instruction.

Pour les prévenus à amener au pied du Tribunal correctionnel, l'opération est plus élémentaire encore. Le rôle de chaque chambre, préparé par les soins du Parquet, fournit les noms des détenus, désigne les lieux de détention. Ces indications sont transcrites sur une feuille appropriée :

PARQUET
du
TRIBUNAL DE 1ʳᵉ INSTANCE
DE LA SEINE.

—

*Nous, procureur de la République près le Tribunal de première instance de la Seine, mandons au directeur de la maison de   de remettre entre les mains des huissiers audienciers, pour l'audience correctionnelle de demain, les nommés :
Lesquels seront ensuite réintégrés après l'audience.*

Fait au Parquet, le

*Pour le procureur de la République,
Le substitut délégué.*

Le soir, ces listes vont aux prisons. Les employés spéciaux des huissiers y arrivent, le matin qui suit, avec les voitures cellulaires. Les détenus sont embarqués dix par dix. On échelonne les envois, car la Souricière n'est guère vaste. Bâtie pour contenir cent individus environ, il n'est pas rare qu'elle en reçoive cent cinquante et plus.

La première voiture apparaît un peu avant neuf heures dans la rue de la Sainte-Chapelle, autrefois rue de la Barillerie. C'est rue de la Barillerie, au rez-de-chaussée des services correctionnels, que l'architecte Duc a percé l'entrée du Dépôt du Parquet : un large portail en fonte. La prison ambulante roule sous la voûte, s'arrête en face d'un perron. Un gardien de prison, reconnaissable à l'étoile brodée en jaune sur sa casquette, saute à terre ; la portière s'ouvre, le marchepied s'abaisse, les voyageurs descendent un à un, et un à un s'engouffrent dans la geôle. Sur le seuil, des guichetiers comptent la cargaison. La voiture, allégée, débouche à l'angle de la cour de la Sainte-Chapelle. Pas un visage n'a été aperçu du dehors. Les prisonniers sont dans la Souricière.

Un sous-brigadier y commande au nom du directeur. Il répartit dans les cellules les arrivants. Les cellules, en deux rangs superposés, s'étendent : 74 dans la travée de gauche, pour les hommes ; 20 pour les femmes, dans la travée de droite. Toutes n'offrent pas d'égales dimensions. Les plus nombreuses ont cinq pas de profondeur et deux pas de largeur, sur une hauteur de 2 mètres 50. Ni fenêtre, ni lucarne, d'ailleurs. Pour ameublement : une planche servant de siège, une tinette dans un coin, un poêle scellé au mur. La porte, verrouillée, est divisée en deux panneaux. En bas, du chêne plein ; en haut, un quadrillé de verre et de fer : six fois six plaques très épaisses, d'une transparence verdâtre, solidement enchâssées dans le métal. Cette disposition a valu à la Souricière une autre dénomination descriptive ; les prisonniers, entre eux, l'appellent *les Trente-six carreaux*. Par voie de conséquence, le chef des gardiens devient le *Vitrier*. L'un des trente-six carreaux pivote sur des charnières; il s'ouvre de l'extérieur par un loquet. Le vitrage emprunte ainsi au couloir toute la quantité d'air et de lumière dévolue à chaque cabine. Les *Trente-six carreaux* passeraient pour un antre de suppliciés, s'ils n'étaient un séjour essentiellement transitoire.

Tout ce qu'on instruit, tout ce qu'on juge correctionnellement stationne là, sauf l'importante exception des flagrants délits ; ils vont droit, le lecteur le sait, du Dépôt de la préfecture de police à la chambre correctionnelle. On n'entre pas au Dépôt du parquet à moins d'être ou sérieusement inculpé, ou prévenu. Le fumier social que traînent vers cette sentine, chaque matin, les tombereaux cellulaires, à l'heure où d'autres véhicules charrient aux dépotoirs les détritus de nos rues, représente le résidu précipité au jour le jour, par la misère et par le vice, au fond du creuset parisien.

Il manque à la Souricière un parloir où trônerait un de ces surveillants alertes que la police nomme des *dévisageurs*. On attacherait à l'emploi de gros appointements et on le donnerait à quelque habile agent de la Sûreté en passe de prendre sa retraite. Que de découvertes il ferait ! Que de traits réveilleraient en lui des souvenirs ! La mémoire de ces anciens routiers de la rue de Jérusalem est une incomparable collection de figures. Ils n'ont qu'à passer en revue leur musée pour mettre une étiquette au bas d'un masque. Tout ce que la honte a flétri, tout ce que l'abjection a souillé défilerait, de la sorte, au bout d'une lorgnette sûre,

Le chef du Dépôt du parquet, lui, est trop absorbé
par son labeur. Il n'a point le loisir d'examiner les
gens. Songez qu'il doit tenir une comptabilité fort
compliquée. Depuis l'instant où elle s'emplit jusqu'à
la minute où elle se vide, la Souricière est le centre
d'un vertigineux va-et-vient. Deux escaliers intérieurs
la relient aux bureaux de l'instruction, aux salles
d'audiences correctionnelles. Pour les audiences, le
sous-brigadier est muni d'une copie des rôles ; il fait
monter les prévenus par fournées de douze ou de
quinze et marque d'un signe, à mesure, les noms.
Pour l'instruction, il livre à un garde municipal l'inculpé désigné par l'ordre d'extraction émanant d'un
juge :

TRIBUNAL
DE 1ʳᵉ INSTANCE
du
Département de la Seine.
—

   Remettre au porteur du présent le nom-
mé   , qui sera conduit à notre cabinet
pour y être interrogé.

   (Nᵃ du cabinet, date, signature du juge.)

Cet ordre est un reçu, pour le sous-brigadier ; il
note en marge le numéro de la cellule et ne restitue
l'écrit qu'en échange du captif.

L'interrogatoire par le magistrat instructeur ter-
miné ou le jugement du Tribunal rendu, chaque
détenu est réintégré dans son cabanon. A la prison
seulement, l'écrou sera levé pour les individus ren-
voyés ou acquittés, le lieu définitif de la détention indiqué aux condamnés. La Souricière rend régulièrement chaque soir les hôtes qu'on lui a confiés le matin.
Ils s'en retournent comme ils sont venus, à l'abri des

regards. Le Dépôt du parquet est l'unique endroit du Palais où l'on arrive, d'où l'on parte et d'où l'on communique à couvert.

Partout ailleurs, les curiosités ont beau jeu. Elles ne sont que gênantes. Mais il y a les complicités, qui sont pernicieuses. Le soldat, simple comme une consigne, ne saurait soupçonner tout ce que peut contenir, pour le détenu qu'il conduit du Dépôt de la préfecture au Parquet ou aux chambres, un coup d'œil, un geste, un mot rapide, un refrain de chanson de l'acolyte posté sur son passage. A cet égard, le Palais serait à reconstruire en entier.

Ai-je énuméré toutes les attributions du fonctionnaire qui gouverne aux *Trente-six carreaux?* Pas encore. Un local adjacent au corps de garde voisin, la « Salle des constitués », est sous sa dépendance. Les hommes que la justice atteint pour des péchés véniels sont parfois laissés libres jusqu'à l'expiration des délais d'appel. L'heure sonnée, une lettre du secrétariat du parquet du procureur de la République invite ces favorisés à se présenter pour subir leur peine. C'est le sous-brigadier qui les consigne provisoirement dans la « Salle des constitués », — une grande pièce propre et nue autour de laquelle court une banquette.

Du sous-brigadier, aussi, relèvent le maintien de la discipline au Dépôt du Parquet, les mesures de salubrité, d'entretien.

Cette tâche multiple compte un chapitre particulièrement délicat : le classement des prisonniers. On agrandira la Souricière. Son exiguïté entraîne jusqu'ici l'encellulement assez fréquent de plusieurs détenus dans un même cabanon. Mais il y a ceux que la prudence conseille de soustraire à l'isolement : les uns, esprits hantés par l'idée fixe du suicide; les autres, forcenés capables des pires impulsions. Le captif dan-

gereux est mis, troisième, sous les verrous. Sans se
connaître et sans rien soupçonner, les deux compagnons qu'on lui donne deviennent ses surveillants.
Ces rapprochements temporaires soulèvent de loin en
loin des récriminations.

—Je suis un homme bien élevé, disait très haut
un viveur que des tripotages de Bourse avaient jeté
dans ce cabinet particulier d'un genre nouveau pour
lui, je suis un homme du monde, et je ne comprends
pas qu'on m'accole à un cancre affligé de la manie de
se fourrer les doigts dans le nez !

Les femmes, surtout, protestent contre certaines
assimilations choquantes. Une malheureuse en guenilles, de retour de l'instruction, trouve dans sa cellule
une mendiante à cheveux gris qu'on y avait introduite
en son absence, faute de place ailleurs.

— Cette vieille est trop sale, s'écrie-t-elle, jamais je
ne m'asseoirai en sa compagnie !

Le « côté des dames » voit naître fréquemment des
répugnances plus caractérisées encore. Au moindre
frôlement entendu de leur cellule, certaines prison-
nières poussent des exclamations affolées : — Des
bêtes ! des bêtes !... J'ai peur !

Elles ne se trompent pas toujours, en dépit de la
ponctualité de l'industriel qui, exécutant le contrat
passé là comme dans la plupart des prisons de la Seine,
se livre périodiquement à l'extermination des rats de
la Souricière. Pour clore cette question de la propreté,
ajoutons qu'à des époques déterminées une célébrité
de l'art insecticide promène son soufflet et sa poudre
dans toutes les fissures des Trente-six carreaux...
Et maintenant, que le lecteur pardonne : nous étudions
la laideur.

Quelque bref qu'y soit le séjour, la Souricière a ses
révoltés. La fermeture du vasistas constitue la punition du premier degré. A voir les figures collées avi-

dement à cet orifice de dix centimètres, on devine quel souffle de soulagement le traverse. Le détenu respire là une atmosphère moins concentrée ; il a sous les yeux, dans l'oreille, le mouvement, le bruit du couloir. Le judas fermé, c'est la solitude complète ; c'est aussi l'ombre, l'étouffement. La rage de l'impatient s'attaquerait en vain au damier de verre. Des poings robustes s'y sont brisés. Quant aux incorrigibles, des cabanons noirs, situés sous une voûte, les attendent. Enfin, on a recours à la camisole de force, si le cachot demeure insuffisant.

Parmi ces préoccupations, ce tohu-bohu, ces résistances, on conçoit que le *Vitrier* des *Trente-six carreaux*, accaparé par la besogne, ne puisse examiner la physionomie de ses clients. Tout au plus, de loin en loin, reconnaît-il un récidiviste invétéré. Pourtant, sur cent individus qui pénètrent dans la Souricière, quarante y sont venus déjà. Un quart tout au plus d'entre ces hôtes appartient au département. La détresse profonde ou la soif d'aventures a poussé le reste vers Paris. C'est un perpétuel drainage dans lequel les régions les plus voisines donnent le contingent le plus fort. Parmi les étrangers, la Belgique, l'Allemagne, l'Italie, la Suisse, la Hollande, l'Angleterre dominent. Les plus lointaines contrées envoient des représentants. Il en vient de la Perse, de l'Inde, du Tonkin, du Japon, de la Chine et de l'Océanie.

Les délits les plus fréquents sont le vagabondage, le vol simple, la mendicité, la rébellion envers les agents de la force publique, le vol qualifié, l'abus de confiance, l'outrage aux mœurs. Je passe sous silence les crimes ; à la Souricière, on n'héberge pas d'accusés. Elle n'en contient pas moins de dangereux scélérats. Certains laissent des traces qu'ils espèrent sans doute voir leur survivre. Les uns gravent leur nom sur la muraille grise. Tels ces voyageurs soucieux de s'illustrer, qui marquent leur passage aux sites parcourus. D'autres, comme sur un album de salon, burinent quelque aphorisme résumant leur esthétique :

L'argent est à tout le monde.

Ou quelque phrase peignant leur situation :

Je suis ici pour Célina !

Ce besoin d'expansion est si irrésistible chez quelques-uns qu'à défaut d'un outil ils vont jusqu'à arracher les clous de leurs semelles pour incruster dans la pierre une initiale ou un mot.

Mais il n'est guère de matin où le sous-brigadier n'opère une tournée dans les cellules. Il voit l'outrage fait au mur, appelle, jette un ordre. Une minute de grattage efface de longues heures d'efforts. Aux *Trente-six carreaux* aussi, la gloire n'est que vanité.

Changeons de décor.

Dans la masse puissante du Palais de justice, un fragment séduit entre tous par son parfum d'archaïsme et son caractère de grandeur. Sous quelque angle qu'on l'envisage, la Conciergerie éclipse les constructions contiguës, superbe en son relief de castel féodal. Les manoirs seigneuriaux étaient tout à la fois forteresse, demeure et prison. La Conciergerie n'est plus qu'une geôle, la plus vieille du vieux Paris. Mais chacune des pierres grises dont elle est faite conte un souvenir du passé.

Voyez, de jour, fuir son profil, du pied de la tour carrée de l'horloge qui forme l'encoignure du boulevard du Palais; le soir, du bord opposé, contemplez sa façade tragiquement noyée d'ombre ou blanchie par la

lune aux tranquilles lueurs. Votre esprit se peuplera
d'antithèses : tableaux de batailles et défilés majestueux,
instruments de supplice et images de religion, fumées
d'encens et senteurs de chairs qu'on brûle, cantiques
de joie et hurlements de douleur. De la cime ardoisée
qu'elles pointent vers le ciel, les trois tours rondes
vous jetteront en d'interminables litanies leur histoire.

L'une, la plus proche du pont au Change, eut pour
assises les fondations d'une redoute élevée par César
au seuil de l'île de Lutèce ; elle a gardé le nom du
conquérant. L'autre, celle du centre, renfermait les
trésors des rois de France au temps où ils habitaient
le Palais; on l'appelle la Tour d'Argent. La dernière
et la plus vaste, dont les créneaux avoisinent le Pont-
Neuf, fut baptisée : la Tour Bon-Bec, — et non
« Bombée », comme quelques érudits l'ont soutenu. —
Tour Bombée friserait le pléonasme. Deux étymo-
logies, au contraire, s'offrent pour Tour Bon-Bec.
C'était là qu'on administrait aux accusés la question
ordinaire et extraordinaire, qu'on leur arrachait des
cris d'angoisse, qu'on les contraignait à parler. C'était
de la troisième tour, aussi, qu'une couleuvrine bâillant
dans une embrasure tenait en respect les malandrins
de l'autre rive. Qui avait « bon bec », du canon ou
des torturés ? On a le choix entre les deux sources.

En leur état actuel, les tours de la Conciergerie
marquent imparfaitement les dimensions qu'elles
affectaient à l'origine. Leur hauteur commençait
où prend racine la digue qui encaisse la Seine et
réfrène ses écarts. Chaque saillie s'ouvrait par
une poterne sur la berge. Des escaliers s'enfon-
çaient en vrille dans le sol jusqu'à des souterrains
bordés, en contre-bas du fleuve, de casemates que
le flot battait sourdement.

Le progrès rapetisse parfois ce qu'il touche. La

Conciergerie a perdu ses gigantesques proportions. Ses annexes ont, aussi, été ramenées à des destins plus humbles. La Tour de César renferme le logement du directeur; la Tour d'Argent, son cabinet; la Tour Bon-Bec, un salon de repos à cheminée et à tentures moyen âge, attenant à la Cour de cassation. Les étages supérieurs des tours sont occupés par des bureaux, des archives, des greffes. L'utilitarisme du siècle est envahissant. Il n'a pas, néanmoins, détruit partout l'illusion.

Approchez-vous de l'ogive en retrait que flanquent la tour crénelée et la tour du milieu; penchez-vous vers le saut-de-loup qui sépare du quai l'édifice. La baie ourlée de ciselures, sous une rosace en trèfle aux contours délicats, troue le rez-de-chaussée. Regardez à travers l'échancrure ménagée là pour la ventilation. Dans la pénombre d'une salle basse voûtée et l'infini d'une colonnade se prolongeant à perte de vue, vous croirez entrevoir un de ces couvents où les cloîtrés donnaient pour cadre aux cérémonies du culte les mystérieuses profondeurs d'une crypte. Un lointain bec de gaz à flamme tremblotante de cierge complète cet aspect claustral. Il semble que par quelque portique une cohorte de moines va déboucher, avec des chants funèbres gonflant les plis des cagoules et un frottement de sandales rhythmant, sur les dalles de marbre, la marche de la procession.

Le soupirail du quai de l'Horloge a ses habitués. On s'abuserait en leur prêtant le sentiment de l'art. La satisfaction de goûts moins raffinés les attire. L'arrivée d'un fourgon, le départ d'un forçat les cloue de longues heures à leur poste, attendant, épiant, se pourléchant d'avance du spectacle prévu. C'est que, par la pièce qu'éclaire la croisée au niveau du saut-de-loup, tout ce qui pénètre dans la prison et tout ce qui en sort passe forcément : cette salle est le guichet de la Conciergerie. On y accède après avoir traversé une petite cour dont l'entrée porte pour enseigne :

MAISON DE JUSTICE

La « maison de justice » pourrait tout aussi bien être appelée le Dépôt de la cour d'assises. Elle renferme les accusés prêts à comparaître devant le jury et les condamnés à mort avant la signature du pourvoi en cassation. Exceptionnellement, on y détient pendant l'instruction les grands criminels dont les allées et venues ameuteraient la foule. Troppmann fut amené à la Conciergerie sans avoir à affronter ni le Dépôt, ni Mazas. Par faveur spéciale, enfin, des condamnés sont admis à la maison de justice pour le temps de leur détention : aventuriers de la politique voués aux expédients par quelque changement de régime ; thuriféraires de l'industrie et de la finance expulsés du parvis où piaffe le veau d'or.

Quelques marches, une grille, quelques marches de plus et une grille encore : nous sommes dans la salle du guichet. Les piliers qui supportent la voûte ont dû être alourdis, les nervures des arceaux grossies par une maçonnerie supplémentaire : la solidité de la bâtisse l'exigeait. Les chapiteaux sculptés sont une restitution approximative. Sur l'un d'eux se déroule très audacieusement le chapitre le plus scabreux des amours d'Héloïse et d'Abélard. Dans l'immense *hall* adjacent, la « salle de Saint-Louis », la tradition architecturale a été respectée fidèlement ; les colonnes ont plus de sveltesse, les pendentifs plus de légèreté. La salle de Saint-Louis, très imposante avec ses cheminées à manteau, s'étend sous la grande salle des Pas-Perdus. Avant 1870, elle était une sorte de cave qu'on donnait pour remise aux voitures de gala de la municipalité,

La Tour d'argent arrondit un des coins de la salle du guichet. Un escalier fort simple mène au cabinet directorial. Ameublement sans faste : bureau, table, sièges, casier à cartons verts pour la comptabilité, corps de bibliothèque garni de volumes à l'usage des détenus ; livres de sciences, de voyages, d'histoire : Roret et Louis Figuier, Fenimore Cooper et Jules Verne, Dulaure et Augustin Thierry. Un directeur soigneux a augmenté ce bagage d'un couple de panneaux éminemment précieux, en sauvant des démolisseurs deux portes. L'une fermait l'ancienne cellule n° 3 ; sa surface est armée de boulons formidables ; à sa serrure de proportions énormes on voit accroché un de ces trousseaux pesants, en usage à l'époque où on nommait les geôliers des porte-clefs. L'autre est une boiserie épaisse de trois doigts, renforcée de deux massives serrures, d'un long verrou, et percée d'un judas à barreaux carrés. Cet huis masquait le vestibule de la prison quand on y entrait par la cour du Mai, à l'endroit où est située maintenant la cuisine.

Toute issue a été interceptée, de ce côté. La cuisine, rendue indépendante par un mur intérieur, est commune à la Conciergerie et au Dépôt de la préfecture. Les aliments sont portés à bras, dans des récipients en cuivre, au quai de l'Horloge, d'une part ; de l'autre, à la cour du Dépôt.

Entre la salle du guichet de la Conciergerie et la prison proprement dite, il n'y a que l'épaisseur d'une barrière. La prison est un rectangle élevé d'un seul étage, isolé sur ses quatre faces par des corridors, divisé, en haut et en bas, en compartiments ; avec un espace à ciel ouvert, au centre du rectangle, pour les préaux. Sur un total de 76 cellules, 11 sont affectées au logement des « auxiliaires », 5 au séjour des détenus convalescents. Les auxiliaires sont des condamnés ayant à subir de trois à six mois d'emprisonnement ;

on adoucit leur peine en les employant à des travaux de domesticité. Ces prélèvements réduisent à 60 l'effectif des cellules. On a proclamé ce chiffre insuffisant. Il l'est surtout quand un surcroît de causes criminelles fournit matière à de doubles sessions d'assises. Une même cellule, alors, reçoit fréquemment plusieurs détenus.

Ceux-ci sont peu gênants, à la maison de justice; ils se plient en général aux circonstances avec docilité. Mais de la part des gardiens la vigilance doit être implacable. Le prisonnier qui, même pour la première fois, entre à la Conciergerie, n'a plus la mine effarée d'un débutant. Il a vu, lorsqu'on l'a arrêté, le Poste de police ; lorsqu'on l'a incarcéré, le Dépôt de la préfecture ; lorsqu'on l'a écroué, Mazas ; lorsqu'on l'a interrogé, la Souricière. Le voici donc à sa cinquième étape. Il lui en reste une seule, celle-là décisive, à franchir. Ce n'est plus un novice, c'est un vétéran. L'homme est familiarisé; cependant, il n'est pas toujours dompté. Il n'est plus sous le coup de la prostration comme au Poste, dans l'anxiété de l'attente comme au Dépôt, calmé par le travail comme à Mazas. Il sait où il va; il analyse sa situation; l'oisiveté forcée le livre sans défense à la peur, et la peur croît à mesure qu'approche l'heure du jugement. Un homme qui a peur est un homme à craindre, les geôliers le savent. Voilà pourquoi, au Dépôt de la Cour d'assises, la surveillance est plus stricte encore qu'ailleurs.

Dès qu'il a dépassé la logette du sous-brigadier, l'arrivant sent s'abattre sur lui une main : celle du gardien chargé de la fouille; le « curieux », comme ils disent. La fouille est opérée dans une cabine à ciel ouvert, où la lumière tombe d'un vitrage dans la voûte Le prisonnier déshabillé, chaque poche, chaque pli de ses vêtements, de son linge est palpé, retourné. Une tablette à deux compartiments reçoit le produit de la récolte : d'un côté, les objets prohibés ; de l'autre, les objets permis. Parfois, quelque « cheval de retour » tente de déjouer la perspicacité du « curieux ». Un accusé avait réussi à dissimuler deux fragments de verre sur la corniche de la cabine sans plafond. Il les ressaisissait en élevant les mains comme pour se recoiffer, quand le gardien s'aperçut du stratagème. Souvent, c'est un couteau que l'on confisque au captif ; alors, il hausse les épaules :

— Bah ! je sais où en trouver d'autres, dit-il.

Et il ne se flatte pas. Il a remarqué l'abondance des pièces à conviction dans le bureau du magistrat instructeur. Sous prétexte de révélations additionnelles, il obtient d'être reconduit devant le juge ; le reste est affaire de dextérité. Maillard, Vrignaud, le fameux Maillot dit *le Jaune*, étaient toujours pourvus d'un outillage meurtrier ; ils ne se le procuraient pas autrement.

Jadis, on fouillait avec plus de minutie les condamnés. Pour soustraire aux recherches la lime, le ciseau et le ressort de montre enfermés dans l'étui que les voleurs appellent leur « bastringue », certains avaient recours au procédé en usage parmi les nègres chercheurs d'or. Il fallait tout prévoir. Un drap de lit était étendu à terre. Le prisonnier devait tousser à plusieurs reprises, debout, courbé en deux, sur cette espèce de tapis, pendant que le « curieux, » les doigts entortillés dans un coin de l'étoffe, opérait une pression sur le corps nu. Cette épreuve triomphait de la ruse. Elle n'est plus de mode, depuis l'abolition de la chaîne des forçats. On se contente de faire les prisons plus fortes.

La fouille terminée, le détenu est dirigé sur sa cellule. Il en prendra le numéro en guise de nom. Ce numéro est accroché en double exemplaire à la porte : grande pancarte en zinc et petite plaque mobile. S'il sort de la cellule, le détenu décroche la petite plaque

et l'emporte avec lui à travers la maison ; elle est le
passeport qu'il exhibera à toute réquisition d'un gardien : *Rez-de-chaussée, n°...* ou bien, *Entresol, n°....*
Le captif se rend-il à l'instruction, à l'audience, un
surveillant retourne le grand écriteau, au dos duquel
on lit : *Au Palais.* Le locataire de la cellule peut
appeler à toute heure de jour et de nuit : de l'intérieur,
une tige fait déclancher avec un bruit mat un bras de
fer formant saillie sur le couloir. Le soir, du corridor
traversé par les tuyaux à gaz, les gardiens règlent, à
l'aide de robinets, l'intensité de la lumière des cellules.
Au matin, l'aube entre dans la pièce par des fenêtres
que l'architecte amoureux de couleur locale s'est cru
obligé de construire étroites parce qu'elles éclairent
une prison. L'espace ne manquait pas pour leur donner plus d'envergure ; la croisée de la cellule 34 en fait
foi. Elle forme pendant à la baie ménagée, à l'autre
extrémité de la cour, pour le tirage des calorifères.
Simple affaire de symétrie, qui érige le n° 34, largement aéré et éclairé, en une sorte de cellule d'honneur.

L'air, la lumière, le détenu s'en approvisionnerait
au préau, si le préau n'était comme le fond d'un puits
énorme, entre les immeubles à cinq étages qui l'encla-
vent. On a dû mesurer l'espace, lésiner sur les dimensions des compartiments. Ce sont des cellules à l'air
libre, en deux rangées de cinq adossées l'une à l'autre.
Tout autour, une allée pour le service des gardiens, la
promenade des surveillants, la faction des soldats.
Avec des arbres, un peu de terre végétale, quelques
plantes, le promenoir serait un jardin. Du Palais,
plongez vos regards dans cette fosse. Elle est tout juste
au-dessous de la Galerie Saint-Louis. Autour des dix
cages soudées dos à dos, vous apercevrez du bitume,
des moellons et du fer. Ou plutôt, vous ne verrez pas
même cela, car la Galerie de Saint-Louis ne respire
que par des trouées hautes pratiquées dans ses vitraux

aux somptueux bariolages. Ici, on a heureusement déjoué les effets de cette attraction morbide qui partout jette le curieux sur le chemin du criminel.

Quant au régime intérieur, ne comparez pas aujourd'hui à hier : la maison de justice serait un paradis. Jadis, dans les prisons, on fouettait les détenus ; l'homme incarcéré devenait chose vile, cadavre vivant jeté dans les gehennes, victime de l'*in pace* méphitique et suintant. Des égards, à présent, entourent le captif. S'il a une plainte à formuler, une réclamation à faire entendre, il lui est loisible d'écrire, par lettres cachetées, aux autorités administratives ou judiciaires. Rarement on lui refuse la visite du parent, de l'ami que ne rebute pas sa situation d'accusé. Douze parloirs servent à ces entrevues. Chaque parloir est un confessionnal qui répéterait d'étranges confidences, si les parloirs parlaient. Imaginez une armoire divisée en trois parties dans le sens de la hauteur. Le visiteur pénètre d'un côté, le prisonnier de l'autre ; un espace vide compris entre deux grillages les sépare. Il ne leur est possible d'échanger que des mots. Pour les captifs intéressants, il y a le parloir de faveur. Parloir de faveur : c'est-à-dire deux niches au lieu de trois. Le treillis en fil de laiton qui se dresse entre elles est à mailles serrées.

Un jour, sans autre outil que ses ongles, un prisonnier rompit la cloison métallique, dans un de ces paroxysmes dont le désespoir et la rage décuplent la vigueur. On punit l'homme et on répara le dégât. Depuis, le parloir de faveur est l'apanage exclusif des natures placides. C'est reconnaître qu'il est peu prodigué. A la Conciergerie, la maladie régnante est l'impatience. Le travail des prisons est un dérivatif. Leur *far niente*, encore une fois, pèse d'un poids lourd aux hôtes de la maison de justice. Ils attendent fiévreusement l'audience où le jury décidera de leur sort.

Une formalité précède l'ouverture de la session.

L'accusé est conduit au cabinet du directeur. Il y trouve installé le président des assises, assisté d'un commis du greffe. Le président procède à un interrogatoire sommaire : « Vos noms, votre âge ? » Et puis : « Avez-vous un défenseur ? » C'est comme une prise de possession du justiciable par le magistrat. La loi veut que l'accusé soit défendu. S'il n'a pas d'avocat, on lui en désigne un d'office. Il s'entretient avec son client dans un parloir spécial — portes ouvertes, — pour éviter les tête-à-tête périlleux, car l'avocat, l'avocat d'office surtout, ne jouit pas toujours de la confiance de l'accusé. Celui-ci, volontiers, le tient pour un suppôt de la police.

Une copie de l'acte d'accusation a été, à l'avance, signifiée au détenu. Coût : 75 centimes. Le taux ne change pas, mais la destination varie. Parfois c'est le passeport pour la liberté ; parfois c'est le viatique pour la double cellule.

Entre la cellule double et l'échafaud, il ne reste que l'un ou l'autre de ces obstacles : l'admission du pourvoi en cassation, la clémence du chef de l'État. En attendant, le règlement est formel : au condamné à mort, la camisole de force. Il appartient à l'expiation. Il ne doit pas attenter à une existence qui n'est plus à lui, comme firent Soufflard et Lesage à l'issue du jugement de la fameuse affaire de la rue du Temple.

Une page poignante des fastes criminels, cette affaire qui date de 1838 ; elle a inspiré les arrangeurs de causes célèbres et les romanciers. S'ils ont quelque peu dédaigné la victime, Mme Renault, la marchande de literie assassinée et dépouillée dans son arrière-boutique, les figures de Lesage et de la Vollard sa sœur ; de Soufflard et de sa maîtresse, la belle Aliette ; de Micaud et de quelques autres gredins subalternes, leurs complices, posent encore devant la postérité. Plusieurs années durant, la bande avait impunément exercé ses déprédations. Le verdict du jury fit sa part à chacun. Pour les deux chefs, c'était la peine capitale. Soufflard salua l'arrêt par des imprécations. On le ramena à la maison de justice écumant, les traits hideusement contractés. Le soir il se roulait dans des convulsions. Il expirait la nuit suivante. Le cadavre fut livré aux médecins. La muqueuse stomacale était saturée d'arsenic. Où et comment le suicidé s'était-il procuré le poison ? Jamais on ne l'a su. Le désarroi suscité par cette fin inopinée se dissipait à peine, que Lesage se pendait, au moyen d'un foulard, à un barreau de son cabanon.

De telles leçons étaient de nature à rendre les gardiens circonspects. Leur premier soin, dès que le condamné à mort débouche de l'étroit escalier en colimaçon qui relie la Cour d'assises à la Conciergerie, est de se saisir de sa personne. Sans avoir le temps de se reconnaître, l'homme est déshabillé de la tête aux pieds. On lui fait endosser l'uniforme de la prison : la chemise en toile bise, le pantalon et la vareuse en lainage gris ; on le coiffe du béret de laine, on le chausse de feutres épais. Par-dessus le costume, on lui passe la veste en coutil raide, lacée et bouclée derrière à l'aide de courroies en cuir. Les longues manches fermées emprisonnent les mains ; des cordes passées sous les aines et nouées à la taille maintiennent les bras rivés aux hanches.

Le tributaire du bourreau réduit à l'impuissance, cela n'est point assez. Il ne convient pas qu'il soit seul. Il a donc pour asile une des trois cellules à double numéro : le 1-2, le 4-5 ou le 7-8. Un codétenu, deux surveillants séjournent à demeure auprès du condamné. Des lits volants sont dressés à leur intention. La nuit, quand l'un des surveillants dort, l'autre veille. Le jour, quand l'un veille, l'autre s'efforce de distraire le condamné. Le cercle des distractions est

restreint, on le conçoit. Certains gardiens déploient
la plus délicate ingéniosité, dans ce rôle d'échanson
chargé de verser l'oubli. Ils ont pour toutes les circonstances un répertoire d'ana, un trésor d'anecdotes
dont le recueil serait précieux. La difficulté du but à
atteindre engendre des chefs-d'œuvre. L'entreprise du
conteur est hardie : faire rire un condamné à mort !
Ce sont trois jours très redoutés.

Trois jours : délai de rigueur pour le recours en
cassation. Dans le moment qui suit l'arrêt, l'individu
qu'il frappe conserve rarement la lucidité de raisonnement nécessaire pour peser les conséquences d'un
pourvoi. Figurez-vous, à l'abattoir, le bœuf après le
premier coup de massue. Selon la peine, l'instinct
de la conversation, les aspirations vers l'indépendance
l'emportent, à la réflexion. Les conseils du défenseur
font le surplus. Le greffier se présente, un cahier
sous le bras. Ce cahier relié d'un cartonnage est le
« registre des pourvois ». La formule a été libellée le
matin. Le condamné signe. Combien de doigts souil-
lés de sang se sont posés sur ces pages ! Dans un
délai qui n'excèdera pas trois semaines, la Cour souveraine statuera. En attendant, le prisonnier dit adieu
au Dépôt de la Cour d'assises. Les condamnés à mort
vont à la Grande-Roquette ; les autres à Mazas, à la
Santé, d'où on les transférera au bagne ou à la maison centrale.

Il n'est question que d'hommes, ici, on l'a remarqué. Pour le sexe auquel est dévolue la prison de
Saint-Lazare, la Conciergerie n'a pas de place. Par
delà le quartier des hommes, autrefois, une cour
annonçait le quartier des femmes. Cette partie de
l'édifice reste à rebâtir. Même là, l'homme s'est
implanté en accapareur. L'ancien quartier des femmes est une masure branlante. On y interne les condamnés du Tribunal de simple police : ivrognes,

cochers ou marchands de billets de théâtres en contravention. Les peines à subir étant courtes , aucun
inconvénient ne s'attache à la promiscuité des
détenus. En haut, ils ont sept chambrées chacune comprenant de cinq à neuf lits ; en bas,
un chauffoir et un préau. Sur une population
moyenne de trente internés, les conducteurs de
voitures publiques comptent pour les deux tiers.
Cette majorité a valu au préau la dénomination
de « cour des cochers ». Du milieu de la cour des
cochers émerge un socle en granit qu'on a longtemps
appelé « la pierre de saint Louis ». Le fils de Blanche de Castille y distribuait, disait-on, ses aumônes.
Cette légende était assez en crédit pour que Balzac
ait cru devoir la recueillir dans *La dernière incarna-
tion de Vautrain*. La pierre a dû être renouvelée à
bien des reprises, même si on lui prête une origine
moins reculée. Les clients du Tribunal de simple
police déposent fort prosaïquement sur ce support
les écuelles des repas. Ils s'en font une table de jeu,
l'heure de la récréation venue. Un loustic à l'esprit
inventif s'est avisé de barbouiller d'un échiquier la
surface polie, à l'aide d'un fragment de charbon bai-
gné dans l'eau de la fontaine voisine. Cette peinture
est, de loin en loin, rafraîchie par les détenus. Ils
jouent aux dames. Des boules en mie de pain représentent les pions blanc, des rondelles de croûte les
pions noirs. Les surveillants ferment les yeux sur ce
candide passe-temps.

Ne nous éloignons pas sans accorder un regard
aux deux fenêtres qui surplombent, à gauche, le
préau. Louis Bonaparte attendait là, en 1836, le jugement, par la Chambre des pairs, de ce crime historique : l'échauffourée de Boulogne. L'appartement
est devenu une lingerie.

En quittant la maison de justice, enfin, saluons le

cachot de Marie-Antoinette. Une piété exagérée en a gâté le réalisme, en s'efforçant de l'embellir. Deux peintures assez piètres et une longue inscription au-dessus d'un autel en marbre noir rappellent la fin tragique de l'Autrichienne. L'endroit est accessible aux curieux. Il a surtout pour visiteurs des Anglais. Le cicerone leur montre le fauteuil où s'asseyait la reine et, dans la porte exhaussée, la trace de la poutre qui en diminuait la hauteur : expédient imaginé en vue d'abattre l'orgueil de la « veuve Capet » en la forçant à se courber pour se rendre au Tribunal de la Révolution.

La cellule de Robespierre, à droite, sépare le cachot expiatoire de la salle des Girondins. Ce vaisseau cintré est un oratoire. Un prêtre y officie le dimanche pour les détenus désireux d'entendre la messe ou le sermon. Des psalmodies d'église retentissent sous la voûte que fit résonner de ses chants le lugubre banquet de la nuit du 10 brumaire.

A gauche de la prison de Marie-Antoinette, est la paneterie ; elle confine à la cour des cochers. La paneterie était une cellule aussi. Le comte de La Valette s'y préparait à mourir, lorsqu'après le retour des Bourbons la Cour d'assises eût châtié comme traître, l'ancien directeur des postes de l'Empire trop zélé pour le Napoléon des Cent-Jours. On sait comment Antoine-Marie Chamans de La Valette échappa à son sort. La veille de l'exécution, le 20 décembre 1815, sa femme, une Beauharnais, nièce de Joséphine, pénétrait auprès de lui grâce à l'assentiment royal, et — sans la permission du souverain, cette fois — changeait d'habits avec le comte, qui put ainsi passer à l'étranger.

Mme de La Valette avait-elle dans la place quelque connivence ? « Il faut que les geôliers y aient mis du bon vouloir ! » Cette appréciation de l'un d'eux atteste la foi des gardiens de nos jours en la solidité des grilles ; elle est basée sur l'expérience des ans. Depuis longtemps, aucun prisonnier n'a manqué à l'appel. On ne s'évade plus de la Conciergerie.

XIII

EN COUR D'ASSISES

L'entrée du héros. — Le jury. — La tribune des accusés. — « La Cour, Messieurs ! » — Le serment. — L'arrêt de renvoi. — Théorie artistique de l'acte d'accusation. — Regards qui fuient. — Nathalis Gaudry et Arménaïde Gras. — « Qui crève les yeux les paie ». — La bande Gille-Abadie. — Les lauriers de Zola et le succès de Goncourt. — Entre deux gendarmes. — Les dépeceurs de Mme Gillet. — Un crâne de jeune fille. — Marie Bière poète. — L'interrogatoire. — Distractions d'un président.— Dépositions à charge et témoignages à décharge. — Le résumé. — Jurés oublieux. — Le crime des honnêtes gens. — L'oreille qui entend et l'œil qui voit. — L'empoisonneur Aymé, ou le condamné à mort par persuasion. — Les innocents coupables. — Riposte d'avocat.

Le hibou aveuglé par le plein soleil n'a pas plus d'effarement que le détenu transféré des profondeurs de la Maison de justice au grand jour de la Cour d'assises. Ce n'est point que la transition ait eu lieu tout d'un coup. Précédé et suivi des gendarmes, l'accusé a gravi les quatre-vingt-trois degrés de l'escalier tournant qui, du sous-sol, monte vers la lumière. Il a débouché dans une pièce obscure destinée à ses repos au cours des suspensions d'audience. Ses gardes l'ont conduit et son avocat l'a rejoint dans la chambre du conseil, où des robes rouges et des paletots de toutes nuances sont assemblés autour d'une urne. Il a assisté, sans trop comprendre, au tirage au sort du jury.

Le tirage du jury comporte deux opérations distinctes. L'une précède les sessions ; l'autre est renouvelée au début de chaque affaire. La Cour d'assises

tient normalement deux sessions par mois; elles se
succèdent sans autre interruption que les dimanches
et les fêtes. Cela équivaut à dire qu'à Paris la Cour
d'assises siège en permanence.

Au commencement de l'année, une liste de 3000
noms et une liste supplémentaire de 300 noms, résultats d'un travail élaboré dans les mairies, sont trans-
mises par le préfet de la Seine au greffe de la Cour
d'appel. Le premier président ou un conseiller délégué par lui extrait en audience publique, d'une boîte
appropriée à cet effet, les 40 noms du jury d'une
quinzaine. Deux procès-verbaux sont dressés. L'un
est envoyé à la préfecture de la Seine, chargée des
avertissements à domicile par la gendarmerie. L'autre
va au magistrat commis pour présider les assises.
Les 40 bulletins comprennent 36 jurés titulaires et
4 suppléants. Les jurés ayant de sérieuses excuses à
faire valoir, ceux dont le nom est sorti plus d'une
fois en deux ans sont dispensés de siéger. Les autres
ne sauraient se soustraire à cette obligation sans en-
courir une amende. Si, par suite d'incidents impré-
vus, le nombre des jurés présents était inférieur à
trente, le président des assises puiserait, pour compléter ce chiffre, parmi les 300 bulletins supplémentaires. Les douze premiers noms livrés par l'urne,
déduction faite de ceux sur lesquels le ministère public et la défense exercent le droit de récusation qui
leur appartient, composent le jury de l'affaire. Doit-
elle occuper plusieurs audiences ? Un ou deux des
quatre jurés suppléants suivront les débats, prêts à
remplir la place qu'un empêchement subit laisserait
vacante aux bancs des jurés titulaires.

Voilà les formalités accomplies. Le jury désigné
par le sort est passé de la chambre du conseil dans
la salle d'audience. Le prisonnier a traversé un
couloir. Une porte s'est ouverte. Les gendarmes,

l'ayant débarrassé du « cabriolet » qui maîtrisait ses mouvements, ont poussé leur homme devant eux. Il est dans la tribune des accusés.

Ce box en chêne de quelques pieds carrés va être son « chez lui » pendant la durée de la cause. Mais il n'est pas besoin d'une observation approfondie pour reconnaître que ce n'est pas là un domicile d'élection. Voyez avec quelle gaucherie se meut le locataire pendant les premiers moments, sous la clarté intense qui dévale des fenêtres haut percées, en face de lui. Ses prunelles fouettées par ces rayons papillottent. Elles se dérobent, errant de la paroi tapissée de bleu au plafond dont les caissons dorés encadrent les peintures de Bonnat ; allant des figures humaines puérilement tendues, au Supplicié d'un relief si puissant sur la croix où il souffre ; des ciselures de la grille basse placée à l'entrée du prétoire, aux sculptures des boiseries du fond. Tout le frappe, tout l'éblouit. Avant qu'il ait eu le loisir de se reconnaître en ce milieu nouveau, deux coups secs d'un marteau en fer vissé à un chambranle résonnent rapidement. L'huissier glapit :

— La Cour, messieurs !

Le président paraît, lent, cérémonieux, escorté de ses deux assesseurs et de l'avocat général, l'hermine à l'épaule, au chef la toque de velours galonnée d'or qui est la coiffure des conseillers d'appel pour la France entière, un ressort excepté. Par une dissidence dont on sait mal l'origine, ceux de la cour de Besançon portent la toque en satin.

L'assistance entière est debout. On se rassied. Le greffier énonce les noms des jurés. Le président lit la formule du serment : « Vous jurez et promettez devant Dieu et devant les hommes d'examiner avec l'attention la plus scrupuleuse les charges qui seront portées contre.... ; de ne trahir ni les inté-

rêts de l'accusé, ni ceux de la société qui l'accuse ;
de ne communiquer avec personne jusqu'après votre
déclaration ; de n'écouter ni la haine, ni la méchan-
ceté, ni la crainte ou l'affection ; de vous décider d'a-
près les charges et les moyens de défense, suivant
votre conscience et votre intime conviction, avec
l'impartialité et la fermeté qui conviennent à un
homme probe et libre. » Chaque juré appelé individuellement se lève et répond : « Je le jure ». A l'audience du 16 août 1880 des assises de l'Isère, consa-
crée à une affaire sans intérêt, d'ailleurs, un membre
du jury protestait. Il ne pouvait jurer que sur sa
conscience, disait-il, n'ayant pas l'honneur de connaître Dieu. La cour se contenta de ce serment. Un
arrêt de cassation du 7 février 1837 l'y autorisait.

Le greffier lit la sentence de la chambre des mises
en accusation renvoyant l'accusé aux assises. Le procès est-il de ceux que l'on juge à huis-clos, les spectateurs sont invités à se retirer ; les portes leur seront
rouvertes à l'heure du résumé des débats. Dans le
cas contraire, plus fréquent, le greffier passe à la lecture en public de l'acte d'accusation, — un document
dont la forme n'est pas toujours au niveau des circonstances, parce que le substitut auquel on en a confié
la rédaction n'est pas toujours doué d'un goût absolument sûr.

Des profanes peuvent se demander ce que l'art a à
démêler en un sujet pareil. A toutes les époques, cependant, il s'est trouvé des magistrats habiles à saisir
son influence dans les démonstrations de la loi. Vers
le milieu du seizième siècle, Ayrault, le célèbre
lieutenant criminel d'Angers, écrivait en son *Traité
de l'ordre, formalités et instructions judiciaires :*
« Quant à juger, il n'y a rien si aysé à qui a tant soit
peu d'expérience, de probité, de bon et clair entendement, lorsque le poinct d'une accusation a esté si

dextrement recherché qu'il ne reste plus qu'à le proposer sur le bureau ». Beaucoup de nos juges possèdent au plus éminent degré cette « dextérité » ; tous n'excellent pas à appliquer à l'exposé des faits l'optique spéciale seule de nature à en rehausser la portée. La majesté de la justice a parfois à déplorer l'oubli de certaines conditions de *mise à point*, de relief, d'où dépend le but moralisateur, objet de l'instance criminelle au même titre que le but répressif. La qualité maîtresse d'un acte d'accusation est et sera toujours l'impartialité. Les périodes ampoulées, les tours de phrases tragiques, les boursouflures, les redondances, les amphibologies, les traits perfides n'en seront jamais écartés avec trop de soin. Pourquoi, d'autre part, amoindrir la cause en la traduisant en une langue frelatée ? Assigner des règles précises à ce genre particulier de style, ce serait servir plus d'un membre de nos parquets ; ce serait aussi fortifier la vénération due à la loi, les égards dus aux innocents. Quant aux coupables, les raffinés, s'il en est parmi eux, éprouveraient peut-être un adoucissement à être jugés selon les principes corrects et condamnés sans hérésies grammaticales.

Les préliminaires du débat, cependant, ont permis à l'accusé de s'acclimater. Il s'est fait une physionomie, il a assujetti le nœud de sa cravate, effilé sa moustache et lissé ses cheveux. Il étale coquettement le linge qu'il peut avoir, car il porte sur lui le meilleur de sa garde-robe, ayant tenu à paraître avec tous ses avantages. Son regard plus tranquille cherche dans l'auditoire des visages amis, et il est rare qu'il n'en rencontre pas. Tout ce qui le distraira des angoisses de sa situation, le détenu l'accueille comme une délivrance. Il se détourne de tout ce qui lui rappelle son forfait. Quand les responsabilités d'une cause sanglante pèsent sur plusieurs complices, leurs yeux se fuient comme si un spectre se dressait entre eux.

Cette obstination à s'éviter fut particulièrement manifeste dans le procès d'Arménaïde-Eugénie Bricourt, veuve Gras, et du mécanicien Nathalis-Mathieu Gaudy qui, la nuit du 13 au 14 janvier 1877, avaient inondé de vitriol M. René de la Roche, rentrant du bal de l'Opéra. A remarquer, en passant, l'extension prise depuis par l'acide sulfurique dans les relations dites d'amour. A rapprocher aussi, de la quasi-cécité déterminée chez la victime, un curieux épisode de l'apparition, autrefois, sur une petite scène, de l'ancienne marchande de pommes Arménaïde-Eugénie devenue, dans le monde galant, la baronne Jeanne de la Cour.

En 1862, la comtesse de Chabrillan, *alias* Céleste Mogador, dirigeait le théâtre des Champs-Elysées. Sa protection et ses leçons aidant, Jeanne de la Cour avait débuté dans une comédie en un acte de MM. Charles de Renneville et Ernest Buffault. La pièce s'appelait... *Qui crève les yeux les paie*, — un titre ayant tellement l'air d'une prophétie, qu'on le coirait inventé après coup.

Après être restés pendant tous les débats comme étrangers l'un à l'autre, la sirène de la rue de Boulogne et l'ouvrier mécanicien échangèrent un coup d'œil, un seul, à la lecture de l'arrêt qui les condamnait : lui à dix ans de réclusion, elle à quinze ans de travaux forcés. Mais que de malédictions dans un regard ! Nathalis Gaudry fait « son temps » à Beaulieu, dans le Calvados ; Arménaïde Bricourt, ayant obtenu de séjourner en France, expie dans la prison d'Auberive, où on l'a surnommée « la religieuse mondaine » depuis qu'elle a tourné à la dévotion.

Par exception, Emile Abadie, Pierre Gille et leur bande étaient d'un tempérament fort différent. Une des surprises des procès relatifs aux assassinats de la cabaretière Elisabeth Bassengeaud, à Montreuil, et du garçon épicier Lecercle, à Saint-Mandé, ce fut l'audace avec laquelle les assassins se consultaient des yeux, tantôt se concertant, tantôt se défiant, à la face des juges. Habitudes de théâtres, disait-on; car eux aussi ils avaient tâté des planches. Ils s'étaient exhibés à l'Ambigu, comme comparses, dans un drame très attaqué. Des journaux même, à ce propos, rouvrirent le feu des critiques. Ils ne poussaient pas l'inclémence jusqu'à prétendre qu'à force de voir quel rang odieux les patrons *d'assommoirs* tiennent dans le monde, Abadie et Gille avaient senti la haine les mordre au cœur. Il y eut eu quelque ingéniosité, pourtant, à faire d'eux des vengeurs sociaux. Les marchands de vin tuent le peuple, se seraient-ils dit, eh bien! tuons les marchands de vin. Ce raisonnement eût préparé aux avocats un système complet de défense. Malheureusement, M. Zola l'avait étouffé dans son germe en adressant à un de ses collaborateurs du *Voltaire* le billet suivant :

Mon cher confrère,

De grâce, publiez donc l'entrefilet que je coupe dans l'*Evénement* :

« Moralité du théâtre naturaliste : On a découvert que les deux assassins de Montreuil, arrêtés hier, ont eu leur place dans les représentations de l'*Assommoir* en qualité de *figurants*. Ah! M. Zola peut nous parler de la « large évolution »; son école a déjà porté ses fruits. Figurer dans l'*Assommoir* et assassiner.... C'est le comble du naturalisme! »

Je crois qu'on n'a jamais écrit quelque chose de plus comique. « Son école a déjà porté ses fruits » est tout bonnement un chef-d'œuvre. Ce que le rédacteur ne dit pas, c'est que les deux assassins sont venus me consulter avant d'aller à Montreuil. Je devais cet aveu à la justice.

Cordialement,

EMILE ZOLA.

En guise de moralité à ces lignes, veut-on un piquant détail ? M. de Goncourt arrivait chez M. Zola au moment où le pli destiné au *Voltaire* partait.

— Eh ! eh ! dit en riant l'auteur des *Frères Zemganno* à l'auteur d'*Une page d'amour*, il paraît que l'*Assommoir* en fait de belles !

— Ah ! mais je viens d'écrire une petite lettre aux journaux...

— Vous vous plaignez ? Allons donc ! Ce n'est pas moi, morbleu ! qui aurai jamais la chance de faire des assassins !

Et voilà que précisément le lendemain on lisait dans toutes les gazettes, au chapitre des faits divers :

Une tentative de meurtré a eu lieu hier soir dans le quartier de l'Ecole Militaire. La victime, qui a reçu un coup de couteau dans la région du cœur, est un soldat du train des équipages. C'est en se rendant à la caserne de l'Ecole Militaire que ce soldat a été frappé par une fille de mœurs équivoques, la nommée Clémentine. On ignore jusqu'ici les motifs qui ont poussé cette fille à agir ainsi. Elle a été arrêtée presque aussitôt après l'événement.

N'était-ce pas toute la *Fille Eliza* résumée en dix lignes ? Goncourt s'était trop hâté d'envier les lauriers de Zola.

L'aspect de Pierre Gille et d'Émile Abadie donnait singulièrement raison aux spectateurs pour lesquels un accusé entre ses deux gendarmes n'a jamais que la mine d'un parfait scélérat. Quel contraste avec l'étudiant en médecine, Lebiez et l'agent d'affaires Barré, assommeurs et dépeceurs de Mme Gillet, la marchande de lait de la rue Paradis-Poissonnière ! Rarement, bandits plus sinistres avaient pris place devant un tribunal. Et cependant, à ne les apprécier que par leurs dehors, ils eussent inspiré presque la sympathie. L'un, de courte stature, mais ferme sur ses jambes grêles, bien pris dans sa taille cambrée, la barbe et la crinière abondantes, la figure placide, les paupières lourdes, l'œil somnolent, n'avait pas un trait en lui qui décelât le criminel. L'autre, mince, nerveux, le front intelligent, ses lèvres fraîches à demi perdues sous des touffes soyeuses, le geste plein d'aisance, représentait dans la plus large acception du terme ce que les jeunes personnes sensibles aux charmes physiques appellent « un gentil garçon ». Comme son complice, il avait vingt-quatre ans à peine. Et poëte, par-dessus le marché, ainsi qu'il appert de cette ode sur la conclusion de laquelle le condamné à mort de 1878 dut amèrement méditer, entre l'heure du verdict et celle de l'exécution :

A UN CRANE DE JEUNE FILLE.

De quelque belle enfant, restes froids et sans vie,
  Beau crâne apprêté par mes mains,
Dont j'ai sali les os et la face blanchie,
  D'un tas de noms grecs et latins,
Compagnon triste et froid de mes heures d'étude,
  Toi que je viens de rejeter
Dans un coin, ah! reviens tromper ma solitude,
  Réponds à ma curiosité.
Dis-moi combien de fois ta lèvre s'est offerte
  Aux doux baisers de ton amant.
Dis-moi quels jolis mots de ta bouche entr'ouverte
  Dans des heures d'égarement...
Insensé!... Tu ne peux répondre; pauvre fille,
  Ta bouche est close maintenant,
Et la Mort, en passant, de sa triste faucille
  A brisé tes charmes naissants.
Triste leçon, pour nous qui croyons que la vie
  Peut durer pendant de longs jours!
Et jeunesse, et bonheur, et beauté qu'on envie,
  Tout passe ainsi que les amours!
Aussi quand, vers le soir, âpre et dur à la tâche,
  Je travaille silencieux,
Mon esprit suit le monde et, tout inquiet, s'attache
  A des pensers plus sérieux.

Je rêve au temps qui passe... Alors je te regarde,
    Et songeant aux coups du destin,
Sur ton front nu je crois lire en tremblant: « Prends garde,
    « Mortel, ton tour viendra demain ! »

Des vers, en somme, solidement frappés. Lacenaire a fait école. Il y aurait un étrange chapitre à écrire sur *la poésie à la Cour d'assises*. Sans rapprochement d'aucun genre, constatons que l'inspiration a parfois une allure plus négligée :

Oui, tu es beau, j'en conviens bien,
Mais la beauté, cela n'est rien.
Je suis peut-être un peu sévère,
Et malgré tout je te révère,
Car la beauté est un attrait
Que je suis loin de dédaigner.
Mais je voudrais te voir aimable,
Galant, spirituel, amoureux ;
Mais pourtant pas trop inflammable
Pour d'autres que pour mes beaux yeux.
Tout ça tu l'étais, ce me semble,
Dans un temps reculé déjà.
Aussi, suis-je en droit de prétendre
Que ce beau temps-là reviendra, etc.

Ce morceau était dédié, en 1879, au héros futur du drame de la rue Auber par Mlle Marie Bière, que le jury de la Seine devait acquitter en avril 1880.

Mais ne nous appesantissons pas sur telle ou telle célébrité de la Cour d'assises. Que l'accusé soit seul ou en comapagnie de complices, quelques efforts qu'il tente pour sortir de lui-même, une minute vient toujours où la réalité l'étreint. Cette minute est celle de l'interrogatoire. Ici, recommence le duel soutenu contre le juge d'instruction. Nulle part, le président n'a besoin de plus de sang-froid, d'une connaissance plus complète de la cause. On se rappelle au palais, comme un magistrat émérite, le conseiller de Bastard de l'Estang : ses qualités étaient gâtées, seulement, par un peu d'étourderie. Quelque temps avant d'être ministre de Napoléon III, M. Béhic fit partie du jury. Il était déjà très en vue, et, dans la salle du conseil, on s'était entretenu de lui, avant l'audience. Le président de Bastard avait sans doute la mémoire encore pleine de cette conversation ; car, ouvrant les débats :

— Béhic, dit-il, levez-vous.

Le juré interpellé se lève, non sans quelque étonnement du sans-façon présidentiel. M. de Bastard de l'Estang n'était pas moins surpris. Après s'être confondu en excuses, il rectifia sa phrase :

— Accusé, levez-vous.

Le métier est de ceux qui n'admettent pas les distractions. Le même magistrat, à la suite d'une déposition dont la monotone longueur avait assoupi l'auditoire, disait au témoin :

— Allez vous coucher...

On juge de l'hilarité que dut soulever cette invitation substituée par mégarde au sacramentel : « Allez vous asseoir », — dont l'effet est déjà si irrésistiblement comique, parfois.

Délicat vis-à-vis des accusés, le rôle du président, à l'égard des témoins, n'est pas toujours exempt de mécomptes. Les réticences des uns, l'infatuation des autres se coalisent contre sa longanimité. Avec certains, les difficultés commencent dès l'apparition à la barre. Tel ce campagnard qui, interrompant les recommandations préalables, — « Vous jurez de parler sans haine et sans crainte... », — s'écriait :

— Et de quoi donc que j'aurais haine ou crainte, mon magistrat ?

— Laissez-moi achever... De dire toute la vérité, rien que la vérité...

— Monsieur le juge, pas autre chose !

— Gardez vos réflexions pour vous, et jurez.

— Oui, monsieur le juge.

— Dites : « Je le jure ».

— Je le dis.

— Ne dites pas : « Je le dis » ; levez la main droite et prononcez ces mots : « Je le jure ».

— Que je lève la main ?

— Oui.

— Ah ça ! mais on se défie donc de moi, ici ?

— Trève de discussions ; faites comme l'huissier va vous montrer.

L'homme des champs demeure inerte. L'officier ministériel lui saisit doucement le poignet ; l'autre se débat. L'huissier insiste ; le paysan se fâche. C'est une scène qui se renouvelle sous toutes les formes. Le président atténue de son mieux. Envers les témoins à charge, il déploie d'ordinaire un exquise urbanité. Il réserve sa mauvaise humeur pour les autres. Quoi d'extraordinaire à ce que les dépositions à décharge n'aient pas l'oreille de la Cour ? L'article 71 du Code d'instruction criminelle ordonne au magistrat instructeur de faire citer devant lui les personnes indiquées comme ayant connaissance soit du crime ou du délit, soit de ses circonstances. Des éléments de disculpation, pas un mot. L'instruction est faite contre l'inculpé. Les débats à l'audience n'étant, à tout prendre, qu'une instruction renouvelée en public, les témoignages à décharge n'y jouissent guère de plus de faveur que dans le cabinet du juge. Il faut qu'ils émanent de bien haut, qu'ils soient bien concordants pour qu'on daigne leur prêter attention. La défense s'en prend-elle trop vivement à une déposition accusatrice, le président a le droit de l'avertir :

— Prenez garde, vous attaquez la moralité d'un témoin !

Au contraire, le magistrat qui dirige les débats discute-t-il l'honorabilité d'un témoin de la défense sur le compte duquel la justice manque de renseignements, l'avocat n'a qu'à s'incliner. Il lutte à armes inégales et c'est ainsi qu'il combattra jusqu'au bout, — jusqu'au résumé.

D'une part, la loi a voulu que l'accusé eût le dernier la parole. Avec le résumé, d'autre part, elle laisse le mot de la fin au président. Le résumé serait donc une contradiction, même en le supposant impartial. Il est en outre une superfétation. L'acte d'accusation, l'interrogatoire, les témoignages ont gravité autour des mêmes redites. Puis, c'est l'organe du ministère public enregistrant les aveux, sapant les dénégations, groupant les circonstances, entassant les hypothèses, tirant des faits les déductions qu'ils comportent, et au besoin celles qu'ils ne comportent pas. Enfin, voici l'avocat reprenant les événements un à un, pesant, discutant, dissertant, réfutant; ici incertain, là triomphant, ailleurs vaincu. Tous les arguments pour et contre ont défilé, notés au passage, commentés *in petto* par les juges d'un jour qu'ils visaient. Au fond de chaque conscience, la conviction est en germe, prête à s'épanouir dans la délibération du verdict... Et c'est le moment où le Code permet au président de jeter dans la balance le poids de sa parole !

Quel singulier hommage rendu à l'intelligence du jury, après tant de sollicitude pour son recrutement ! La loi du 21 novembre 1872 qui régit la composition des listes annuelles, restreint les noms à moins de cinquante mille, — dans un pays comptant dix millions d'électeurs. A quoi bon une sélection aussi méticuleuse, si elle ne devait aboutir à conférer ce mandat temporaire de juge qu'à des incapables ? On connaît la légende du préopinant qui, résolu à la punition du coupable, écrit sur son propre bulletin :

« *Oui, à la majorité.* » Le hasard me mettait un jour entre les mains les notes d'audience d'un juré siégeant dans une affaire d'avortement. Il avait, au cours des débats, été question d'un fœtus. Afin de fixer dans son esprit ce mot, nouveau pour lui sans doute, le brave homme avait consigné sur la feuille cette observation textuelle : « *Le fistusse cés l'anfan.* » On avait aussi parlé de spéculum, et il avait tracé ces lettres : « *Espiculos* », dans le but évident de retenir un terme dont jusqu'alors il n'avait jamais soupçonné l'existence. Quelques mois plus tard, une faute de français motivait l'admission d'un pourvoi par la Cour de cassation, dans une cause capitale. Un détenu avait à rendre compte, à la cour d'assises de Versailles, d'une tentative d'assassinat sur un gardien. Les questions à résoudre étaient celles-ci :

Haas (Joseph) est-il coupable d'avoir, le 14 avril 1877, à Poissy (Seine-et-Oise), commis volontairement une tentative d'homicide sur la personne du sieur Millet, laquelle tentative, manifestée par un commencement d'exécution, n'a manqué son effet que par des circonstances indépendantes de la volonté dudit Haas ?

Réponse du jury, ainsi libellée : *Oui, à la margorité.*

Ladite tentative d'homicide volontaire a-t-elle été commise avec préméditation ?

Réponse : *Oui, à la magorité.*

« Margorité » d'une part, « magorité » de l'autre, — il n'en fallait pas davantage pour que l'arrêt fût cassé. Haas, condamné à mort par le jury de Seine-et-Oise, comparaissait, assisté de Me Comby, devant le jury de la Seine qui le condamnait aux travaux forcés à perpétuité, — avec une orthographe irréprochable, cette fois. Falguière, faisant partie du jury, trouvait à l'accusé une tête antique. Le vigoureux sculp-

teur-peintre obtenait l'autorisation d'ébaucher une
étude d'après nature qui revivra certainement sur une
de ses toiles ou dans un de ses marbres. De ces traits
de gredin sortira peut-être un héros.

Que prouvent les incartades dont quelques exemples viennent d'être cités ? Rien, parce qu'elles constituent des exceptions. Tous les hommes naissent
tributaires de l'erreur. Les trois conseillers de la Cour
d'assises en sont-ils exempts ? Il n'est pas de lumières
qui prévalent sur certains partis-pris, et il n'est pas
d'expérience qui garantisse de certaines témérités.
D'Aguesseau appelait la prévention « le crime des
honnêtes gens ». Combien d'honnêtes gens sont
criminels sans le savoir ! La prévention se dresse partout, sur notre route : en politique, en économie, en
littérature, en art, en religion. Le progrès civilisateur
n'est que l'histoire des luttes de la vérité contre le
mensonge. L'institution du jury nous met loin du
temps où un juge unique statuait sur les cas les plus
épineux. Être capable de réciter les codes et leurs
multiples commentaires, voilà, sans conteste, un mérite. Savoir sonder les cœurs n'est pas une moins
utile qualité. Douze consciences valent bien trois
compétences. Au lieu de maintenir le jury en lisière,
mieux vaudrait donc encourager son développement.

Chaque individu est débiteur envers la masse d'une
part, — la plus large possible, — de son activité ; ce
concours de un pour tous est la garantie la plus sûre
de la réciprocité de tous pour un. L'extension du jury
imposerait des obligations nouvelles aux citoyens ?
Qu'importe ! La démocratie qui les fait égaux devant
les droits les fait égaux devant les devoirs. L'égalité
de l'impôt du sang se traduit par l'obligation du service militaire. Pourquoi ne créerait-on pas le service
judiciaire obligatoire ? Ce serait la mise en commun
des esprits pour l'obtention de la plus forte quantité

de lumière. Tout homme pouvant être appelé à devenir le collaborateur du juge porterait de la sorte en soi une parcelle de la justice. Il n'y aurait d'autre gage à ce concours que la dose d'instruction à défaut de laquelle le mandataire serait inférieur à son mandat. On s'élèverait au jury par l'étude, par la dignité de la vie, par le respect des lois. Être juré ce serait, en quelque façon, posséder un brevet de civisme. Les courtisans de la routine riposteront qu'être juré ce ne sera pas être parfait. Quelqu'un leur a répondu d'avance : « Dieu n'a pas donné à tous les juges l'œil qui voit, l'oreille qui entend ». C'est Berryer qui a écrit cela.

Le résumé des débats par le président des assises, tutelle imposée aux jurés, les accoutume à attendre une opinion toute faite, à amoindrir eux-mêmes leur part d'initiative. Part faible, cependant, puisqu'un paradoxe insidieux leur interdit d'être les juges de la peine. Quand le jury reprend séance après avoir délibéré, quand son chef, —. le membre dont le nom est sorti le premier de l'urne, — lit la formule du verdict : « Sur mon honneur et ma conscience, devant Dieu et devant les hommes, la déclaration du jury est, etc. », il dit si l'accusé est coupable ; il ne peut dire quel châtiment mérite cette culpabilité. O logique !

Le jury dispose des circonstances atténuantes à son gré. Il pratique une extrême indulgence pour les crimes provoqués par un mouvement désordonné de l'âme. Il garde ses plus grandes sévérités pour ceux dont le mobile a été un calcul bas, un goût trop vif pour le bien d'autrui. Sur 4,000 accusés d'assises en France, dont Paris juge sept ou huit cents, 20 o[o sont acquittés ; des 80 o[o condamnés, *les trois quarts* profitent des circonstances atténuantes. Assez souvent, le jury se rebiffe contre la tyrannie qui prétend le gouverner; il secoue le joug, le magistrat voulût-il, non perdre, mais sauver une tête.

Il y a quelque trente ans, la cour d'assises de la Seine jugeait Aymé, qui avait empoisonné deux femmes de mauvaise vie à l'aide de gâteaux. Aymé passait pour dangereusement malade. La veille des débats, le docteur Tardieu annonce au président d'Esparbès de Lussan l'impossibilité pour le prisonnier de comparaître. M. d'Esparbès descend à la Conciergerie :

— Voyons, Aymé, soyez raisonnable.

— Je le suis, monsieur, mais...

— Mais, quoi ? Vous savez que c'est grave ; j'ai préparé votre dossier, et vous me feriez faux-bond !

— C'est que...

— Il faut venir.

— Je veux bien essayer...

— Non, non, pas de parole vague. Je connais à fond l'affaire ; si vous avez quelque chance d'en réchapper, c'est avec moi.

— Allons, je réunirai tous mes efforts, monsieur.

Le lendemain, Aymé tenait promesse. Il était condamné à mort. *Le guillotiné par persuasion* du joyeux Eugène Chavette passe pour une œuvre d'imagination, cependant.

Pour en terminer avec ce chapitre, à quoi sert que le président régente les jurés ? Pourquoi son résumé est-il autre chose que l'analyse des raisons avancées par le ministère public et par la défense ? C'est qu'à ses yeux accusé et coupable sont synonymes. A Foix, un pauvre saltimbanque compromis dans l'affaire de la Bastide de Besplas s'écriait :

— Mais enfin, monsieur le président, je n'ai donc pas le droit d'être innocent !

La leçon était dure. A Paris, un président s'en attirait une autre plus savamment préméditée. C'était

dans une cause capitale. Pendant sa plaidoirie, le
défenseur avait cru voir les physionomies des jurés
s'éclaircir; il les vit s'assombrir après le résumé. Le
verdict fut impitoyable. A la question habituelle du
président :

— Avez-vous une observation à présenter sur l'application de la peine?

— J'invoque pour mon client le bénéfice de l'article 12, répondit froidement l'avocat.

L'article 12 du Code pénal est d'un laconisme spar-
tiate :

« Tout condamné à mort aura la tête tranchée. »

XIV

ARTICLE DOUZE

Fourneaux et couperet. — La carte du condamné à mort. —
Le maître-queux de la Conciergerie contre M. Tout-le-Monde.
— Le bouillon de poule du docteur de Lapommerays
et les biftecks saignants de Delattre. — Beccaria, Montes-
quieu, Bentham et Cie. — Une épreuve pénible. — L'exem-
ple. — Victor Hugo et la guillotine. — Avinain, Jacques
Latour, Moreau. — Le carnaval de la Roquette. — L'exécution
Barré et Lebiez. — L'échafaud dans les prisons. — Les té-
moins du bourreau. — Tant par tête. — Tu ne tueras point.
— Equilibre rompu.

A-t-on pris garde à la description tracée plus haut
de la Conciergerie ? Il y est fait mention d'une cuisine. Sujet banal ? Cela dépend des jours. Il en est
où quelques charbons brasillant sur un gril ont une
signification terrible. Deux repas quotidiens sont
servis aux détenus de la Maison de justice et du Dépôt de la préfecture : le premier à sept heures du matin, le dernier à deux heures de l'après-midi. Si, deux
heures étant passées, le feu du fourneau brûle encore, c'est qu'à la cour d'assises la tête d'un homme
est en jeu. Cette flamme est comme un talisman auquel serait attachée une existence. Aux alentours le
cuisinier rôde, interrogatif, indécis. Qu'il ait ou non
le cœur sensible, cet homme fait des vœux pour un
verdict bénin.

Comment le maître-queux de la Conciergerie serait-il partisan des condamnations capitales ? Elles
lui imposent la corvée du repas réconfortant du soir;
elles le mettent, lui, sa casaque blanche et son béret
à la merci d'un odieux criminel. Sans compter que

ces condamnés à mort sont parfois d'une exigence !...
Le docteur Couty de Lapommerays voulait du bouillon de poule, l'acteur Delattre des biftecks saignants.

— On m'offre du bœuf bouilli, murmurait ce dernier avec amertune, je le refuse... Allez, je sais quel
est mon droit !

Le vulgaire s'imagine que, pour être obéi, il suffit
au condamné de dresser une liste des comestibles
qu'il convoite. Pur préjugé. En réalité, le menu comporte une carte restreinte de mets d'un luxe très relatif. C'est une faveur qui a acquis force d'usage, mais
sur laquelle le règlement est muet. La tradition ne va
pas jusqu'à contraindre les geôliers à satisfaire indistinctement les caprices gastronomiques de leur
captif. Il puise seulement dans l'arrêt qui le frappe
un titre à quelques améliorations de régime. Une
ration de viande, deux décilitres de vin à chacun des
repas constituent le plus clair de ces adoucissements.

Le chef des cuisines cellulaires n'en est pas moins
l'ennemi de la peine de mort. Beaucoup de bons
esprits partagent son opinion. Quelqu'un en professe
une autre, en revanche. Ce quelqu'un-là s'appelle
M. Tout-le-Monde.

M. Tout-le-Monde n'est ni avocat ni légiste ; il
ne procède pas par prémisses, exposition et conclusion ; s'il lui fallait s'astreindre aux règles du syllogisme, enchaîner la majeure, la mineure et la conséquence, il éprouverait quelque peine, probablement.

Sans prétentions aux palmes du dialecticien, il se
contente d'exprimer un instinct, — brutalement ou
sobrement, selon son humeur.

Tout au plus se demande-t-il quel but a poursuivi
la loi en édictant pour chaque crime, pour chaque
délit, pour chaque contravention, un châtiment cor-
respondant. A-t-elle voulu venger ? Non, elle a voulu

réprimer. La loi représente la société qui l'a faite. La société punit. Beccaria a défini le fondement du droit de punir : « La nécessité de défendre le dépôt de la sûreté publique contre les usurpations des particuliers ». La formule, en sa brièveté, est d'une remarquable précision.

A qui est confié « le dépôt de la sûreté publique »? A l'autorité. A elle, il appartient de le défendre contre « les usurpations des particuliers ». Sûreté de tous, d'un côté ; usurpations de quelques-uns, de l'autre ; entre ces deux termes, le pouvoir législatif et judiciaire, délégation protectrice de *tous* contre *quelques-uns;* le pouvoir qui a pour mission de faire et d'appliquer la loi dans la mesure exacte de « la nécessité » dont il est l'appréciateur.

Car c'est le vrai critérium : la nécessité. « Tout châtiment dont la nécessité n'est point absolue devient tyrannique », a dit Montesquieu. L'auteur de l'*Esprit des lois* n'est pas moins péremptoire que l'auteur du *Traité des délits et des peines.* La peine de mort est-elle nécessaire ? Elle moralise, répond-on.

Prétendre moraliser les masses en leur montrant du sang peut sembler une erreur à peu près aussi flagrante que prétendre imposer à l'assassin, — ce qu'il y a de plus bas, — de donner l'exemple à la société, — ce qu'il y a de plus élevé. Le sang engendre le sang ; considérez plutôt la recrudescence dans la criminalité qui suit toute guerre, toute conflagration de peuple à peuple, de citoyens à citoyens.

« Il me paraît, écrivait Bentham dans son *Traité des peines et des récompenses,* il me paraît que la peine de mort est une méprise des législateurs, et que cette méprise est une erreur de situation. Ceux qui font les lois appartiennent à ces premières classes de la société où la mort est envisagée comme un grand

mal, et une mort infamante comme le pire de tous
les maux. Mais ils montrent peu de réflexion lorsqu'ils l'appliquent à une classe d'hommes malheureux et dégradés, qui n'attachent pas le même prix à
la vie, qui redoutent l'indigence et le travail plus que
la mort, et que l'infamie habituelle de leur état rend
insensibles à l'infamie du supplice. »

Faut-il admettre qu'en réalité c'est moins la sévérité du châtiment que la certitude d'une expiation
qui retiendra les scélérats sur la pente du crime, et
qu'une bonne police vaudra toujours mieux qu'un
fer soigneusement affilé? Il est convenu que *la société
ne se venge pas* ; l'aphorisme est passé à l'état de lieu
commun ; il est de ceux que leur évidence même a
depuis longtemps consacrés, en admettant avec Gali-
lée que les sujets moraux soient susceptibles de démonstration tout comme ceux qui relèvent de la
géométrie. Si la peine de mort est nécessaire, c'est
que le crime ne peut être puni sans la suppression
du criminel. Reste donc à savoir en quoi l'article
douze, qui régit la décapitation, est indispensable à la
répression des méfaits. Ce point de vue est celui de
la civilisation moderne. L'antiquité y apportait
moins de scrupules. « Œil pour œil, dent pour
dent ! » ploclamait le Talmud. L'extrême barbarie
est parfois l'extrême logique. Pourquoi ne pas tuer
l'homme qui a tué, en le tuant comme il a tué lui-
même ? On a aboli les tortures. L'Angleterre pend,
l'Espagne garrotte, la France guillotine. Partout on
s'est ingénié à découvrir le moyen de lancer preste-
ment une âme dans l'éternité. La loi se donne ainsi
un semblant de mansuétude. Le dernier supplice est
devenu une formalité dernière. Ce n'est plus qu'un
court instant à passer.

Court instant, si l'on veut ; il ne laisse pas d'avoir
son désagrément, il le faut croire. Une exécution

en province, naguère, mettait le condamné aux prises avec la pitié de quelques assistants. L'homme se débattait contre les raisonnements de l'officier des hautes œuvres, qui le conviait à la docilité.

— C'est triste, oh! oui, c'est profondément triste de marcher ainsi à la mort.

— Du courage! faisait le bourreau.

— Du courage, voilà qui est facile à dire !

— Vrai, l'épreuve est pénible, hasarda un des fonctionnaires présents.

— N'est-ce pas qu'elle est pénible ? reprit en gémissant celui qui s'apprêtait à mourir.

— Oui, oui.

— Eh bien ! continua l'autre sans se fâcher, de son ton tragi-comique qui mêlait comme une lueur de gaieté macabre aux ténèbres affreuses de cette minute suprême, eh bien, vous en parlez à votre aise, vous autres ! Mettez-vous à ma place. Si l'épreuve est pénible pour vous, elle l'est bien plus pour moi !

Il n'y avait rien à répliquer à cette argumentation. Elle ne saurait être, cependant, que d'un faible secours aux penseurs en quête de motifs favorables ou contraires à la peine de mort. La détention à perpétuité, aussi, est une épreuve « pénible ». Rien n'a jamais démontré qu'elle ne remplirait pas exactement le même but. Est-il un homme capable d'opter pour les avantages du forfait le plus fructueux, s'il les met en balance avec le risque de perdre pour toujours sa liberté ? Ou l'échafaud ou la vertu : le dilemme n'est pas dépourvu de puissance. Perdra-t-il de sa vigueur si on oppose, au naufrage de la vertu, la captivité sans rémission ? Un esclavage perpétuel substitué à la mort n'aura-t-il pas autant qu'elle le pouvoir d'arrêter le scélérat sur la pente où il glisse? Ce serait, tout au moins, une expérience à tenter.

Ah ! si un calculateur venait, chiffres en mains,

nous établir ce compte : de telle année à telle année,
la peine capitale était rayée du Code ; les crimes
contre la vie humaine ont atteint telle proportion ; —
de telle année à telle année, la peine capitale subsistait ; les homicides prémédités se sont chiffrés par
tant ; — d'un seul coup d'œil nous saisirions la différence ou la ressemblance, le débat serait alors clos. Mais
les éléments d'une statistique n'ont jamais été sérieusement réunis, pour cette excellente raison que
jamais les législateurs de notre époque ne se sont
décidés à ouvrir le champ aux comparaisons. L'incertitude reste donc entière. L'opinion qui prévaut,
c'est que la peine de mort est utile, fût-ce à l'unique
titre d'exemple effrayant. La société se cantonne dans
cette assertion « qu'elle ne se venge pas » ; elle
invoque l'exemple, et elle s'imagine avoir tout dit.

Le prétexte de l'exemple est un merveilleux moyen
oratoire pour les procureurs déterminés à enlever
d'assaut un inexorable verdict. Le jury, assez souvent,
y est rebelle. Il sait parfaitement à quoi s'en tenir
sur l'efficacité des spectacles sanglants offerts à la
curiosité du public. L'observation, la réflexion le
lui ont enseigné, c'est précisément autour de l'échafaud que germe et se développe la graine d'assassins.
Ne l'eût-il pas appris, la précaution si souvent pré-
conisée de l'exécution dans la prison serait pour lui
une source de méditation précieuse. La question
était depuis longtemps agitée, lorsque l'immolation
de Lebiez et de Barré lui fit faire un pas décisif. A ce
seul titre, elle mériterait de conserver sa place dans
l'histoire des décollations célèbres, à côté de cette
autre double exécution de 1843 que sa coïncidence
avec le carnaval transforma en mascarade de la
Courtillle.

Ici, comme là, on vit la foule avinée encercler
l'échafaud de ses rires bruyants et de ses hoquets

obscènes. Des hommes — la fine fleur des barrières
fraternisant avec le dessus du panier des boulevards
élégants, — bavaient leur pituite matinale jusque
dans le dos de l'exécuteur. Des femmes — noblesse,
finance et pourriture mêlées — se bousculaient pour
faire joujou avec la guillotine. Et voilà quel tableau
des moralistes attardés s'obstinent à appeler : le salutaire exemple de la peine de mort ! Demandez-leur en
quoi la peine de mort améliore l'humanité ; priez-les
d'énumérer les bienfaits qu'elle apporte ; parlez-leur
d'atténuer l'implacable rigueur de la loi ; ils trou-
veront, pour vous répondre, la maxime tant vantée
d'Alphonse Karr : Que messieurs les assassins commencent ! — Simple boutade d'un humoriste de trop
d'esprit.

Le chemin qu'un sophisme peut parcourir quand
il est poussé par la vogue, soutenu par la routine et
rivé dans les âmes par la peur, est véritablement
effrayant. La société qui frappe un criminel ne fait
pas œuvre de vengeance, elle fait œuvre de préservation, elle ne cesse de le répéter ; elle dit à cet homme :

— Tu es un danger, je te supprime.

Est-il indispensable qu'elle le raye du nombre des
vivants, pour que la suppression soit complète ?
Le problème tient tout entier dans cette interrogation.

Supposez une demeure isolée, bordée de vastes
murailles, entourée de gardiens vigilants. Sa porte
parlerait éloquemment aux regards. « Vous qui
entrez, » dirait-elle comme la sombre inscription du
Dante, « laissez au seuil toute espérance. » Ce serait,
si l'on veut, « la prison des condamnés à mort. »
Dans cette demeure inexorable, on les condamnerait
à vivre seuls, muets, séparés les uns des autres, sans
communications avec l'extérieur, éternellement en
face d'eux-mêmes, de leurs remords, de leurs
angoisses. Une cellule pour dormir, un coin de cour

pour respirer ; — le monde pour eux se résumerait en ces quelques pieds de terrain. Ils seraient bien contraints de se retrouver une conscience, puisqu'ils n'auraient plus qu'elle, désormais, pour leur tenir compagnie. Et si ce réveil de la conscience transformait un seul d'entre eux, si son âme avilie se retrempait à la source du bien, quel argument !

Jamais plus le nom d'aucun d'entre ces hommes ne serait prononcé, sous aucun prétexte. Jamais rien qui les concernât ne transpirerait au dehors. La sollicitude des familles, la curiosité des indiscrets se briseraient contre l'inflexibilité d'une discipline de bronze. — Ce ne serait pas le rude régime des maisons centrales, où le travail occupe les bras, où le tumulte de l'atelier grise le cerveau. Ce serait moins encore la promiscuité du bagne, avec les perspectives ouvertes depuis que le bagne a transporté ses pénates sous les riantes latitudes de l'Océanie. La prison des condamnés à mort serait, en quelque sorte, le tombeau des vivants. Les gens n'affronteraient qu'avec épouvante le voisinage de ce terrifiant édifice. Toujours le silence, toujours la solitude, toujours les déchirements de l'anxiété : telles seraient les images dont son seul aspect emplirait l'esprit. Qui prétendra qu'une pareille vision ne serait pas de nature à impressionner les coquins tout aussi fortement que le spectre de la guillotine ?

La guillotine ? Mais on ne l'aperçoit même plus, aujourd'hui, à moins de se précipiter jusque sous le couperet. Jadis, elle n'était que hideuse : elle s'est faite rampante. Elle affectait de s'étaler en pleine lumière : elle fuit le grand jour. Elle se dressait orgueilleuse sur ses pieds : on lui a cassé les jambes. C'est une maudite qui, après avoir longtemps imposé, semble, lassée, protester contre la besogne à laquelle on la contraint.

Le législateur dit à celui qui a tué : « Tu me gênes; tu périras !... Tu périras, non que je ressente à ton égard la moindre haine, mais parce qu'il faut que ta fin inspire de saines réflexions, parce qu'il faut qu'elle décourage les imitateurs. » Et tout en tenant ce langage, il restreint chaque jour davantage le nombre des assistants.

Les pratiques d'autrefois témoignaient de plus de suite dans les conceptions. Le carcan, le pilori, la promenade à son de trompe, la pendaison haut et court, l'écartèlement sur la roue représentaient des moyens de propagande par l'exemple dont on était, certes, en droit de contester les mérites, mais qu'il était impossible de nier. Même du temps où l'échafaud travaillait en place de Grève, les partisans des fortes émotions trouvaient encore leur compte à se porter aux exécutions. Plus tard, on le transféra à la barrière Saint-Jacques; il y eut des déceptions déjà. Victor Hugo plaidait en 1851 la cause de son fils poursuivi pour un article contre la peine de mort. L'auteur du *Dernier jour d'un condamné* disait aux jurés et aux juges :

— Je croyais que la guillotine, puisqu'il faut l'appeler par son nom, commençait à se rendre justice à elle-même, qu'elle se sentait réprouvée et qu'elle en prenait son parti. Elle avait renoncé à la place de Grève, au plein soleil, à la foule; elle ne se faisait plus crier dans les rues, elle ne se faisait plus annoncer comme un spectacle. Elle s'était mise à faire ses exemples le plus obscurément possible, au petit jour, barrière Saint-Jacques, dans un lieu désert, devant personne. Il me semblait qu'elle commençait à se cacher.

Cette tendance s'accentua encore lorsque, à l'instrument du supplice, l'étroit espace compris entre la grande et la petite Roquette fut assigné. Mais alors, l'avide cruauté de la multitude engendra ces poussées gigantesques dont le seul récit fait rougir les fronts honnêtes.

Si c'est là ce qu'on appelle une leçon, elle est singulièrement peu édifiante. Mais la leçon se passât-elle décemment, où serait sa portée, puisque ceux qui voient sont le petit nombre ? Ceux qui voient !... Combien de fois un juge d'instruction n'a-t-il pas recueilli cet aveu de la bouche d'un assassin :

— J'ai vu guillotiner...

On aura beau prétendre que c'est un doux régal de regarder tomber une tête, quelques-uns accorderont toujours plus volontiers leur confiance aux moralistes qui considèrent l'échafaud comme un excitant plutôt que comme un calmant.

Sans faire appel à une vaine sensiblerie, quel fruit veut-on raisonnablement que tire un apprenti meurtrier du spectacle d'un condamné marchant à l'échafaud en roulant sa cigarette ? Le timoré se rassure ; l'aventureux songe à part lui : « Ce n'est que ça ! » Le cynique hurle :

— Bravo, Lebiez !

N'arguez donc pas de la leçon donnée, vous qui vantez la force de l'exemple. La plate-forme de l'échafaud n'est le plus souvent qu'un tremplin d'où le supplicié, dans un suprême blasphème, crache à l'éternité son âme pétrie de boue. Ou bien elle est une scène où l'acteur, mis en verve par l'affluence qui s'écrase sur sa route, joue sa dernière comédie au bénéfice de son amour-propre exalté.

Qu'on se rappelle le boucher Avinain :

— Coupables, n'avouez jamais !

Et Jacques Latour, le forcené de Foix :

— Vive la guillotine !

Et Moreau, l'herboriste de Saint-Denis :

— Je meurs innocent !

Et l'étudiant Lebiez, minaudant :

— Adieu, Messieurs !

Que devient la majesté de la loi, quand ses arrêts sont sanctionnés de cette manière piteuse ? Mieux vaudrait que la machine à décapiter fût une boîte enveloppant le patient, un cabinet dans lequel l'abla-tion aurait lieu à huis-clos.

On a proposé mieux encore. Des publicistes ont émis l'idée d'appliquer à l'expiation les poisons fou-droyants dont la chimie dispose. D'autres préconisent l'électricité. Des savants se sont préoccupés de la possibilité des sensations physiques survivant à la décollation. Un médecin allemand soutenait, il y a peu d'années, que la souffrance se prolonge long-temps encore après le coup fatal. Il offrait aux gou-vernements un nouvel engin « sans douleur », sorte de marteau-pilon qui, d'un seul choc, réduirait un crâne en pâtée. L'invention fut mal accueillie.

L'arène est toujours ouverte aux recherches. En attendant la suppression de la peine capitale, la suppression de la souffrance compte, certes, pour quelque chose. Mais une réforme semblait devoir primer toutes les autres : plus d'exécutions publiques !

Et l'opinion de crier à l'autorité : « Inclinez-vous ; vous dissimulez l'outil meurtrier que le bourreau asseoit, la nuit, sur les cinq pierres plates du carre-four de la Roquette. Vous épaississez tout autour un rideau de troupes. Vous faites des chevaux des gen-darmes les paravents de l'échafaud. Vous abaissez le niveau du plancher comme pour l'enfoncer sous terre. On n'aperçoit plus même le couteau : l'exécu-teur le masque d'un panneau en chêne bruni. On n'entend plus le bruit de sa chute : un tampon l'amortit, l'étouffe. Eh bien, qu'une mesure décisive remplace vos demi-mesures mesquines. Refoulez l'instrument derrière une muraille. L'homme qui va mourir sera dispensé de la procession à travers les quolibets de la plèbe, affranchi de la tentation d'un « mot de la fin » à effet. Les amateurs d'épidermes blafards et de chairs pantelantes cesseront de repaître d'un hideux stimulant leur avidité de blasés. Les jurés seront là, témoins recueillis. Cette obligation de leur présence servira de frein à leurs verdicts. Ils ne riront pas, eux. Frémissants, les lèvres clouées par l'épouvante, ils formeront une galerie devant laquelle le condamné n'éprouvera plus l'envie de se hisser sur son ignominie comme sur un piédestal. Et le mystère ajouterait sa solennité à la solennité de l'expiation. » L'autorité a entendu.

Un projet relatif à l'exécution dans les prisons a vu le jour. Plusieurs obstacles étaient à prévoir. Le plus grave tirait son importance de l'impressionnabilité populaire. La multitude est naturellement portée aux extrêmes. Selon l'influence qu'elle subit, elle s'abandonne à une crédulité naïve ou elle se raidit dans un scepticisme défiant. Il importait d'obvier aux conséquences de ces fluctuations. On a échappé au reproche de chercher à organiser des tueries clandestines, en désignant trois classes de témoins : ceux dont la présence est indispensable ; ceux dont la présence est obligatoire, mais dont l'absence, probablement passible d'une punition qui sera ultérieurement indiquée, n'empêchera pas de passer outre ; ceux, enfin, qui seront autorisés à assister à l'exécution, sans y être astreints. Dans cette dernière catégorie sont compris les représentants de la presse, en nombre limité, il est vrai ; mais force était de tenir compte de la dimension des locaux. A Paris, par exemple, il eût été matériellement impossible d'admettre dans l'intérieur de La Roquette les mandataires des six ou sept cents feuilles qui composent le journalisme périodique ou quotidien,

L'intervention officielle de la presse est, à elle seule, un symptôme considérable ; elle sanctionne son pouvoir. Où le journaliste voit, les autres sont dispensés de regarder. La presse est l'œil de la foule. La suppression de la décapitation devant le peuple assemblé, si on la décide enfin, sera la conséquence logique de la suppression de l'exposition publique décrétée en 1848 ; les pieds nus et le voile noir du parricide tombent en déchéance du même coup. Toute cette mise en scène était un reste des âges bar-bares.

Pourquoi persisterait-on à entourer la peine de mort d'un appareil extérieur, au surplus, alors qu'au-cune publicité n'est attachée aux autres genres de peines ? Est-ce que le prévenu frappé d'une amende acquitte sa dette en public ? Est-ce qu'il est permis aux curieux de s'assurer que le prisonnier accomplit son temps de prison, que le forçat est expédié au bagne ? L'échafaud est l'étape finale du criminel jugé indigne de pitié ; il a sa place marquée dans l'enceinte même où le coupable attend le moment d'expier son crime. L'Angleterre, l'Allemagne, la Suède, une partie des États-Unis d'Amérique avaient frayé la voie dans laquelle nous entrons à notre tour.

Quel procédé appliquera-t-on au choix des publi-cistes investis du privilège d'approcher l'engin qui tue ? Sans atteindre par une disposition légale la liberté de la presse, on pourrait conférer cette triste faveur de préférence aux journaux disposés à enfer-mer leur récit dans les limites d'un procès-verbal pur et simple. Le but à atteindre n'exige pas que l'on retrace, en une prose fleurie, les contorsions, les con-vulsions ou les fanfaronnades du supplicié. Il s'agit de désabuser les incrédules capables de supposer qu'on leur a escamoté une tête. Cette condition serait rem-plie, quand le moindre village de France apprendrait

par la feuille de la région que satisfaction a été donnée à la justice.

Sans doute, quelques spécialistes se plaindraient.
Sous la présidence du maréchal de Mac-Mahon, trois
condamnés à mort ayant été graciés en une fournée,
un brave garçon qu'un organe répandu payait à tant
par tête pour rendre compte des exécutions s'écriait
avec la contrition d'un tenancier évincé :

— Je ne pardonnerai jamais cela au septennat !

Des mécontentements, même aussi justifiés, ne sauraient influer sur le rôle dans lequel, en ces matières, la
presse aurait le devoir de se cantonner : un certificat
d'expiation, une constatation de décès.

La seule annonce du projet dont M. Dufaure, alors
garde des sceaux, se fit le promoteur, n'a-t-elle pas
produit déjà des effets dignes de remarque ? Le juré
se tient sur le qui-vive. « Eh quoi ! songe-t-il, on me
parle de châtiment épouvantable, d'impression à
exercer sur l'esprit des coquins en voie d'éclosion,
et voilà qu'on va enfouir honteusement le triangle
d'acier dans l'obscurité de la geôle ! Monsieur de
Paris exercera son ministère à huis clos ! Les sou-
peurs ne s'entasseront plus dans les cabarets ; on ne
verra plus les filles de haute et de basse volée jeter les
fusées de leurs rires autour des bois de justice ! La
décapitation sera une simple dette banalement acquit-
tée ! Elle ne défraiera même plus la littérature particulière des comptes-rendus à fioritures romanesques !
Plus d'arabesques rouges, de « toilette » décrite
minutieusement, de variations sur le cadavre faisant
dans le panier ses derniers soubresauts ! Quelle monotonie ! Et puisqu'on met fin au spectacle, où sera
l'exemple, vraiment, à moins que l'on ne compte sur
le procès-verbal d'une sécheresse officielle qui rem-
placera les récits d'antan ? Allons ! il y a là un tissu
de contradictions. La loi me met en face d'un ana-

chronisme. Nos mœurs ne concordent plus avec les exhibitions de l'échafaud : on se prépare à le cacher en attendant qu'on le renie ! Je me révolte contre l'anachronisme et j'accorde un minimum à la loi. » Ainsi s'expliquent ces « circonstances atténuantes » si souvent introduites dans des sentences où le vulgaire n'en aperçoit pas la cause. Ainsi s'expliquent également ces rigueurs exercées ailleurs, par un esprit de contradiction bien compréhensible pour qui connaît les hommes. L'indulgence des uns provoque la sévérité des autres. Les partisans de la peine de mort réagissent contre la sensibilité de ses adversaires, et le pays assiste alors à de curieuses anomalies : le châtiment suprême épargné et prononcé, dans la même journée parfois, par deux cours d'assises jugeant deux procès identiques.

En somme, le prestige de la guillotine va s'éteignant ; on ne lui prête plus aveuglément le pouvoir d'un frein. A côté des misérables qui la redoutent, il y a ceux qui la bravent ; il y a aussi ceux qui épargneraient une existence, si le témoignage de la victime survivante cessait d'être une traite à vue sur la guillotine. En tout cas la multiplicité des exécutions devrait paraître superflue pour entretenir la peur. Ce serait assez qu'une fois l'an on coupât une tête, au hasard. Imaginez les condamnés à mort sous la menace de cette loterie funèbre ; chacun pouvant être désigné par le sort, pour tous les appréhensions seront les mêmes. Si la vision soudaine de l'instrument de supplice évoquée par une secousse de l'imagination est réellement de nature à arrêter le bras prêt à frapper, ce sera assez pour l'assassin de savoir que la chance d'un numéro est capable de le vouer à la fatale machine. Il n'en va guère autrement aujourd'hui, du reste, puisque, la faculté dont dispose le chef de l'Etat tempérant l'inclémence de la justice, tout criminel peut espérer, quelque abominable que soit son forfait.

Ce droit de grâce entraîne même certaines conséquences bizarres. Tandis que Gille et Abadie échappaient aux suites du verdict rendu contre eux à Paris, à Beauvais, Prunier payait de sa vie un crime moins longuement prémédité que le meurtre d'Elisabeth Bassengeaud et beaucoup plus de nature à faire suspecter l'intégrité des facultés mentales de son auteur, dont l'autopsie, d'ailleurs, aurait, dit-on, révélé la démence.

Et la comparution même d'Abadie et de Gille devant la Cour d'appel chargée de l'entérinement du décret de grâce n'offrirait-elle pas aux détracteurs de la peine capitale un argument victorieux ? Abadie narquois, Gille cynique, son béret sur la tête, une pipe à la main, — la scène était scandaleuse. Pourquoi conserver un cérémonial qui rappelle l'amende honorable sans en avoir la farouche grandeur ? On le comprenait encore alors que les patients imploraient à genoux le pardon de leurs crimes devant les chambres de la Cour réunies, — ce qu'on appelait « l'audience rouge. » Aujourd'hui la loi est narguée jusque dans ses mansuétudes. Si elle avait pour base un intérêt sérieux, il serait futile de discuter la peine de mort, quoique, selon l'affirmation de Jean-Jacques Rousseau, elle ne soit appuyée sur aucun droit. Mais l'humanité est-elle intéressée à extirper de son sein les ennemis qu'il lui est loisible de mettre hors d'état de nuire par des moyens aussi efficaces et moins cruels ? Répondre oui ou non, c'est prendre parti dans un sens ou dans l'autre.

Tous les codes du monde civilisé arborent à leur fronton ce commandement primordial : « Tu ne tueras point. » Pourquoi la société ne sanctionnerait-elle pas cette maxime en se montrant la première soucieuse de l'observer ? Dire à l'individu qu'il ne doit pas tuer et, s'il tue, lui prouver son tort en lui infligeant précisément le traitement qu'on lui reproche d'avoir fait subir à la victime, quelle incohérence dans l'enchaînement des idées !

Tu ne tueras point, — ordonne la loi, — et elle commet froidement un homicide.

Peut-être la société ne saurait-elle imaginer un meilleur moyen d'inspirer à l'individu le respect de la vie humaine que de mettre ostensiblement pour l'individu la vie humaine au-dessus des atteintes de la société.

Cette règle de pondération, on la voudrait voir triompher dans toutes les manifestations de la puissance judiciaire. Nous faisions allusion à la réclusion et au bagne, tantôt. De même que les divergences de vues des jurys ont rompu l'équilibre des verdicts en face de la peine capitale, de même les changements introduits dans la pratique des travaux forcés ont détruit tout contre-poids entre le bagne et la réclusion. Sur ce point particulier les criminalistes sont d'accord, et l'accord entre criminalistes est un phénomène trop rare pour laisser un doute persister.

XV

L'ECHELLE DES PEINES

Maisons centrales. — Eysses. — L'homme machine. — Foyer
corrupteur. — Le régime de la promiscuité et le régime de
l'isolement. — Louvain. — Hommes masqués. — Père voleur et fils impudique. — Deux frères. — La loi du travail
et la loi du silence. — L'isolement sans la solitude. — Protecteurs pour gredins. — La boîte aux réclamations.— Système Auburn, système Walter Crofton.— La libération conditionnelle. — Transplantation. — Le mirage calédonien. —
Pourquoi les travaux forcés sont enviés. —Réclusionnaires
et surveillants. — Le type pénitentiaire. — Equilibre à rétablir.

Qu'est-ce que la réclusion et que sont les travaux
forcés? On ne visite plus le bagne : il est trop loin.
Quant aux maisons centrales, en voici, *de visu*, deux
très-importantes : Eysses, en France, type de la réclusion en commun ; en Belgique, Louvain, type du
système cellulaire.

Eysses, dans le Lot-et-Garonne, est une ancienne
abbaye. Un décret de 1808 transforma le monastère
en pénitencier. Vingt minutes de voiture le séparent
de la station de Villeneuve-sur-Lot. Le territoire occupé par la maison de force est environné de cultures.
Quelques habitations groupées autour composent le
hameau. Aux constructions, rien de monumental.
Elles couvrent une superficie circonscrite par un chemin de ronde. Dans cet espace circule, sous la surveillance d'une soixantaine de gardiens, la foule des
détenus. Ils sont douze cents, tributaires d'une règle
unique : le silence ; astreints à une même obligation:
le travail. Mais le silence a ses interruptions inévita-

bles, au milieu d'une agglomération aussi touffue, et le travail, dans le pêle-mêle de ces sueurs, perd singulièrement de ses qualités régénératrices.

Un bruit assourdissant de machines monte dans l'air. Le ronflement des chaudières, le roulement continu des arbres de couche, le grincement des engrenages, le frottement des courroies, le cliquetis des marteaux, le hoquet des poulies se fondent en une clameur confuse. Le pénitencier devrait être une école de labeur. Il est un centre de production. L'homme est l'esclave de la vapeur. La prospérité de l'entreprise passe avant la moralisation du détenu. Ce dernier est réduit à la valeur d'un outil, quel que soit l'état auquel on l'exerce.

Les condamnés se coudoient à l'atelier et ils se coudoient au réfectoire ; les jeunes mêlés aux aînés, les chevronnés instruisant les stagiaires ; tous habiles à saisir les instants fugitifs propices aux conciliabules secrets. N'omettons pas, pourtant, le quartier des amendés, situé à l'écart des autres, relevant d'un personnel particulier. On y exerce une industrie de luxe : la dorure et la peinture pour encadrement. Ce département distinct reçoit les sujets jugés dignes d'être soustraits aux contacts pernicieux. Quel démenti au système qui fait du pénitencier collectif un foyer de dépravation et de vermine !

Pour nous autres, Français, impassibles en face de maux engendrés par le régime de nos maisons centrales, c'est un spectacle surprenant que celui d'une prison où chaque détenu, de quelque durée que soit la peine à subir, se meut au sein de la solitude, du silence absolu, replié sur lui-même, expiant le passé, enfantant l'avenir dans les anxiétés du présent. Toutes les controverses des spécialistes se réveillent, toutes les objections des philanthropes surgissent, autour de ce tableau. L'incrédulité ébau-

che son sourire et demande : « Où la nécessité ? »
L'ironie aiguise ses flèches et murmure : « Où les
résultats ? » Il appartient aux faits de répondre. A
Louvain, l'expérience date de vingt années.

A un tiers de lieue de la ville, environ, l'édifice
s'élève au milieu d'une plaine. L'extérieur en est
imposant. Le centre des bâtiments est une vaste cage
circulaire. Six ailes convergent dans la direction de
cette rotonde comme les rayons d'une roue vers son
moyeu : six corridors, sur chaque côté desquels
s'étagent trois rangs de portes. Un geôlier posté là
embrasse d'un regard les paliers de six cent trente-
quatre cellules. C'est, en des proportions réduites,
l'aménagement général de Mazas. Du haut de ce belvédère où Argus n'aurait besoin que d'un œil, aucune
rumeur ne décèle la présence d'une population de
six cents habitants, tous adonnés à une industrie.

Le travail! C'est la grande discipline, la grande
consolation, aussi, de ces misérables séquestrés loin
du monde. Au point de vue des textes, il est obligatoire. Au point de vue de l'application, on laisse le
captif le désirer. La loi appliquée vaut souvent
mieux que la loi écrite. Dans tout détenu, il y a un
désespéré. Les premières heures, en cellule, sont
mornes. A Louvain, où le suicide et la folie ont
moins de prise qu'ailleurs, affirment les statistiques,
c'est principalement au début de l'incarcération que
la mort volontaire est à redouter. Bientôt, entre les
spasmes du cœur et l'affaissement du corps, l'équilibre se rétablit. La diversion le complétera. Alors,
dans tout détenu, naît un travailleur. La contrainte
est réservée à une seule catégorie: les paresseux invé-
térés. La séparation des individus entre eux est si
absolue que, soit aux préaux, soit dans les couloirs,
soit à la chapelle, ils n'ont le pouvoir ni d'échanger

une parole, ni de s'entre-apercevoir. Un écran dissimule leurs traits ; la discipline clôt leurs lèvres.

Un père et un fils, réclusionnaires, ont vécu là
simultanément pendant cinq années. L'un avait
commis un vol, l'autre des attentats à la pudeur. Ils
n'apprirent qu'à leur sortie cette longue proximité.
Deux frères subissaient une condamnation aux travaux forcés. Le cadet, charpentier, avait assassiné sa
femme et avait fait du cadavre cent quatre morceaux.
L'aîné, tailleur de pierres, avait tué son patron. Ils
ignoraient réciproquement leur voisinage.

Tout arrivant revêt un uniforme gris à capuchon
en toile. Un gardien lui enveloppe la tête de ce sac.
Jamais l'homme ne fera un pas hors de sa cellule
qu'à visage couvert. C'est comme une prise de voile
qui le retranche de l'humanité.

Pourtant, l'humanité ne s'est pas retirée de lui.
L'emprisonnement individuel épouvanterait comme
un monument d'effroyable barbarie, s'il se traduisait
pour le prisonnier par la solitude sans rémission. Ce
serait l'inhumation de l'être vivant.

Discernons.

Les détenus sont isolés entre eux. Ils ne sont pas
isolés du monde. Trois degrés de communications
relient à la vie extérieure leur existence concentrée :
visites des parents ; visites des membres d'une commission spéciale ; visites du personnel de l'établissement.

Les visites des parents sont nécessairement espa-
cées ; les frais de voyage, à eux seuls, suffiraient pour
en réduire la fréquence. Les visites des commissaires
doivent être bi-hebdomadaires, pour le moins. Les
membres de la commission se recrutent parmi les
sommités législatives, scientifiques et industrielles
du pays. Ils s'assemblent officiellement à des périodes
déterminées. Discerner l'état d'esprit du détenu, de-

viner où l'apaisement a passé, où l'orage continue à
gronder, où le terrain est prêt pour une semence
utile, — voilà une base offerte aux bons vouloirs qui
s'enchaînent à la régénération des criminels. Ces
êtres sur la figure desquels la justice a posé un masque savent mettre, eux, un masque sur leur âme.
Tous ne dévoilent pas leurs secrets. Se résigner n'est
pas toujours se repentir. Plus d'une tempête bouil-
lonne sous ces crânes humblement courbés. Un résultat est certain, cependant : l'abaissement de la récidive. Les visites du personnel se subdivisent en démarches quotidiennes du directeur, du directeur-
adjoint, des deux médecins, des trois aumôniers, des
brigadiers, auprès des captifs. Un gardien a, dans
son service, vingt-cinq cellules. Il est tenu de passer
dans chacune d'elles une demi-heure par jour. La
modération est la préoccupation première des surveillants. Ils traitent avec une surprenante douceur
les individus qu'on leur confie.

— Nous sommes accoutumés à voir en eux des
malheureux autant que des coupables, me disait un
vieux chef de section.

Et, comme je racontais la haine des détenus contre leurs surveillants, dans nos maisons centrales :

— Depuis dix-sept années que j'exerce mes fonctions, reprit-il, jamais une agression ne s'est produite
ici.

En tout temps, en toutes circonstances, le captif
peut envoyer des lettres, en recevoir. L'étendue de
ce droit ne comporte qu'une restriction : aucun écrit
ne franchit le seuil de la prison sans que le directeur
en ait pris connaissance. Croit-il devoir opposer son
veto ? La lettre en litige est déférée à un ou à plusieurs des membres de la commission de surveillance.
Ils sont onze. Ils prononcent en dernier ressort, à la
majorité des voix. Le prisonnier s'adresse directe-

ment à eux, s'il a une plainte à formuler. En ce cas, il cachète son billet, le règlement l'y autorise, et, conduit par un garde, il le porte lui-même à destination. Cette destination provisoire est un tronc en métal étiqueté :

Boîte aux réclamations.

Il y a autant de clefs pour la boîte qu'il y a de membres dans la commission. Ce sont onze protecteurs que le prisonnier a dans le monde. La commission est un véritable conseil de contrôle, de défense, plus exigeant souvent pour ses administrés que ceux-ci ne le seraient eux-mêmes.

Les individus frappés d'une peine perpétuelle ne peuvent être astreints plus de dix ans au régime de la séparation. Après cette période, ils sont, s'ils le demandent, conduits à la maison de force de Gand, où le système Auburn, — isolement pendant la nuit, travail en commun pendant le jour, — est en vigueur. On n'incarcère à Louvain que des hommes. Il y a, à Gand, un quartier spécial aux femmes. Depuis l'adoption de l'emprisonnement individuel, elles sont trop peu nombreuses pour motiver une fondation distincte. La parcimonie, en ces matières, n'aurait aucun sens, dans une contrée qui, en vingt ans, a dépensé vingt millions pour ses prisons.

Multipliez le chiffre des cellules par 4,000 fr., au bas mot : l'édification d'un pénitencier cellulaire est onéreuse. La Belgique considère que c'est là de l'argent sagement employé. Elle rentre indirectement, d'ailleurs, dans l'excédant de débours imposé par l'entretien des détenus. Autrefois, ceux-ci étaient 7,000 ; ils sont 4,200 aujourd'hui. On attribue cette décroissance au système cellulaire, d'abord, qui, en moralisant les condamnés, rend les rechutes plus rares ; ensuite, à la nature même de la peine : sa durée, amoindrie, réduit du même coup le nombre des prisonniers.

Et puis, du jour où le caractère de la captivité pénale s'est transformé, l'aggravation résultant de l'isolement a propagé, dans les bas-fonds sociaux, une terreur salutaire. La cohabitation n'inspire nulle part cet effroi. Les condamnés vivant côte à côte sont les uns pour les autres un amusement. L'agglomération engendre la dépravation. Par elle, les mauvais penchants s'accentuent, les âmes où fermentait encore un levain de pudeur se dessèchent et s'endurcissent. L'emprisonnement collectif est une école mutuelle de corruption.

Peut-être objectera-t-on, avec M. Charles Lucas dont l'autorité est incontestable, qu'au sortir de la cellule le condamné se heurtera sans transition aux mêmes tentations qui l'ont perdu ? Mais, outre que c'est l'écueil qui attend la fin de toute expiation, le libéré sera affranchi de la rencontre de ces « chevaux de retour », liens fatals de la plupart des complicités futures, — et voilà l'avantage positif qui contre-balance un inconvénient hypothétique, auquel on peut obvier par la libération préparatoire, d'ailleurs.

Rendre provisoirement le détenu à la liberté, avec la menace d'une aggravation de peine à la première rechute, c'est le contraindre à s'observer, à fuir les fréquentations dangereuses. En Irlande, on applique le système progressif imaginé par sir Walter Crofton : combinaison de la vie cellulaire et de la vie en commun, gradation d'épreuves par lesquelles passe le détenu au fur et à mesure que se manifeste son amendement ; comme couronnement, la liberté conditionnelle.

Longtemps, chez nous, la cellule a inspiré un sentiment de vive répulsion ; elle était synonyme de mort

prématurée, de folie, de suicide. Un inspecteur général des prisons belges, M. Stevens, a formulé cette
irréfutable réplique : « Sur 4,015 individus qui ont
séjourné en treize années à Louvain et y ont donné
une population moyenne de 500 détenus, il y a eu
87 décès, 19 cas de suicide, 16 cas d'aliénation mentale... Les aliénés sont rares, moins nombreux que
dans les établissements français et belges de l'ancien
système... En additionnant les décès, les suicides et
les cas d'aliénation mentale, on obtient le chiffre de
122, qui, réparti sur treize années et sur une moyenne
de 500 détenus, n'atteint pas 2 o/o. » Comment l'emprisonnement cellulaire éprouve-t-il tant de difficulté
à pénétrer dans notre système répressif ?

C'est que nous avons fait du bagne une peine su-
périeure à la réclusion.

La maison centrale, telle qu'elle est, passe déjà
pour un lieu de torture. La cellule substituée au régime en commun ne pourrait être considérée que
comme une aggravation. Aggraver la réclusion !
Pourquoi ? Elle est elle-même une aggravation du
bagne. Le raisonnement est solide ; on ne l'entamera
pas.

On ne l'entamera pas, mais on l'anéantira d'un
coup le jour où on se résoudra à la seule modification
pénitentiaire dont l'utilité ne soit plus à démontrer :
le renversement de l'échelle des peines. Il n'y a pas
au problème d'autre solution.

A la distance où l'a placé l'exil, le bagne défie les
investigations de nos criminalistes. Ils le connaissent
par les plaintes vagues énoncées du haut de la tribune
législative ; par les révélations impatiemment écoutées
d'un déporté rentré dans la patrie et faisant le récit des
souffrances endurées ; par les descriptions poétiques
d'un officier de marine doublé d'un littérateur, di-
sant comment quelques établissements coloniaux

ont, çà et là, été semés dans la « brousse », — les broussailles, — par des Français venus, beaucoup fuyant la misère, la plupart une honte. « Ils sont ardents, aventureux, infatigables, travailleurs, écrit M. Henri Rivière, — *Souvenirs de la Nouvelle-Calédonie*, — c'est la solitude qu'ils ont convoitée, une renaissance de leurs forces, l'absence des hommes, une terre qui leur appartienne, une famille qui soit uniquement à eux, qui grandisse à leurs côtés. C'est par un individualisme presque farouche qu'ils débutent. Leur effort se tend, devient fécond. L'aisance arrive. Alors aussi le cœur s'amollit, se fait meilleur. Il y a la légitime fierté des résultats obtenus. L'individualisme, c'est le commencement des sociétés neuves, le renouveau des sociétés vieilles. L'homme s'y ressaisit, oublie, s'y retrempe, converge de nouveau à la vie sociale. Le fils plante sa tente à côté de celle du père, prend femme, fait souche à son tour. Ainsi naît la station, puis le village, puis le bourg... Les coupables ne se plaisent point entre eux, leur compagnie leur pèse, ils s'y revoient dans le visage les uns des autres, y secouent mal la honte ancienne, y sont rappelés à leur infamie. Tout au contraire, la grande nature ne leur fait point de reproche, elle est silencieuse et discrète, leur sourit en ses magnificences, les recueille en son bien-être. Ils sont confiants avec elle comme ils le sont avec la femme qui a épousé leur sort, avec les enfants qui sont nés d'eux et dont le regard limpide ne reflète, pour eux, rien du passé. C'est l'isolement libre et le travail libre qui font ces métamorphoses de la bête en homme, et du paria en colon. » Ces habitations éparses dans le maquis calédonien sont-elles seulement l'avenir des libérés d'une colonie pénitentiaire? Non. Elles sont aussi le mirage des réclusionnaires du présent.

Quand le bagne était une forteresse entourée de

chantiers, avec ses gardes-chiourmes, ses consignes, ses chaînes, ses sévérités toujours renaissantes, les travaux forcés représentaient, — après la guillotine, — le plus rude des châtiments. La réclusion venait après. Depuis la transplantation des condamnés sous d'autres climats, ce tableau sombre s'est éclairci ; les perspectives sinistres ont fait place à des visions d'autant plus consolantes qu'elles sont plus lointaines.

Nos îles d'Océanie, aux paysages chatoyants, aux forêts luxuriantes, aux collines invariablement vertes, aux plaines éternellement ensoleillées, ouvrent aux imaginations des horizons de paix et de bien-être. L'île des Pins, Nouméa, la presqu'île Ducos apparaissent comme des contrées merveilleuses, et le criminel tourne ses regards vers ces latitudes avec la componction de Mignon aspirant au ciel. La maison centrale, c'est l'enfer. Les juges, alors, assistent à ce phénomène : des misérables combinant leurs méfaits de façon à mériter le séjour qui, pour eux, équivaut au paradis.

Les premiers convois expédiés en Nouvelle-Calédonie étaient composés de sujets rompus à la discipline en vigueur à Rochefort, à Toulon. Les contingents d'aujourd'hui ne passent plus par cette rigoureuse étape. Les prisons les déversent sur Saint-Martin-de-Ré, où on les embarque. La région vers laquelle ils font voile ne doit être, à leurs yeux, qu'un séjour d'indépendance sans limites et de plantureuse oisiveté. Cette conception engendre les attentats froidement perpétrés par les réclusionnaires sur leurs gardiens. Par réciprocité, ils contraignent les gardiens à un éternel qui-vive en face des détenus.

Ceux-là ont beau être des agents pleins de zèle, de probité, de courage, leur éducation ne les a pas toujours préparés à un rôle moins commode qu'on ne l'imagine généralement. Un congrès pénitentiaire international se réunissait à Stockholm, en 1878. Les qualités nécessaires à un simple gardien de prison y étaient l'objet d'un débat approfondi. C'est qu'il ne suffit pas d'affubler un brave homme d'une tunique et de le coiffer d'un képi, pour lui inculquer les connaissances requises par de pénibles fonctions. En Italie, on a créé des « écoles normales de surveillants », et c'est une innovation dont ce pays se félicite. Mais quel personnel d'élite résisterait aux transes de nos pénitenciers ? Le sentiment du danger y entretient une fièvre qui nuit à la placidité des relations. La facilité pour les captifs de se coaliser, de fomenter des complots oblige le gardien à avoir toujours en mémoire le souci de sa propre sécurité ; ses habitudes se ressentent fatalement de ce développement outré de l'instinct de la conservation.

L'antagonisme est sans trêve. Ainsi s'expliquent les hécatombes qui, pour une seule maison centrale, celle de Nîmes, accumulent en six années seize meurtres ou tentatives de meurtre par des prisonniers sur des surveillants.

La logique du réclusionnaire est féroce, mais inattaquable : puisque pour un crime plus faible la peine est plus forte, essayons d'un crime plus fort pour obtenir une peine plus faible. Comment réfuter ce syllogisme ? On a élaboré un projet : les forfaits accomplis dans l'intérieur des prisons n'entraîneront les travaux forcés pour leurs auteurs qu'après expiration du temps encore dû par ceux-ci à la réclusion. Singulier remède ! Il infirme, à lui seul, tout le codex. C'est que la prescription a été rédigée sur un faux diagnostic. Il fallait préciser le mal, avant de recourir à la pharmacopée législative. Le mal, c'est l'agglomération des individus. L'Assemblée nationale de 1872 l'avait compris à demi. Une commission sortie d'elle approuvait le système de l'isolement.

« Elle le trouve plus favorable à une exacte discipline, — disait le rapporteur, M. Bérenger ; — elle le trouve plus conforme à la dignité de l'homme ; plus respectueux de ce qui lui reste d'honneur ; plus propre à réaliser exactement la séparation des *enfants* d'abord, des *différentes catégories légales* ensuite ; enfin, seul efficace à prévenir, dans les maisons de femmes, le recrutement de la débauche. » C'était proclamer l'excellence d'un changement radical. Par une inexplicable contradiction, cette approbation sans réserve de la commission parlementaire ne devait aboutir qu'à une modification partielle. Elle allait donner le jour à la loi du 5 juin 1875.

Quelle est l'économie de cette loi ? Elle vise trois catégories de détenus : les inculpés, prévenus et accusés, d'abord, qui doivent être individuellement séparés jour et nuit ; ensuite, les condamnés à un emprisonnement d'un an et un jour et au-dessous, voués à l'emprisonnement individuel obligatoire ; enfin, les individus dont la condamnation excède un an et un jour, pour lesquels il est facultatif. Quand la peine à subir est de trois mois au moins, l'emprisonnement individuel en réduit d'un quart la durée.

C'est un pas en avant. Mais combien timide ! De deux alternatives l'une : ou le régime cellulaire ne dépasse pas en sévérité le régime en commun, et alors il n'y a point à tergiverser dans la voie de l'application ; ou il constitue, au contraire, un accroissement de rigueur, et en ce cas il est étrange que ce ne soit pas aux plus coupables que l'on prétende l'infliger. La faculté d'option étant laissée, par qui sera préférée la cellule ? Par les sujets les moins tarés, évidemment. Aux corrompus, on semble avouer qu'ils n'ont plus besoin de ce préservatif. Ils ne demandent pas mieux que de le croire. En vérité, c'est une interrogation par trop révérencieuse que celle du directeur de la maison centrale au sacripant, son hôte :

— Monsieur s'accommodera-t-il de la salle commune, ou bien désire-t-il un cabinet particulier ?

Il semble que la loi ne connaisse point de juste milieu. Elle est tantôt brutale et tantôt obséquieuse. Le corps social devrait toujours rester supérieur aux égarés ou aux gangrenés dont il a la charge ; je parle de cette supériorité que les êtres robustes tirent du sentiment de leur force uni au culte de l'équité. Le Code n'a pas à traiter de puissance à puissance avec les malfaiteurs. Mais il ne doit pas plus se courber devant eux qu'il ne doit leur imposer son despotisme.

Cette dernière tendance a été trop longtemps celle de notre système pénal. Son objectif unique était la répression, l'intimidation. On s'est rappelé, enfin, que l'amendement du coupable est aussi un des buts à atteindre. Les Américains, même, voudraient aller plus loin et l'envisager comme le seul but. Le criminel, à leurs yeux, deviendrait un malade ; les prisons seraient des maisons de santé. Sans applaudir à ces opinions excessives, on doit reconnaître que la guérison morale du condamné importe à la sécurité publique tout autant que son châtiment.

Quoi ! gémissent quelques obstinés, vous détruisez la hiérarchie des peines ! Le Code a établi des degrés ; comment les concilier avec la punition unique ? L'argument est-il sérieux ? Bien téméraire qui l'oserait soutenir, après les drames qui ensanglantent nos maisons centrales ! L'échelle des peines a été jetée bas le jour où le premier détenu, préférant les travaux forcés à la réclusion, a porté le premier coup de couteau au surveillant préposé à sa garde.

Est-ce que le Code ne reçoit pas de constants démentis du mélange si fréquent des condamnés

correctionnels avec les condamnés réclusionnaires?
Peine correctionnelle, réclusion ou bagne; de quelle
importance serait la distinction, ajoutent les partisans à outrance de la cellule, dès lors que la séparation des condamnés entre eux assurerait l'expiation
solitaire?

Si ce seul mode de punition subsistait : l'emprisonnement individuel, la gradation dans l'expiation
n'y perdrait rien : elle résiderait dans la durée. La règle
cellulaire serait, comme toute règle, compatible avec
des exceptions. Rien n'empêcherait d'introduire des
tempéraments dans la loi généralisée. Un régime
spécial — communauté diurne, séparation nocturne
— pourrait être maintenu à l'égard de certains condamnés dont on formerait des catégories distinctes
les unes des autres : condamnés aux travaux forcés à
perpétuité, à l'expiration d'un délai stipulé pour la
peine en cellule ; condamnés dont l'organisme paraîtrait, après épreuve, inconciliable avec les exigences
de l'encellulement ; condamnés en état notoire de
faiblesse intellectuelle ; condamnés atteints de maladies chroniques, d'infirmités graves; condamnés,
enfin, âgés de moins de dix-huit ans.

N'en demandons pas tant. Rétablissons l'équilibre,
plutôt. Intervertissons l'emploi du bagne, cette villé-
giature lointaine, et celui de la maison centrale, ce
creuset des vices et des abjections. La réclusion aux
criminels les plus odieux ; les travaux forcés aux
autres. La transportation, ce sera la cure rationnelle
de cette plaie : la récidive, ce sera le trop-plein des
bas-fonds qui débordent approprié à la colonisation
de nos possessions exotiques, où les bras font défaut.
Sans franchir l'Océan, nous avons en Bretagne, en
Corse, en Algérie, des milliers d'hectares de landes im-
productives. Quel vaste champ à fertiliser! L'homme
courbé sur le sol accomplit sa tâche dans un iso-

lement relatif. Déjà, se réaliserait la séparation si importante des différentes catégories légales. Et puis, l'harmonie économique ne serait pas troublée par le labeur à prix réduits aux champs, comme elle peut l'être par l'abaissement arbitraire des tarifs industriels. Il ne faut pas qu'en s'exerçant à moraliser le prisonnier par le travail, on arrive à démoraliser l'ouvrier libre par le chômage et par la misère.

De l'aveu même de leurs hôtes, nos pénitenciers sont de redoutables repaires. Dans les enceintes de cours d'assises, ce colloque est devenu banal, à force d'être répété :

Le président.— Accusé, où vous êtes-vous lié avec votre complice ?

L'accusé. — C'est une connaissance de prison, mon magistrat.

La puissance des associations déjoue, en trop de cas, la perspicacité des geôliers. Parfois, quelque stupéfiante découverte met l'administration en émoi. En 1876, on trouve à Paris, dans la prison militaire du Cherche-Midi, sous les lattes d'un parquet en chêne, tout un attirail de faux-monnayeur. En 1880, on trouve à Domfront, en réparant un des locaux de la maison de force, 75,000 fr. en billets de banque cachés par une pierre. La prison se fait recéleuse, grâce aux complicités. La dispersion des détenus brisera seule le faisceau. Elle détruira, aussi, ce « type pénitentiaire », fruit de l'entassement de détenus violemment jetés dans le même moule, se copiant les uns les autres, apprenant malgré eux la même démarche, les mêmes attitudes, les mêmes gestes. La suppression du costume compléterait l'œuvre, plus tard. Au lieu de développer l'individualisme, on enrégimente le crime, on lui donne une livrée ; on infuse à cette armée le sens de la solidarité, on la concentre autour d'un drapeau. Il faut abolir un esprit de corps si funeste. Agir différemment, ce serait nier la possibilité de la régénération ; ce serait prétendre qu'il vaut mieux achever de dégrader l'homme que chercher à lui rendre la dignité perdue.

Les moyens empiriques sont d'un autre âge. Une méthode raisonnée convient seule à de telles questions. Qu'on les étudie et qu'on les mûrisse, en attendant qu'on les résolve scientifiquement.

XVI

LA SCIENCE ET LA LOI

L'envers du progrès. — L'expertise. — Chimistes, armuriers
et comptables. — Le juge et le savant. — Médecine légale.
— Sa Majesté le cuivre. — La chambre des poisons. — Révolte d'experts. — Salvatgé. — Les 7,000 fr. du pharmacien.
— Un rasoir sous une tuile. — Séance de somnambulisme. —
Le chantage. — Les simulateurs. — Incohérence. — Un fou
médecin des fous. — Le crime dans ses rapports avec la
folie. — Le drame de Saintes. — Un cas d'amnésie surprenant. — Le philanthrope Maudsley. — La garantie de
l'avenir.

Ce siècle appartient à la science. De quelque côté
qu'on regarde, on la voit cheminer de son pas de
géant. Elle saisit chacune des connaissances humaines, la redresse d'un bras robuste, la pousse vers la
perfection. Or, toutes les branches de l'industrie de
ce monde sont vassales de la loi. Qu'il s'agisse du
domaine matériel ou de celui de la métaphysique, du
champ de la pensée ou de l'œuvre des bras, de jour
en jour la collaboration de la science s'impose donc
à la loi plus impérieusement. Privée de ce secours,
la justice serait dans une condition d'infériorité dés-
astreuse vis-à-vis des habiles qui mettent la science
au service du mal. Tout progrès a son revers dans
un dérèglement. La vapeur accélère les rapports sociaux; mais elle place la frontière à la portée des
caissiers infidèles. La chirurgie adopte le chloro-
forme ; mais le bienfaisant anesthésique devient une
arme effrayante entre les doigts de gredins de haut
ton par qui des étrangers entraînés dans un cabaret
à la mode sont endormis et dévalisés au dessert. La

télégraphie invente le mandat-télégramme; mais
voilà née, du même coup, l'escroquerie par l'électricité.

S'ils n'avaient pour eux les savants, les magistrats
seraient distancés vite. Aussi l'expertise légale est-
elle devenue la base de toute enquête de quelque intérêt. On a même institué l'expertise préventive en
confiant à un laboratoire annexé à la préfecture de
police le soin de pénétrer les mystères de l'alimentation de Paris. Sur ce vaste marché où rien n'échappe
à l'adultération, il n'est pas un consommateur qui ne
puisse désormais soumettre à une étude approfondie
ce qu'il boit et ce qu'il mange. Les falsificateurs
n'ont guère en perspective que le tribunal correctionnel. Les découvertes de l'expertise criminelle
mènent plus loin. L'instruction a ses docteurs pour
les autopsies, ses chimistes et ses micrographes
pour les analyses, ses armuriers pour l'inspection
des plaies, ses maîtres ès-calligraphie, ses comptables,
pour l'examen des écritures, pour le diagnostic des
faux.

C'est à la médecine légale que revient la plus large
part.

Au-dessus de tout cadavre, deux hommes sont
penchés : le juge et le médecin; le juge qui questionne le meurtrier, le médecin qui interroge la
victime. La loi rétablit les faits extérieurs, échafaude
les éléments de ses réquisitoires. La science envisage
le crime dans ses conditions intrinsèques, remonte
par delà le suprême soupir. L'une obtient les aveux
des vivants; l'autre parvient parfois à faire parler la
mort même.

Bien que la *Société de médecine légale*, qui compte
dans ses rangs des sommités de la science, de la
magistrature et du barreau, soit une fondation toute
moderne, l'association du médecin avec le juge n'est

point une nouveauté. Dans son érudite *Histoire de la médecine légale en France*, M. le conseiller Desmaze la fait remonter au treizième siècle. Les consultations, il est vrai, roulaient alors exclusivement sur la situation sanitaire des champions conviés à vider leurs différends par le duel. Celui qui fuyait le combat était déshonoré, perdait sa cause. Mais un bon certificat médical avait déjà sa valeur. La « Coutume de Paris » prescrivait que le « fisicien ou miège » et un « serorgien » constatassent, avant le duel judiciaire, tout cas de maladie ou d'incapacité.

L'Eglise s'était longtemps et énergiquement opposée aux dissections. En 1374, la Faculté de Montpellier obtient la permission d'ouvrir des cadavres humains. Un professeur de cette école, Arnaud de Villeneuve, étudie les toxiques. Venise, l'Espagne, l'Angleterre apportent à ces conquêtes leur tribut. Les experts participent de plus en plus à l'œuvre de la justice. Gassagnery et Beau, médecins à Marseille, certifient, en 1653, avoir visité une fille Odoul qui vomissait des pelotons de laine mêlés de paille. Ils déclarent que « ces corps étrangers ne peuvent être engendrés ni regorgés du corps naturellement, mais par voye de charmes, sortilèges et maléfices », et ils se réservent six livres à chacun pour vacation. A mesure que la médecine légale se dégage des limbes, le praticien cesse de s'acharner exclusivement contre le coupable ; il est aussi un auxiliaire pour l'innocent. Un habitant de Montbrison, Jean Chassegnieux, était trouvé dehors, le crâne fendu. On accusa son fils et sa belle-fille de lui avoir donné la mort. Un premier médecin concluait dans ce sens. Le docteur Louis, consulté, prouva qu'où on voyait un crime il n'y avait eu qu'un accident.

Avec notre siècle, la médecine légale devait prendre un incomparable essor. Les noms des docteurs Pelletan, Pigache, restent inséparables du procès Castaing ; ceux d'Orfila, de Raspail, du procès Lafarge ; celui de M. Stas, du procès Bocarmé. Plus que les autres, les affaires d'empoisonnement appellent le secours de la science. Ce n'est pas que les savants s'y montrent toujours d'accord. Les polémiques suscitées par le procès de l'herboriste Moreau, renouvelées au procès du pharmacien Danval, sont encore présentes à toutes les mémoires. Quelles controverses, à lui seul, le cuivre n'a-t-il pas soulevées ! C'était une majesté calomniée, disait le docteur Galippe au docteur Bergeron. Et celui-ci de proposer à l'autre un repas assaisonné de sels de cuivre comme la plus sûre réhabilitation de la substance de l'innocuité de laquelle il se portait garant.

Le festin n'eut pas lieu. Ce n'était que partie remise, sans doute, et la préparation d'un chapitre à ajouter à la *Cuisinière bourgeoise ;* car d'une note ultérieure envoyée à la Société de Biologie par le docteur Galippe lui-même il résulterait que des convives, après s'être régalés d'un lapin longuement engraissé au moyen d'aliments imprégnés d'acétate de cuivre, n'auraient pas été le moins du monde incommodés !

Ces grandes querelles avaient cours sous Louis XIV, déjà, où le poison joua un rôle dont l'étendue n'a jamais été dépassée. Le règne de la Voisin, de la Brinvilliers, de Godin de Sainte-Croix a laissé dans l'histoire une longue traînée d'horreur. Les empoisonneurs étaient partout ou on les voyait partout. Mme Le Féron, femme d'un président au Parlement, convaincue du plus lâche des crimes, était bannie du royaume ; des prêtres, l'abbé Guibourg, l'abbé Tartarin, étaient pris en flagrant délit de préparatifs d'empoisonnement. Les prisons d'Etat s'emplissaient. Les juges, les greffiers succombaient à la besogne. Des lettres patentes d'avril 1679 instituaient une chambre spéciale. La Macé, la Monarque, la Saint-Martin, la Monasco, la Lambert, la comtesse de Polignac, la comtesse de Soissons, la marquise d'Alluye, la Villedieu, la Delange, sont décrétées d'arrestation. Deux cent vingt-six accusés sont traînés devant la chambre des poisons, chambre de l'Arsenal ou chambre ardente, qui ne finit sa tâche qu'en 1681, après deux cent dix séances. Superbe matière à discussions !

Si, aujourd'hui encore, tous les experts ne professent pas les mêmes opinions, l'harmonie renaît entre eux comme par magie, dès que la renommée de la corporation est menacée. Le 6 novembre 1880, M. le docteur Brouardel, professeur à la Faculté de Paris, attaché à la direction de la Morgue, adressait à chacun de ses collègues en expertise médico-légale une convocation qui eut du retentissement :

Monsieur et cher Collègue,

Dans la séance solennelle de rentrée de la Cour de Paris, le 3 novembre, M. le procureur général a prononcé la phrase suivante :

« Les témoins sont appelés, leurs allégations se confirment ou se détruisent, l'accusé n'en sait rien ; les expertises se font sans lui, par des hommes pour qui leurs opinions scientifiques personnelles, des négligences inévitables dans des opérations sans contrôle et la trop longue fréquentation des chambres d'instruction sont autant de causes d'erreurs. »

Après avoir pris l'avis de mes maîtres, de MM. Vulpian, Lasègue, j'ai l'honneur de vous convoquer, en leur nom et au mien, chez moi, pour délibérer sur la réponse à faire à la phrase précédente.

Veuillez recevoir, etc.

P. BROUARDEL.

Les résolutions prises dans cette réunion furent graves : c'etait la démission en masse. La médecine légale se mettait en grève carrément. La chimie suivait de près. Heureusement, on s'expliqua. Un avis fut communiqué à la presse judiciaire :

Le procureur général près la Cour de Paris a appris que MM. les médecins et chimistes chargés, à Paris, des expertises dans les affaires criminelles et correctionnelles, ont considéré une phrase du discours prononcé par lui, à l'audience de rentrée de la Cour, comme impliquant une critique de la manière dont ils accomplissent leur mission.

Il tient à repousser cette interprétation tout à fait contraire à sa pensée et à l'opinion qu'il professe sur le savoir, l'impartialité et le dévouement consciencieux de MM. les experts. Il a voulu seulement, dans une étude théorique, reprocher à la législation criminelle de ne pas placer, à côté des expertises, un contrôle qui les garantisse contre toutes causes d'erreur.

Ces éclaircissements calmaient les susceptibilités, apaisaient la révolte. Une entrevue subséquente mettait fin au malentendu. Le reproche « théorique » formulé par le chef du parquet de la Cour d'appel n'en subsistait pas moins. Il gardera sa valeur aussi longtemps que l'on n'aura pas organisé, d'une part l'enseignement médico-légal, d'autre part l'expertise contradictoire.

Qu'on souligne tant que l'on voudra les défauts de la science appliquée à la loi, cependant, ses mérites seront-ils amoindris ? Elle accomplit des prodiges, comme, par exemple, le jour où elle démasqua Salvatgé. Ce Salvatgé était le garçon de recettes d'une riche administration. Un soir de janvier 1878, on le releva, défait et sanglant, au coin d'une ruelle du quartier Popincourt. Il avait, dans la journée, encaissé 60,000 francs. La sacoche qui les renfermait avait disparu. Le brave serviteur s'était vaillamment débattu contre des chenapans qui l'avaient assailli; il exhibait pour preuve trois doigts de sa main droite striés de blessures. Ces doigts s'étaient crispés autour du sac pour le défendre; ils n'avaient lâché prise

que sous la pression du couteau. Salvatgé était un soldat libéré pourvu d'un livret sans tache. On le citait
comme un modèle de probité. Les administrateurs de
la Société qui l'employait répondaient de lui hardiment. La justice commit le docteur Laugier à l'examen
de rigueur. M. Laugier considéra les mains de l'ancien militaire; puis, sans balancer, dit :

— Il s'est blessé lui-même.

C'était exact. Une femme avait pris part au complot.
On découvrit chez elle une liasse de billets de banque
adroitement travestie en pelotte de laine.

Même, ce subterfuge fut le trait de lumière qui
éclaira pour M. Macé, alors commissaire de police
aux délégations judiciaires, une petite cause dans
laquelle figuraient un pharmacien, un enfant, une coiffeuse et un portefeuille. Il y avait 7,000 fr. dans le portefeuille; l'enfant l'avait laissé choir de la poche d'un
pardessus, en apportant, à travers la rue du Vieux-
Colombier, ce vêtement au pharmacien son père. La
femme, locataire de la maison, rentrait du marché.
Elle ramassa le précieux maroquin. Quand on le lui
réclama, elle prétendit l'avoir livré à un passant, l'en
croyant le propriétaire légitime. Plusieurs semaines
s'écoulèrent. Au lendemain de la condamnation de
Salvatgé et de sa complice, mû par une inspiration,
le commissaire aux délégations se présente chez la
coiffeuse, et, à brûle-pourpoint :

— Je viens pour les sept mille francs, dit-il.

— Quels sept mille francs ?

— La somme que vous avez retirée du portefeuille.

— Moi !

— Vous. J'ai promis à votre voisin de lui restituer
ses fonds ce soir.

— Mais ils ne sont pas ici !

— Vous le dites; je sais le contraire. Je vais
chercher.

Le futur successeur de Claude à la sûreté scrute les
meubles, sonde le plancher et les murs. Aucun indice
n'apparaît. Il ne restait plus guère à visiter qu'une
boîte à ouvrage. M. Macé déroule un paquet de
rubans : sept billets de mille francs en formaient
le noyau. L'argent du pharmacien était retrouvé.

Parfois, l'expertise scientifique n'avance ses affirmations qu'en hésitant; le hasard, alors, se charge du
reste. Ainsi advint-il pour Ponsard, un domestique
d'hôtel garni que l'on surprit, râlant, près du cadavre
d'une servante, dans une petite chambre meublée,
rue Saint-Honoré, sous les combles. Ponsard portait
au cou et à la poitrine des entailles profondes. Quand
des soins l'eurent mis en état de parler, il raconta une
agression dont les détails faisaient frémir. Les docteurs émettaient assez timidement l'avis qu'il avait
étranglé sa compagne et dirigé ensuite contre lui-
même le tranchant d'une lame. Une circonstance for-
tuite leur donna raison. Le commissaire qui dirigeait
l'enquête, M. Clément, avait conduit rue Saint-
Honoré un photographe avec mission de prendre
l'image du réduit, tant à l'extérieur qu'au dedans.
L'opérateur ouvrit la fenêtre mansardée pour monter
sur le toit. Son mouvement déplaça une tuile. La
tuile déplacée laissait à découvert un rasoir teint de
sang. Le 11 septembre 1877, le coupable comparaissait devant la Cour d'assises, assisté de Mᵉ Danet.
Le défenseur réussit à sauver la tête de son client.
Ponsard fut condamné aux travaux forcés à perpétuité.

La médecine légale ne se borne pas à accuser; elle
sait défendre. On le vit bien le 26 janvier 1881, à
cette audience de la chambre des appels correctionnels de la Cour de Paris, où, sous l'œil étonné des
magistrats, avec le concours de deux médecins
renommés et sans l'ombre, d'ailleurs, d'une prémédi-

tation ni d'un préparatif, se déroula l'un des plus étranges spectacles auxquels la justice ait jamais assisté. L'appelant était un jeune homme de vingt-deux ans, ouvrier arquebusier de son état, condamné par le tribunal sur la dénonciation de deux agents de la police des mœurs déclarant l'avoir surpris en flagrant délit d'indécence dans un petit monument de la rue Sainte-Cécile. Devant la police correctionnelle, Paul Didier paraissait ne se souvenir de rien; il niait même être entré dans le lieu où on l'avait arrêté. Mais, les agents insistant, on l'avait frappé de trois mois de prison.

Le prévenu, cependant, semblait, par son état de santé, exiger les attentions d'un homme de l'art plutôt que la surveillance d'un geôlier. Il souffrait d'une tumeur à l'estomac. On le plaça en traitement. Il protestait de son innocence plus que jamais, racontait avoir séjourné à l'hôpital Saint-Antoine, invoquait en faveur de sa moralité le témoignage des docteurs dont il avait reçu les soins, MM. Mesnet et Mottet, leur écrivit pour les supplier d'intervenir, employa tant d'efforts, enfin, qu'il arrivait à la chambre des appels pourvu de renseignements résumés par le docteur Mottet en ces termes :

Didier est atteint d'une névrose extraordinaire. Il vit dans un état de somnambulisme habituel et dont on peut aussi à volonté provoquer les accès. Les médecins nombreux qui l'ont observé à l'hôpital Saint-Antoine ont constaté chez lui l'absence absolue de volonté et sa soumission automatique à toutes les injonctions. Lorsque Didier se trouve en état de somnambulisme, on peut lui faire écrire une lettre sans qu'il ait conscience de ce qu'il fait; de plus, cet acte peut être accompagné de phénomènes très étranges. C'est ainsi que si, ayant devant lui deux feuilles de papier, on lui retire celle où il a commencé à tracer des caractères, il continue à écrire sur la feuille inférieure, sans s'apercevoir de la substitution.

Les individus de cette catégorie sont si singuliers qu'ils

peuvent rester n'importe où dans un état de somnambulisme susceptible de se prolonger pendant trois ou quatre heures. Ils demeurent immobiles, n'ayant conscience ni des lieux où ils sont, ni du temps, ni de l'espace. Didier est sujet à des hémorragies ; il perd aussi beaucoup de sang par les hémoptysies. Le jour de son arrestation, il avait eu un crachement de sang qui a rempli une cuvette.

Un jour, il fut pris, place de la Bastille, d'un accès de somnambulisme au milieu de ses camarades, qui durent le transporter dans un garni. A l'hôpital Saint-Antoine, un interne l'a vu une nuit s'habiller et copier des cahiers de musique. Il s'acquitta très bien de cette tâche en dormant. Le lendemain, il était tout surpris d'avoir fait ce travail. Une autre fois, dans l'obscurité, un autre interne lui dit : « Regardez donc, Didier, voilà une jolie femme. » Il n'y avait personne. Didier reprit : « Mais non, elle est laide », et il ajouta : « Qu'a-t-elle dans les bras ? » Ces questions se rapportaient exactement à ce que pensait son interlocuteur. A un certain moment, Didier se précipita même pour empêcher de tomber l'enfant qu'il croyait voir dans les bras de la femme imaginaire dont on lui parlait...

M. Mottet offrait à la Cour une démonstration de ces phénomènes. Les magistrats ne pouvaient qu'accepter. On passe dans la chambre du conseil. Didier est amené dans la salle des prévenus. Le docteur regarde fixement son *sujet*, ébauche quelques passes, et voilà le jeune homme endormi. Deux gardes ont ordre de le maintenir. La porte de la pièce est fermée. Dans le couloir adjacent, le médecin prononce à voix basse ces paroles :

— Didier, levez-vous et venez.

Le détenu secoue sa torpeur ; il se dégage de l'étreinte des gardes, s'élance, atteint le corridor, et blême, tremblant, les yeux hagards, s'incline devant le maître invisible pour lui auquel il obéit.

Un conseiller pose alors une question : dans l'état magnétique où il se trouve, le *sujet* ne pourrait-il se rappeler la scène de la rue Sainte-Cécile ? L'expérimentateur interroge Didier, et Didier, tirant de sa poche un mouchoir, se penche en avant et simule les

mouvements d'un homme se débarbouillant la figure.
Or, l'édicule de la rue Sainte-Cécile renferme une
cuvette d'eau courante.

— Voilà évidemment ce que le malheureux faisait
lorsqu'on s'est emparé de lui en l'accusant d'outrager
la pudeur.

Telle est la conclusion très formelle de M. Mottet.
Poursuivant ses expériences, il ordonne au malade de
se dévêtir. Didier procède à cette opération. Le docteur
Mesnet, à son tour, lui adresse la parole :

— Ecrivez-moi la lettre que vous m'avez envoyée
de Mazas, il y a trois mois.

— Je ne puis, répond une voix faible.

— Pourquoi ?

— Je suis dans la prison...

— Ecrivez, je le veux.

On asseoit le patient devant une table. La lettre
achevée, elle est mot pour mot conforme à celle du
mois d'octobre. A peine Didier vient-il de signer que
le docteur, debout derrière sa chaise, lui enfonce dans
la partie charnue du cou une longue aiguille ; le malade n'a rien senti : pas un de ses muscles ne tressaille.
On l'éveille à demi déshabillé, et il considère avec stu-
peur ceux qui l'entourent ; puis il se regarde lui-même,
honteux d'être aperçu en cette posture.

En attendant que les annales médico-légales com-
mentassent cette séance de somnambulisme, celui qui
en était le héros en retirait un premier profit : son acquittement complet par la Cour d'appel.

Les médecins experts ont à réfuter des imputations
autrement dangereuses, au surplus, étant donnés les
ravages que peut la calomnie dans notre société si
sceptique pour le bien, si crédule pour le mal. Avec la
rapidité de communications et les engins de propagande qui caractérisent le temps où nous vivons, la
réputation d'un homme est troussée ou détroussée en

un clin d'œil. L'inconnu du matin se couche célèbre le soir; le vertueux de la veille est infâme le lendemain. Qui oserait se flatter de détourner de sa propre tête une de ces flèches décochées par la renommée sans qu'il soit possible de reconnaître d'où le coup est parti ? Heureux les privilégiés ou les adroits assez favorisés pour atteindre la main qui les frappe! Heureux, surtout, dans leur malheur, les calomniés en possession de moyens de défense certains! C'est habituellement sur des apparences que ces conspirations sont échafaudées. La pudeur des femmes ou des filles y a son rôle marqué d'avance. Parfois, il s'agit d'une rancune à venger; parfois, c'est une spéculation qui dresse secrètement ses batteries. Le moyen de lutter contre ces combinaisons sourdes, machinées de longue haleine pour éclater au moment opportun ! On résiste au brutal qui vous attaque corps à corps. Mais l'hypocrite qui creuse sous vos pas une mine ! On se débat contre le bandit vous assaillant à quelque coin de bois, au cri réglementaire : « La bourse ou la vie ! » Mais contre le coquin qui, dans un tête-à-tête paisible, vous demande froidement : « L'argent ou l'honneur !... » Peut-être la loi est-elle trop indulgente pour ce genre de brigandage d'autant plus redoutable qu'il s'exerce sans tromblon et sans escopette.

Où ne se glisse pas le chantage ? Il végète dans les bas-fonds, fleurit sur les sommets, se faufile à travers l'atelier, se vautre chez la bourgeoisie, tutoie les arts, ricane au nez de la finance, s'épanouit au milieu des élégances du turf, gambade entre les pages de l'armorial et inflige à la presse la honte de s'étaler dans ses rangs. Toutes les classes lui paient tribut ; l'Usine et la Bourse, le Théâtre et l'Église, le Journalisme et la Diplomatie, le Salon et le Club. Que voulez-vous qu'un citoyen estimé réponde à l'aigrefin braquant sur lui ce dilemme aussi alarmant que la gueule d'un revolver :

— Achetez mon silence, ou je vous dénonce comme un licencieux criminel !

On peut être sans reproche et n'être pas sans peur. Ce moyen de chantage est de beaucoup le plus répandu. Seule, la police sait par à peu près combien de débauchés vrais ou faux succombent à la crainte de révélations auxquelles sont mêlées de jeunes innocences que l'intérêt a perverties ; combien d'amants réels ou supposés se délivrent, par une rançon monnayée, des étreintes d'un mari simulant la fureur ; combien de lubricités avérées ou prétendues tombent dans le guet-apens ingénieux où les attirent des éphèbes que Sodome eût enrôlés parmi ses légions. La justice n'a, par comparaison, qu'exceptionnellement à connaître de ces trafics sans nom dans le langage avouable, où entrent en balance d'immondes dérèglements de mœurs, d'un côté, de l'autre des monceaux d'or. Mais les médecins ont fréquemment à intervenir, et ils ne déploient jamais en ces circonstances une trop grande circonspection.

Un genre de simulation semble fait pour les embarrasser plus encore : la simulation de la folie. Le problème de la folie devant les tribunaux est le plus ardu, sans contredit, de ceux qui depuis tant d'années s'imposent aux légistes et aux savants. Est-ce un effet des surexcitations de tout genre, des trépidations cérébrales, de l'effrayante propagation du nervosisme qui forment à notre civilisation un lamentable cortège ? De l'aveu des docteurs attachés en permanence à nos principales maisons de justice, un tiers environ des individus incarcérés préventivement simule la folie ou en est atteint. Voilà une proportion qui prête à réfléchir, quand on songe au chiffre des détenus passant, à Paris seulement, par le dépôt de la préfecture de police. Contre les simulateurs, les médecins des prisons possèdent des procédés de contrôle presque infaillibles ; peu résistent à une observation de quelques semaines. Quant aux véritables déments, leur état d'esprit est soumis à l'examen des spécialistes. Les spécialistes sont devenus défiants, depuis que les malfaiteurs excellent dans l'art de l'imitation.

Etre enfermé « en observation » à Bicêtre ou à Sainte-Anne, au service dit « de la sûreté », c'est l'ambition de plus d'un criminel nourrissant l'espoir de recommencer ses exploits. Voilà pourquoi tant de prisonniers, à Mazas, hurlent nuit et jour, se roulent à terre, refusent les repas qu'on leur offre, et font de leurs cellules de véritables enfers. Un faux-monnayeur, Falhuet, transféré à Bicêtre, s'évadait en escaladant une muraille qui le séparait de la porte de sortie. Au concierge qui faisait mine de lui intercepter le passage, il répondait :

— Vous vous trompez, je suis un visiteur.

Falhuet jouait en comédien consommé le délire des persécutions. Un autre simulateur, François Couillard, a dérouté longtemps la science des aliénistes les plus retors. Il avait, en 1874, soustrait avec effraction 80,000 fr. dans une villa des environs de Paris. On ne le captura qu'en 1879, à la suite d'un autre vol. Il feignait l'incohérence. Après l'avoir étudié plusieurs mois, les experts, MM. Lasègue et Blanche, dévoilèrent son manège. Des doutes, toutefois, subsistèrent jusqu'au dernier moment. Un matin, à la Conciergerie, le docteur Legrand du Saulle pénètre dans la cellule du détenu :

— Voyons, mon cher garçon, soyez sincère, dit le spécialiste.

L'autre aussitôt, avec une volubilité inouïe :

— Sincère ? Ab ! ah ! Cinq serres de jardin du pic de Ténériffe qui butte à l'assommoir du coup peau de lapin de Latour-Maubourg en fricassée, oh ! oh ! le joli chapeau de gendarme..... A Bicêtre, la sûreté

faisait du tort à la bécassine de la lune en plein midi...
Tiens, il y a là quelqu'un qui m'appelle le général de
la terre des sables gelés par la grêle qui tombe sur les
oripeaux de la marchandise du père à l'envers... Com-
prenez donc que je suis jardinier, médecin, empereur,
et que j'emballe du coton dans les secrétaires de la
Suisse de Foucher de Careil, même que la démolition du
tabernacle va faire geler les chinois et les prunes de la
mère Moreau ; oh! mais, vous savez, je vous respecte !

Il y a bien une variété de démence dans laquelle la
dissociation des mots est poussée très avant, expliquait
quelques jours plus tard le docteur Legrand du Saulle
devant le jury ; mais dans tout ce verbiage on ne
devait voir qu'une orgie de paroles volontairement
décousues : n'est pas *incohérent* qui prétend l'être. Une
condamnation à huit ans de travaux forcés en fournis-
sait la preuve à François Couillard.

Parallèlement aux coquins raisonnables qui simulent
la folie, les fous qui simulent la raison excitent la
défiance. Mais il est une variété désespérante pour la
science aliéniste : les individus dont on ne saura
jamais absolument s'ils sont raisonnables ou fous. Tel
Louis-Félix Chéneau, fils naturel d'un homme de
situation considérable, aventurier aux multiples incarnations et mystificateur émérite. Chéneau mettait en
œuvre les plus curieuses subtilités. Il achetait le même
après-midi pour douze cents francs de pots de moutarde
et pour cinquante mille francs de diamants. Cela était
destiné à faire excuser ceci, disait-il ingénument à
l'audience. On remplirait un volume avec l'odyssée de
Chéneau. Tantôt les magistrats l'envoyaient en prison
comme malfaiteur, tantôt ils l'envoyaient comme
dément dans les asiles. Un jour, il proposa de s'expa-
trier. On crut tenir une solution. L'autorité le mit en
wagon pour le Havre, d'où un navire allait cingler vers

l'Amérique. En route, le passager vend son billet de
chemin de fer et saute dans un train qui le ramène à
Paris. La semaine suivante, on découvrait à Versailles
un personnage logé au premier étage de l'hôtel des
Réservoirs, vêtu sévèrement, la boutonnière ornée de
la rosette d'officier de la Légion d'honneur, très honoré
de tous comme médecin aliéniste. C'était Chéneau. La
fréquentation des praticiens lui avait inspiré l'idée de
s'essayer à rendre leurs allures et leur langage. Il était
peut-être à la veille de se créer une réputation lorsqu'on le reprit pour la vingtième fois.

Le pire inconvénient de la folie simulée, c'est d'aggraver la suspicion autour de la folie réelle. On n'a
que trop de tendance à la révoquer en doute, déjà. La
masse plaint les malheureux affligés d'insanité, s'indigne contre les misérables qui les maltraitent, mais ne
pousse guère plus loin l'intérêt. L'affection mentale
a le tort d'être moins palpable qu'une infirmité physique. Et puis, l'homme qui « n'a plus sa tête » est une
humiliation pour l'espèce. Comment ne lui inspirerait-
il pas un peu d'antipathie, quand il lui démontre la
fragilité de la raison dont elle s'enorgueillit ? « De même
que les animaux et les sauvages qui ont à parcourir
de longues distances abandonnent ou chassent celui
d'entre eux qu'une infirmité de corps rend incapable
de rester à son rang et dont la présence serait un embarras ; de même les peuples civilisés, jusqu'à ces
derniers temps, éloignaient et cachaient dans d'ignobles gîtes, où l'on n'en entendait plus parler, les
membres de la société commune devenus, par la perte
de la raison, incapables de tenir bon dans la lutte pour
l'existence, et dont la présence était ressentie comme
un embarras, une honte et un danger. » Ainsi s'explique le docteur anglais Maudsley, professeur de médecine légale à *University-College,* dans un livre admirable : *Le Crime et la Folie,* et peu d'intelligences

impartiales oseront taxer de sévères ses appréciations. Avant Esquirol et Pinel, la cruauté envers les fous était poussée loin. Ce serait s'abuser que de la prétendre tombée en désuétude, — le procès Estoret, en juin 1880, à Beauvais, l'a démontré amplement.

M. Maudsley se préoccupe plus sérieusement qu'on ne l'avait fait avant lui de l'influence de l'hérédité sur le fonctionnement du cerveau. Il peint les phénomènes du « tempérament fou » dégénérant en tempérament criminel. Un crime n'est pas une preuve de folie. Mais combien souvent n'a-t-il pas marqué la période où le penchant à la folie est devenu la folie elle-même, l'heure où l'organe trop faible a cédé à la poussée qu'il supportait ?

A la suite d'un procès qui eut un retentissement légitime, des impitoyables s'affligèrent de l'indulgence du jury. L'affaire était fertile en révélations sur les mœurs, les idées, les passions de la petite noblesse de province. C'était une de ces causes à multiples facettes qui mettent à nu du même coup les plaies d'une âme et les désordres d'une maison, les préjugés d'une caste et la gangrène qui ronge certaines fractions du corps social. Une femme avait pris place en face des juges ; mais son mari était le véritable accusé, aux yeux de l'opinion. Personnification du hobereau trop modestement renté pour faire grande figure, trop imbu de son importance pour déroger jusqu'au travail, cet homme était arrivé à opposer les fiévreuses faveurs d'une grisette pimpante à l'affection sereine de la gardienne de son foyer. Un jour, celle-ci se révolte. Elle demande au vitriol une vengeance qu'on est en droit d'appeler bête ou lâche, puisque cette créature aux idées saines et droites, au passé sans reproche, épouse honnête et mère sublime, subissait l'empire d'un de ces entraînements qui annihilent la volonté. Elle entendait l'homme même qui la trahissait vanter sa ri-

vale; elle voyait celle-ci passer en la défiant. Et alors,
au président d'assises qui l'interroge :

— Tout cela m'emportait dans un tourbillon, dit-
elle, je ne savais plus ce que je faisais ; *j'étais folle...*

Façon de parler, affirment sentencieusement les apô-
tres plus disposés à formuler des aphorismes qu'à fouiller
l'inconnu. Pourquoi, en prononçant les mots : « J'étais
folle », l'accusée de Saintes n'aurait-elle pas émis une
de ces vérités qui se dégagent d'une situation et l'expliquent tout d'un coup? Folie subite, si l'on veut; folie
passagère, mais d'autant plus terrible, peut-être ; d'autant plus concentrée, partant plus vigoureuse pour
l'exécution. N'affirmons pas. Acceptons les hypothèses
vraisemblables, et défions-nous des gens assez heureux
pour tout connaître sans avoir rien étudié.

Car enfin, les érudits et les chercheurs qui scrutent
les arcanes de l'entendement humain, les pionniers qui,
à coups de science, se fraient un chemin pénible à travers ces mystères si longtemps insondés, ceux-là qui auraient le plus de droits à enseigner et à convaincre s'arrêtent à chaque pas, hésitants. Plus ils avancent, plus le
gouffre leur fait peur. Plus ils savent, plus ils sont
troublés. Leur marche est un tâtonnement continu,
quand elle n'est pas une épouvante soudaine. Vers 1875,
un soir, M. le docteur de Beauvais, médecin en chef
de la prison de Mazas, est prié de se rendre auprès d'un
confrère, d'un ami. Le docteur X... est en proie à des
symptômes qu'autour de lui on attribue à une mauvaise
digestion. Lui-même prête peu de gravité à son mal.
Il répond aux questions d'un ton calme, donne très
clairement les indications demandées, croit à un refroi-
dissement, disserte sur la médication et promet de suivre l'ordonnance. Le lendemain, le docteur passe
devant le logis de son confrère. Il entre, trouve ce dernier sur pied, le félicite de sa prompte guérison. L'autre
paraît surpris :

— Guérison, dites-vous?... Ai-je donc été malade?

— Oh! faiblement.

— Mais, enfin, vous êtes venu ici? Vous m'avez vu?

C'est au tour du docteur de Beauvais de se récrier:

— Comment, si je vous ai vu! N'étais-je pas chez vous hier au soir? N'avez-vous pas, en ma présence, diagnostiqué votre mal? N'avez-vous pas raisonné, discuté le traitement avec moi?

— Vrai?... c'est vrai? Voyons, m'en donneriez-vous votre parole?

Le docteur X... était pâle; des larmes mouillaient ses yeux. Il fallut que son ami lui rappelât toutes les circonstances de leur entrevue: qu'ils avaient causé; qu'il l'avait, au moment de sa retraite, escorté jusqu'au palier; qu'ils s'étaient, là, serré la main. Le patient de la veille avait tout oublié.

Que s'était-il passé? Les deux médecins réunirent leurs efforts et ils parvinrent à une bizarre découverte. Le docteur X..., d'habitudes très sédentaires, avait travaillé plusieurs heures dans un cabinet clos, chauffé par un poêle à gaz. L'appareil était sans doute de construction vicieuse. La combustion imparfaite laissait flotter dans l'air ces émanations carboniques dont les propriétés ne sont point un secret; mais on ne songe pas à tout. La perte de mémoire, l'amnésie temporaire n'avait pas eu d'autre cause.

Pendant cette soirée où le malade d'apparence si lucide avait perdu la conscience de ses actes, supposez, maintenant, un acte coupable commis...

Mais est-il nécessaire de prouver l'évidence? La parenté du crime avec la folie, qui la contestera? L'absence du sens moral favorise la folie et favorise le crime. Dans le système du docte professeur de *University-College*, l'absence de sens moral est un défaut de conformation, comme le daltonisme qui fait que cer-

8

taines personnes ne distinguent pas toutes les couleurs, comme l'anomalie auriculaire qui fait que certaines autres ne perçoivent pas les sons justes. Des esprits excellents ont dit et répéteront que le docteur Maudsley est un « humanitaire ». On accable à présent un homme sous ce mot. Il n'en est guère qu'un qui soit plus injurieux : celui de « philanthrope ». M. Maudsley en devra prendre son parti. Ses doctrines iront peut-être « empoisonner » les âmes généreuses ; il aura longtemps encore contre lui le ministère public.

N'exagérons rien. Faire de tout criminel un inconscient, ce serait d'une philosophie magnifique, mais d'une piètre vérité. Si le crime supposait invariablement un état intellectuel morbide, classant l'homme en dehors des conditions normales de l'humanité, il ne resterait plus qu'à congédier les juges et à leur substituer des médecins, qu'à fermer les prisons et à les remplacer par des maisons de fous. Méfions-nous, en revanche, des obstinations contraires. L'instruction criminelle, à quelque ordre de faits qu'elle se rapporte, a de tout temps payé ses tributs à l'erreur. La garantie de l'avenir est dans l'accord de la loi avec la science.

XVII

MESSIEURS LES ABONNÉS.

Atrocités passées et présentes. — Le bandit Ferragus. — Le
grandiose, le pittoresque et le terrible. — Eclectisme. —
Le tapis vert du jeu et le tapis vert du tribunal. — Les galas
de la Cour d'assises. — Spectateurs des grands jours. —
L'habitué. — Protestation. — Marches et contre-marches. —
La salle et la scène. — L'augure Calais. — Un successeur
du prophète. — Plus d'entrées de faveur! — Pièces à conviction. — Le dépôt du greffe criminel. — Le syphon de
Foulloy et le fourneau de Menesclou. — Le bric-à-brac du
crime. — Une boîte d'allumettes et 700,000 fr. de diamants.
— Le musée des horreurs.

Chaque fois qu'un grand forfait est commis, la
conscience publique incline à proclamer qu'il surpasse
en abomination tous les forfaits antérieurs. C'est que
l'impression du moment achève d'effacer des impressions déjà en décroissance. Sans remonter jusqu'à
l'antiquité hébraïque ou païenne, sans chercher ailleurs
que sur notre territoire, qu'on ouvre les annales du
crime, et l'on demeure confondu devant l'amas d'atrocités légué par le passé au présent. Encore les *Causes
célèbres* n'ont-elles pas tout dit. Il y a cent ans, on
jugeait en Gascogne le bandit Ferragus, convaincu
d'avoir donné la mort à plus de cent victimes, de les
avoir dépecées et de s'être repu de leur chair. On
retrouverait, à Toulouse, les pièces de ce monstrueux
procès. Combien d'autres sont, comme elles, restées
enfouies dans les archives!

Rarement, des débats importants se déroulent au
palais sans qu'un vieil hôte de la maison exhume de
ses souvenirs quelque rapprochement. Chaque nature

de causes possède ses adeptes. Les uns, affamés d'éloquence, sont tout entiers aux procès civils. D'autres,
amis du pittoresque, lorgnent dans le kaléidoscope
correctionnel. Ceux qui préfèrent le terrible rencontrent
à la Cour d'assises l'apaisement de leurs appétits. Des
gourmets, en nombre restreint, savent où déguster le
mets du jour. Ils s'en vont, butinant de prétoire en
prétoire, entrant ici ou là, sans se fixer nulle part. Pour
peu que vous ayez la prunelle exercée, vous reconnaîtrez ces éclectiques prenant langue le matin dans
la salle des Pas-Perdus, mêlés aux bourgeois qui
guettent au passage les célébrités du barreau; aux
pensionnaires de la salle des criées éternellement en
quête d'un immeuble que jamais ils n'achèteront; aux
sybarites pour lesquels les banquettes réservées aux
auditeurs sont surtout un asile propice à la sieste ; à la
cohue des plaideurs, enfin, calmes ou impatients,
flegmatiques ou fiévreux; car beaucoup vont au tapis
vert des prétoires comme d'autres vont au tapis vert du
club, et l'on est beau plaideur ou plaideur détestable
de même que l'on est bon ou mauvais joueur.

C'est dans les eaux de la Cour d'assises, cependant,
que s'agite le grand courant de la curiosité. Ici, les
habitués foisonnent. Tout débat criminel à sensation
met en lumière, autour de la figure de l'accusé, un
certain nombre de physionomies qui sont comme l'accessoire obligé de l'appareil judiciaire dans les jours de
gala. Un coquin qui se respecte, semble-t-il, ne saurait
trôner sur le banc d'infamie sans l'espèce de cour
formée par les spectateurs, presque invariablement les
mêmes, composant l'auditoire des procès retentis-
sants. Quelque humiliante que puisse être pour eux
la révélation, ces privilégiés ne constituent pas, à
proprement parler, le cénacle des habitués de la Cour
d'assises. Il se retrouvent, de loin en loin, groupés
comme une petite famille, échangeant des impressions,

emplissant de leur caquet le sanctuaire, tout orgueilleux
de pouvoir dire en sortant : « J'y étais ! » Pour eux,
le président déploie ses coquetteries. Il a veillé lui-
même à ce qu'ils fussent assis commodément et à ce
qu'ils ne perdissent rien du dialogue. Son amour-propre
n'y est-il pas intéressé ? Le président occupé à « faire
sa salle » participe à la fois du général au moment de
la bataille et de l'auteur à la veille d'une première
représentation. Il tient à échelonner ses troupes selon
les règles de la stratégie, à s'assurer d'avance le succès.
La distribution des cartes de faveur, lorsqu'il y a des
cartes de faveur, n'est donc pas dépourvue d'importance. La destinée d'aucun de ces bouts de vélin ne
devant être abandonnée au hasard, la répartition en
est soigneusement calculée.

Il est fâcheux, seulement, que l'imprévu vienne
déranger les combinaisons les plus savantes. Ce n'est
pas nécessairement le demandeur de billets qui profite
des billets. Une pléiade d'amateurs des deux sexes
gravite autour des personnages sérieux en possession
de titres aux libéralités présidentielles. Grâce à un
phénomène de transmutation parfaitement explicable
pour qui connaît les petits mystères mondains et demi-
mondains, il n'est pas sans exemple que le magistrat
trop discrètement généreux ait la surprise d'apercevoir
quelque folâtre chignon rouge installé dans le fauteuil
où son regard s'attendait à rencontrer la sévérité d'un
front vénérable rehaussée par une belle calvitie. Mais,
encore une fois, ce n'est pas parmi les héros et les
héroïnes de ces substitutions qu'il convient de chercher les véritables hôtes du lieu, ceux qui par leur
présence assidue mériteraient le titre d'abonnés.

D'abord, dans les rangs des abonnés on ne compte
point de femmes. Des hommes de ferme décision sont
seuls capables de la persévérance, de la ténacité qu'exige
l'emploi. L'habitué de la Cour d'assises n'est plus jeune,

en général. Il est pourtant des exceptions. Tel l'élégant faussaire qui mettait à profit les notions acquises par une fréquentation quotidienne et les relations nouées parmi le personnel, pour subtiliser aux témoins leurs cédules et toucher en leur nom le montant de l'indemnité. Il serait téméraire d'augurer de tous par celui-là. Le client ordinaire des procès criminels ne fût-il pas naturellement un honnête homme, le spectacle auquel il assiste couramment le contraindrait à le devenir. La Cour d'assises est un théâtre où, si on ne voit pas toujours la vertu récompensée, on voit du moins souvent le vice puni. Elle est aussi, hélas! une école pour les gredins soucieux de se perfectionner dans leur profession.

Un après-midi de février 1880, il y eut au palais bruyant remue-ménage. On venait de chasser du prétoire de la Cour d'assises les intrus pour lesquels il était devenu comme une seconde patrie, peu à peu. En vertu de quelles considérations leur interdisait-on l'accès de cette partie de l'enceinte? Les expulsés eux-mêmes formulèrent leurs doléances dans une note digne d'être transmise à la postérité :

Depuis une vingtaine d'années, il y a plusieurs vieillards qui ont l'habitude d'assister journellement aux débats de la Cour d'assises ; aussi sont-ils connus de tous les avocats, comme des magistrats qui font partie du Tribunal.

A la dernière session présidée par M. Buchères, M. l'avocat général Lefebvre de Viefville, qui occupait le siège du ministère public, eut la singulière idée de défendre l'entrée du prétoire à ces braves gens — que jusqu'à présent tous les présidents avaient laissés jouir en paix de leur goût plus ou moins critiquable — sous prétexte qu'ils pouvaient influencer le jury.

Cette nouvelle fut connue immédiatement, et tous les avocats présents à l'audience furent plus que surpris ; car, connaissant les personnes suspectes de sympathie envers les accusés, ils ne se cachèrent pas pour dire que le jour où elles feraient partie du jury, ils les désigneraient aux défenseurs pour être récusées, et ce sont ces gens-là que M. l'avocat général fait retirer!!

Il faut convenir qu'il a eu là une singulière pensée ; pour l'en convaincre, continuons.

Ces vieillards ont leur place habituelle, et on sait tellement au palais combien ils y tiennent, que dès qu'ils arrivent, si elles sont occupées, on s'empresse de les leur restituer.

Il est vrai qu'ils sont près des jurés et même parmi ceux qui ne siègent pas ; mais M. l'avocat général ne sait donc pas que leur présence est au contraire une sécurité pour la justice, puisqu'elle empêche les défenseurs de communiquer avec les jurés appelés à se prononcer sur des affaires dans lesquelles ils ont un intérêt particulier.

Parmi ces habitués, il y a deux anciens négociants retirés, un ancien architecte, un ancien capitaine de ligne, un ancien caissier, un ancien artiste dramatique de Russie.

La mesure prise a donc été à l'encontre du but que M. l'avocat général voulait atteindre, et nous aimons à penser que les futurs présidents, plus libéraux que M. Buchères, laisseront, comme par le passé, ces honnêtes gens jouir du privilège qui leur a été octroyé jusqu'à présent.

Sous la modération des termes de ce court mémoire, on sentait l'indignation dont ses auteurs frémissaient. Des âmes charitables les plaignirent. Comment ne se point associer aux lamentations des « vieillards » brusquement dépossédés de prérogatives achetées au prix de patients efforts ? Ignorait-on ce que leur avait coûté de déceptions, de ruses, d'attentes inquiètes, de sollicitations pressantes, de labeur souterrain et d'ingénieuse tactique, la conquête du sol d'où on les renvoyait comme des fâcheux ? Vingt ans de possession, c'est un titre, cela. Et que de petites intrigues, au cours des vingt années, que de marches savantes pour se rapprocher du but !

Ces persécutés avaient commencé comme tout le monde, faisant queue derrière la cloison à hauteur d'épaules qui contient le public debout. Moins résignés que le commun, disposant de plus de moyens aussi, ils s'étaient à la longue créé des intelligences dans la place. Ils avaient étudié le terrain, examiné les abords, hasardé prudemment quelques pas en avant. Un jour, ils ont tenté l'épreuve décisive, grimpé, non sans trembler, l'étroit escalier intérieur. Une petite porte s'est ouverte devant eux. La première étape, la plus rude, était franchie. C'était par là qu'ils pénétreraient désormais.

Très circonspects, ils se sont assis d'abord tout au fond de la salle, le dos béatement appuyé à cette séparation que rabotait leur abdomen, jadis. Les robes rouges de la Cour, la toque galonnée de l'avocat général, le profil sombre du greffier ne leur apparaissaient encore que comme à travers un brouillard; le jury restait invisible, l'accusé n'était qu'une vague silhouette. De banquette en banquette, les conquérants se sont rapprochés. Dès l'arrivée, ils vont droit au premier rang. Régal longuement, ardemment convoité, mais dont pourtant ils se blasent. Aux enivrements de la victoire, leur ambition grandit, grandit toujours.

Alors, s'organisent les préparatifs de la deuxième étape. Au niveau de la tribune des douze jurés qui siègent, s'aligne la tribune des vingt-quatre jurés inoccupés. Un matin, le plus courageux de la bande se décide. Il pourrait être juré tout comme un autre, que diantre! Il l'a même été autrefois. Quand il déclinera sa qualité de collègue, ceux auxquels il se mêle n'y regarderont pas de si près. Il se risque. Son audace ne soulève aucune protestation. Elle fraye la voie aux indécis. Un à un, ils apprennent la route de cette terre promise, inséparables, formant une phalange unie par le sentiment de la nécessité. Ils ne se connaissaient pas, au début. La similitude des penchants les a rapprochés. De quelques mots échangés çà et là, ils sont parvenus à une intimité étroite. Ce n'est pas tout à fait une sociétésecrète; c'est la conspiration de la solidarité.

Les mois, les années passent. Au dedans, par degrés,

on s'est accoutumé à ces figures étrangères. On a commencé par leur appliquer des épithètes cruelles. On les cherche, à présent, quand, par exception, elles ne sont pas là. Leur absence marque un vide. Elles font partie des choses auxquelles l'œil s'est façonné : piliers, meubles ou cariatides. Encore une poussée en avant et la dernière barrière tombera : celle qui isole le prétoire du reste de l'enceinte. Le clan des habitués passe de la salle sur la scène; les coulisses n'auront plus de secrets pour lui.

L'habitué de la Cour d'assises est donc un désœuvré qui possède sur beaucoup d'autres cet avantage : il sait invariablement où il passera sa journée. Hiver comme été, pluie ou soleil, vent ou grêle, il se dirige du côté du palais avec la régularité d'un employé s'acheminant vers son bureau. Il apparaît à l'ouverture des portes. Il ne s'en va, le soir, que lorsque le dernier des assistants a disparu. Il a dépouillé la timidité d'autrefois, jeté par-dessus bord ses allures discrètes. Il distribue des poignées de main aux gardes, offre des prises de tabac aux garçons, tape familièrement sur le ventre des huissiers, donne des conseils aux orateurs, disserte sur les affaires, commente les verdicts... Pour un rien, il s'asseoirait dans le fauteuil du haut duquel on dirige les débats.

Ces privautés chagrinaient fort Calais, le doyen des garçons de salle ; le père Calais, comme on l'appelait patriarcalement. On ne saurait prétendre qu'elles aient abrégé son existence, toutefois. Au mois de janvier 1881, Calais s'éteignait dans sa quatre-vingt-quatrième année, après avoir consacré soixante ans aux humbles fonctions embrassées par lui en quelque sorte comme une tradition de famille. Vers 1820, il avait succédé, dans la charge de concierge du palais, à un de ses oncles, concierge du Parlement de Paris avant la Révolution, et qui, ayant émigré en même

temps que les membres de la haute assemblée, était
rentré en France avec le premier président Séguier et
avait repris l'emploi de jadis. Quelques années plus
tard, le neveu de l'ancien portier du Parlement était
attaché au service de la Cour d'assises. Une longue
fréquentation des audiences devait lui inculquer l'expérience des choses judiciaires. Souvent, au cours des
débats, les avocats le consultaient sur l'issue probable
de la cause pendante, et Calais se plaisait à prévoir
le sens du verdict. Il était rare que ses pronostics fussent entachés d'erreur. Pendant longtemps, le bonhomme avait recueilli des traits, des impressions, des
anecdotes ; notes informes qu'une main plus experte
eût utilisées quelque jour. Les *Mémoires d'un garçon de la Cour d'assises*, quel recueil curieux ! Le
père Calais avait caressé le rêve de se voir auteur acclamé. L'incendie du Palais de Justice par la Commune détruisit en un jour ses papiers et ses espérances.

Comme augure, le vieillard avait fait souche. D'autres, autour de lui, s'essayaient, sans y trop réussir, à
prophétiser le sort des accusés. Mais un élève sérieux
survit à Calais dans Arsène Bourdin, le gardien de la
paix chargé de l'introduction des témoins dans l'enceinte. Il prédit presque à coup sûr, lui aussi, et
« messieurs les abonnés » honorent sa perspicacité
d'une confiance sans limites. Sont-ils sincères dans
leurs démonstrations ou font-ils simplement leur cour ?
Le brave Bourdin, certes, ne tire pas vanité de son
emploi. Mais les solliciteurs ne manquent point, pour
lui rappeler qu'à de certains jours il représente une
puissance. L'habitude des billets de faveur a toujours
eu pour effet immédiat d'écarter de la salle des assises
les curieux privés de protections. On a mis des années
à s'apercevoir qu'elle produisait un autre résultat:
celui d'engendrer le désordre. Vers la fin de septembre

1880, les quémandeurs de contre-marques eurent la surprise de lire cet avis placardé dans les couloirs :

Il ne sera pas délivré de cartes d'entrée aux audiences de la première session de la Cour d'assises pendant le troisième trimestre de l'année.

C'était un pli à prendre pour cette session-là et pour les sessions suivantes. Plus de cartes d'entrée, et tout d'un coup cessaient des scandales d'audience dont le prestige de la justice avait gémi. On avait vu la Cour d'assises transformée en une succursale du champ de courses ; on avait entendu, aux entr'actes, les bouchons sauter crânement et le vin de champagne pétiller dans les coupes. Il était temps qu'on mît fin à ces scènes. Elles ouvraient carrière à plus d'un genre de périls.

Même, l'encombrement du prétoire pouvait inspirer des craintes pour la sécurité des pièces à conviction. Le public s'est toujours senti attiré vers ces témoins muets qui, souvent, l'emportent en éloquence sur les dépositions les plus véhémentes. Ce n'est pas trop d'une sentinelle veillant autour de la table sur laquelle elles sont entassées, pour défendre les pièces à conviction contre l'avidité de certains collectionneurs. Cette faction, très prudemment, commence avec les premiers pas de l'enquête. La justice sait trop de quel prix l'objet en apparence le plus insignifiant peut devenir au point de vue de la preuve, pour négliger de faire bonne garde. Les produits de ses perquisitions, expédiés sous scellés au parquet de première instance, sont emmagasinés au dépôt du greffe correctionnel. L'ordonnance du juge d'instruction rendue, en même temps que le dossier est transmis par l'intermédiaire du parquet de la Cour d'appel à la chambre des mises en accusation, les pièces à conviction passent au dépôt du greffe criminel. Six ou sept cents cases s'alignent là le long de douze ou quinze comptoirs, dans une succession de pièces qu'on prendrait pour les compartiments d'une boutique de marchandises d'occasion. Hardes, fourrures, tentures, glaces, valises, tableaux, boîtes, flacons, malles, literie, porcelaines, paniers, cannes, parapluies, statues, ustensiles culinaires et engins mécaniques, enseignes de commerçants et crochets de commissionnaires, sachets parfumés et friperie nauséabonde, affiches et actions, joaillerie et moules à gaufres, filets de pêche, voitures à bras, tables, guitares, armoires, habits troués et linge ensanglanté ; le syphon d'eau de seltz qui servit à Foulloy à assommer son maître, à côté du fourneau dans lequel Menesclou fit cuire le cadavre de la petite Deu ; sabres, stylets, revolvers et fusils : c'est le bric-à-brac du crime. Les gros meubles et les lourds véhicules sont traînés à la fourrière. Tout le reste est conservé par le dépôt du greffe criminel, depuis la boîte d'allumettes saisie dans la poche d'un incendiaire jusqu'au canon repris au brocanteur complice des fraudes du personnel d'un de nos forts ; depuis la carte de visite emportée de chez un faussaire jusqu'aux sept cent mille francs de pierreries trouvés en la possession d'un courtier en diamants prêt à gagner l'étranger.

Quelquefois, le coffre-fort du dépôt du greffe renferme un million en espèces ou en valeurs. Sur les rayons du magasin, des milliers de kilogrammes de papier s'accumulent : correspondances, livres de commerce, registres de banqueroutiers. Ces écrits demeurent dans leur coin, oubliés. La fausse monnaie ne sort que pour être rendue au ministère des finances, après destruction des matières utilisées pour la fabrication. Tous les autres objets non réclamés soit par les accusés soit par les parties civiles sont, de six mois en six mois, remis à l'administration des domaines. Elle les fait vendre aux enchères, en touche le montant, le verse à la Caisse des dépôts et consignations où on le tient à la disposition des ayants droit pendant trente années, après lesquelles argent et titres font retour à l'État.

Que d'abominables souvenirs dispersés ainsi par l'encan ! Où sont le marteau et le ciseau à l'aide desquels Billoir rompit les os de Mme Le Manach ; la corde avec laquelle Albert étrangla sa victime avant de la précipiter au fond du puits Malakoff ; le pistolet dont le parfumeur Godefroy s'était armé contre Courtefois, son créancier ; la boule de tender brandie comme un casse-tête par l'ancien cent-gardes Prévost, assassin du bijoutier Lenoble ? Vieille ferraille et vieux chanvre, vieilles armes et vieux outils se sont retrempés dans la vertu, peut-être, maniés honnêtement par des gens inconscients de leur célébrité. Ces épaves hideuses ne méritaient-elles pas l'éternelle réprobation ? L'intérêt de curiosité épouvantée qu'elles éveillent ne valait-il point la peine qu'on attachât à chacune d'elles l'estampille désormais indélébile de sa honte ? Un fonctionnaire se posait ces questions, vers 1878, et comme on lui donnait le pouvoir de les résoudre, il s'arrêtait incontinent à une décision.

Se rappelle-t-on Martin, le marchand d'antiquités assassin condamné par la Cour d'assises aux travaux forcés à perpétuité ? Le poignard dont Martin frappa le garçon de recettes Sebalte fut une des premières pièces de l'arsenal fondé par le chef de la police de sûreté dans son propre bureau. A-t-on gardé la mémoire des prouesses de Houillon, dit le Louchon des bois ? Voici le sifflet au son duquel ce chef de bande ralliait ses subalternes, le soir, au bois de Boulogne. Vous souvient-il d'Olivier, le collégien condamné à quinze ans de travaux forcés pour avoir tué sa tante ? Le rouleau à pâtisserie employé par le précoce assommeur sépare le sifflet de Houillon du poignard de Martin. La même étagère porte le couteau catalan teint de sang lancé par Abadie dans le canal Saint-Martin et repêché par l'agent Rossignol. A chaque débris est accolé le portrait du coupable, revêtu d'une annotation. Des jeux de clefs en usage parmi les voleurs de tous les pays, des assortiments variés de leviers et de pinces sont annexés à ce musée des horreurs. Les instruments de meurtre et de rapine dont les habitués de la Cour d'assises ont rassasié leurs regards ne vont plus s'engloutir dans les greniers administratifs. Ils forment les documents d'une collection destinée à devenir, avec le temps, comme une page vivante de l'histoire du crime.

Les moralistes prétendent qu'au même titre que les autres cette histoire-là a ses enseignements.

XVIII

DU CORRECTIONNEL AU CIVIL

En simple police. — Le Code et ses confusions. — Le sexe
du lièvre. — Un tribunal sur la sellette. — Injure ou diffamation ? — Les affaires entre parties. — Duchesses et princes
royaux. — Traits sublimes. — La finance véreuse. — Bureaux de placement autorisés et Sociétés autorisées. —
Remboursement en chaussons de lisière. — Le frétin. —
Difficultés de la réhabilitation. — L'embargo. — Les clients
de la correctionnelle. — Réflexions du prévôt Jacques Sanguin. — Paris-cloaque. — Les professions étranges et les
métiers innommés. — Physiologie du prévenu. — La défense.
— Un procès revisé. — Le jury à côté des juges. — Les sept
chambres civiles. — Répartition. — Les quatre prétoires
correctionnels. — Le glaive et la balance.

Tout, au palais, n'est-il pas un sujet d'études? Si,
des vertigineuses hauteurs de la Cour d'assises, nous
descendions au degré le plus infime de « la jugerie »,
comme disait Cormenin, nous rencontrerions dans le
tribunal de simple police lui-même, avec ses ritour-
nelles monotones, une mine d'inépuisables observa-
tions. L'incident trivial du trottoir mal balayé, du
tapis secoué par la fenêtre après l'heure réglementaire,
du cocher maraudeur, de la plante arrosée au préjudice d'un passant, a ses péripéties aussi bien que l'épisode plus corsé du tribunal correctionnel. Entre les
deux juridictions, la frontière est même si vaguement
délimitée, par endroits, que leurs attributions paraissent se confondre.

Le tribunal de police connaît des contraventions
aux lois sur l'ivresse publique, sur la police des routes,
aux lois et règlements relatifs à la tranquillité; il

punit les infractions concernant la propreté, la salubrité.

Délits de chasse, délits de pêche, contraventions à
la loi sur le colportage, destruction d'arbres, de
récoltes, de clôtures, récidives d'ivresse, relèvent du
tribunal correctionnel.

Chaque juridiction a donc son catalogue, en théorie.
Dans la pratique, cependant, combien d'ambiguités!

Ainsi : les infractions aux lois forestières. D'après
l'article 139 du Code d'instruction criminelle, « les
juges de paix connaîtront exclusivement des contraventions forestières poursuivies à la requête des particuliers »; aux termes de l'article 171 du Code fores-
tier, « les poursuites exercées au nom de l'administration en réparation de délits ou contraventions sont
portées devant les tribunaux correctionnels, seuls
compétents... » Pourquoi cette différence? On pourrait se prévaloir de la division établie par l'article 1er
du Code pénal :

L'infraction que les lois punissent des peines de simple
police est une *contravention*.

L'infraction que les lois punissent de peines correctionnelles
est un *délit*.

L'infraction que les lois punissent d'une peine afflictive ou
infamante est un *crime*.

Mais tous les jours les parquets défèrent aux tribunaux de première instance des causes qui paraissaient
être justiciables de la Cour d'assises; on appelle cela
« correctionnaliser » une affaire. Tous les jours aussi,
des confidences qui semblaient destinées à la police
correctionnelle vont au tribunal de simple police, et
réciproquement. Le Code veut que les faits pouvant
donner lieu soit à quinze francs d'amende ou au-
dessous, soit à cinq jours d'emprisonnement ou au-
dessous, soient considérés comme contraventions de

simple police ; et cependant plusieurs arrêts de la
Cour de cassation ont érigé en doctrine que, bien que
l'exercice illégal de la médecine sans usurpation de
titre comporte une amende de simple police, à la
juridiction correctionnelle seule appartient cette contravention.

A quel signalement, donc, discerner à première vue
l'infraction que les lois punissent des peines de police,
de l'infraction que les lois punissent de peines correctionnelles ; et l'infraction punie de peines correctionnelles,
de l'infraction châtiée d'une peine afflictive ou infamante ? Le classement légal ne rappelle-t-il pas quelque
peu cette définition facétieuse du sexe du lièvre : s'*il*
court, c'est un mâle ; si *elle* court, c'est une femelle !

Ainsi encore : la distinction entre l'injure simple et
l'injure publique, entre l'injure et la diffamation.
Suivant l'article 13 de la loi du 17 mai 1819 :

Toute allégation ou imputation d'un fait qui porte atteinte
à l'honneur ou à la considération de la personne ou du corps
auquel le fait est imputés, est une diffamation.

Toute expression outrageante, terme de mépris ou invec-
tive, qui ne renferme l'imputation d'aucun fait, est une
injure.

Le texte est clair en apparence ; le tribunal correctionnel, de qui dépendent l'injure et la diffamation,
n'a qu'à s'y référer. Mais, à maintes reprises, la Cour
souveraine a décidé que la diffamation, lorsqu'elle n'est
pas publique, constitue une injure simple, et voilà
forcément le tribunal de police saisi. Encore restera-t-il
à déterminer d'abord en quoi la publicité consiste.
D'autre part, les épithètes sont qualifiées diversement ;
« voleur », pour n'en citer qu'une, est, selon les tribunaux, tantôt une injure, tantôt une diffamation.

On pourrait épiloguer à perte d'haleine sur ce sujet,
accumuler les arguments, multiplier les exemples.

Ceux-là suffisent pour faire comprendre de quel poids il serait facile d'alléger la besogne des juges de première instance qui siègent à la police correctionnelle, sans surcharger outre mesure les juges de paix qui se relaient en simple police. Les tribunaux d'instance sont assaillis par des nuées de plaideurs dont la plainte n'est souvent qu'une démonstration hostile contre un débiteur ou contre un créancier, contre un compétiteur ou contre un ennemi. La demande du plaignant a fréquemment pour corollaire une demande reconventionnelle, et l'on s'aperçoit à la barre que beaucoup « d'affaires entre parties» sont tout bonnement des entreprises de mutuelle vexation. Les griefs les plus burlesques, les récriminations les plus cocasses s'agitent au fond de ces causes entre gens qui jouent de la justice comme d'un épouvantail. Le Trésor se réjouit. Bon an, mal an, les bureaux des amendes encaissent un million de francs.

A moins de fréquenter les audiences, on ne saurait s'imaginer jusqu'où peut aller, auprès de celles qui reposent sur une base sérieuse, la drôlerie de certaines revendications. Il est si facile au premier venu de traîner devant les magistrats qui bon lui semble ! Le demandeur consigne au greffe 1 fr. 45 c. pour coût du timbre du jugement à intervenir et frais de la mention au répertoire ; il fait libeller et délivrer l'assignation, dont le tarif est de 6 fr. chez l'huissier audiencier. La taxe, chez les autres, oscille entre 8 et 25 fr., selon leur fantaisie, les besoins de leur ménage, la coquetterie de leur femme ou l'opinion qu'ils ont d'eux-mêmes. Il n'y a guère de frein à ces sortes d'exactions. L'huissier qui envoie son clerc prendre date au palais, une liasse d'assignations sous le bras, se refuse rarement la volupté de prélever sur chaque client la bagatelle de 5 fr. pour « vacation au parquet ». Mais enfin, moyennant 1 fr. 45 d'un côté et 6 fr. de l'autre, quiconque éprouve l'envie de voir sur la sellette des prévenus libres un quidam dont la figure lui déplaît a le droit de s'offrir cette distraction. Total : 7 fr. 45 c. C'est pour rien.

C'est pour rien parce que si, à la vérité, l'assigné peut pour son compte user de la plainte en dénonciation calomnieuse ou en poursuite téméraire, l'avantage qu'il tirera de ce retour offensif compensera bien faiblement les avanies subies. Nos juges n'attachent qu'une médiocre importance à des tracas dont ceux qui en souffrent ne se considéreront jamais comme trop largement indemnisés. Comment songeraient-ils à s'émouvoir, nos juges? L'accoutumance les a bronzés contre toutes les surprises. Quand on voit des duchesses souffleter des gendarmes et des princes de sang royal s'associer à leurs domestiques pour fracturer des placards, on ne s'étonne plus de rien.

Les traits sublimes, même, passent inaperçus.

Assurément, la police correctionnelle n'en a pas le monopole, et ce serait un faux calcul que d'aller chercher là des candidats au prix Monthyon. Que pensez-vous de ceci, cependant ? Vers 1875, un homme de soixante-six ans, au passé immaculé, était condamné à un mois de prison pour avoir détourné des objets précieux confiés à sa probité. Il ne niait pas : le dossier contenait un reçu signé de sa main. Non, il ne niait pas. Pourtant, il était innocent. Le coupable, c'était son fils. Les entraînements de Paris l'avaient perdu : il n'avait pas craint d'imiter la signature paternelle. Et l'austère vieillard courbait la tête sous l'inculpation d'abus de confiance, pour écarter de l'héritier de son nom une accusation de faux.

Plus récemment, dans un procès financier, un fils se laissait, sans protester, condamner à la place de son père. Le dévouement n'était certes pas moins beau. Il peut passer pour moins stoïque, depuis qu'un euphémisme complaisant transforme l'escroquerie commise par les traitants en une bénigne « infraction à la loi sur les Sociétés ». C'est la loi du 24 juillet 1867 qui nous a valu ce lénitif.

Elle a des qualités, sans doute, la loi du 24 juillet 1867; elle est entachée d'un terrible défaut, en revanche. Elle imprime en quelque sorte aux tripotages d'argent un caractère officiel. Elle appâte les dupes, grâce à l'étiquette engageante dont elle revêt des transactions louches, de même qu'en d'autres régions l'enseigne : « Bureau de placement autorisé », inspire confiance à des naïfs persuadés que la police veille sur leurs intérêts. Bureau de placement autorisé ou Société anonyme autorisée, police ou gouvernement, l'intervention a ses conséquences fâcheuses. La race des gogos n'a toujours eu que trop de tendance à sevrer de ses capitaux l'industrie et le commerce pour les jeter à la spéculation aveugle ; il n'était pas besoin de l'y encourager. Vous savez le quatrain tracé malicieusement au pied du prospectus d'une banque interlope en quête de fonds :

> — Des gros barons de la finance
> Notre conseil se formera.
> — Oui, mais qui donc surveillera
> Votre conseil de surveillance ?

On a vu en quelques années les causes financières se succéder avec une stupéfiante profusion, et on n'est pas au bout. Tous nos grands débrouilleurs de chiffres, les Flory, les Magnin, pâlissent sur les expertises. L'actionnaire seul ne se lasse pas. Le faiseur qui a joué son va-tout parcourt d'un pas allègre le chemin du tribunal. Il arrive escorté d'une défense pleine d'attendrissement sur son sort. Jamais il n'aura entendu dire de lui-même autant de bien que dans cette plaidoire attentive à lui amortir la défaite. Il a perdu une partie dont l'enjeu l'attend en lieu sûr. Lorsqu'il aura

« fait son temps », il ne devra plus rien à personne. Il a remboursé en chaussons de lisière : le voilà libre de recommencer. Et il recommence. Le monde l'y encourage. Des mains très estimables s'allongent vers cet ancien réclusionnaire habillé par le tailleur en renom. De braves gens lui font accueil, qui lui tourneraient le dos s'il les abordait dépenaillé.

Sur ce terrain, le frétin composant la masse de la clientèle des prétoires correctionnels s'essayerait en vain à soutenir la lutte. Le pauvre diable qui a sombré là s'enfoncera de plus en plus. La proportion des récidives s'explique par la difficulté du relèvement autant que par l'incurabilité du vice. La loi autorise la réhabilitation, mais elle l'a entourée de conditions de publicité qui en paralysent l'essor. Elle contraint le libéré à proclamer par sa propre voix qu'il est un repris de justice. On vante l'instruction secrète ; voilà les occasions où il y faudrait recourir. On devrait aussi biffer du casier judiciaire la condamnation qu'aucune autre n'aurait suivie dans un laps de temps déterminé. Avec le système, parfaitement rationnel d'ailleurs, adopté par nos administrations publiques et privées d'exiger de tout postulant à un emploi un extrait de son casier judiciaire, ce feuillet de papier obstrue à tout jamais la route, pour l'individu qui, une fois en son existence, aura faibli. C'est l'embargo mis sur l'avenir du repentant.

Le repentir est-il commun, parmi les hôtes ordinaires de la police correctionnelle ? Qui pénètrera le secret de ces âmes ulcérées ? La petite porte de la tribune des prévenus est ouverte par un garde. Voici « la fournée » qui monte de la Souricière ou « les flagrants délits » qui viennent du Dépôt. A côté des cyniques qui ricanent, à côté des farouches qui blasphèment, il y a les vaincus de la concurrence vitale qui pleurent et les grands silencieux que la chute a brisés. Ceux-ci sont les problèmes. Les hommes qui siègent sur l'es-

trade ne sondent pas assez profondément les cœurs
entassés, pêle-mêle, au-dessous. Comment s'attarder à
déchiffrer des hyérogliphes, avec vingt ou quarante
causes à liquider en un matin? La fin de l'après-midi
appartient aux affaires entre parties. Il ne s'agit pas
de philosopher, mais d'expédier l'ouvrage. Et le battant étroit de la tribune en chêne va et vient sans
répit. D'un bout de l'année à l'autre, l'écume de Paris
s'engouffre là. Cependant, Paris n'engendre pas toute
cette fange. La province, si souvent prompte à fulmi-
ner contre « la capitale, » l'approvisionne largement
de scélérats. Sous Henri IV, déjà, le prévôt des marchands signalait cette abondance; en 1592, Jacques
Sanguin écrivait au roi :

Sire, on vous a dict qu'à Paris le populaire étoit turbulent
et dangereux, ôtez-vous cela de l'esprit. Voici vingt années ou
à peu près que je m'occupe d'administration ; or, il m'est de
science certaine qu'on insulte méchamment votre bonne ville.
Elle renferme, il est vray, deux sortes de populaire bien dis-
semblables et d'esprit et de cœur.

Le vray populaire, né et élevé à Paris, est le plus laborieux
du monde, voire même le plus intelligent ; mais l'aultre, Sire,
est le rebut de toute la France. Chaque ville de vos provinces
a son égout qui amène ses impuretés à Paris.

Par exemple, une fille se fait engrosser à Rouen, vite elle
prend le coche et vient débarquer à Paris où elle ensevelit sa
honte. Elle met au monde un petit estre, et c'est le Parisien
qui nourrit cet enfant, que le Normand a eu le plaisir de faire;
puis on dict : *Le Parisien aime la cotte !*

Un homme a-t-il volé à Lyon, pour échapper à la police il
vient se cacher à Paris, et comme le métier de voleur est le
plus lucratif par le temps qui court, il coupe les bourses de
plus belle. S'il est pris, voicy ce qui arrive: c'est le Parisien
qui est le volé, qui nourrit le Lyonnais qui est le voleur, et
l'on dit en province : *Il n'y a que des bandits à Paris !*

Un Marseillais a-t-il assassiné, Paris est son refuge et son
impunité; s'il occit encore quelqu'un, c'est-à-dire un Parisien,
la province dict : *Il y a plus d'assassineurs à Paris que dans
tout le restant de la France !*

Sire, il est temps que cela finisse. La ville de Paris ne doit plus estre l'hostellerie des ribaudes et des bandits de vos provinces. Que des lois énergiques rejettent cette écume hors de la ville, afin que le flot parisien reprenne sa transparence et sa pureté.

Le flot parisien n'a rien repris. Paris est toujours l'égout collecteur. Devant les juges, le défilé serpente, chaîne sans fin dont chaque anneau est un être vivant. Rapidement, le président questionne. Il est habitué aux dénégations. S'il advient qu'une réponse le déconcerte, c'est par la brutalité de sa franchise. Parfois, interrogé sur l'état qu'il exerce, un détenu riposte hardiment :

— Filou.

On sait immédiatement à quoi s'en tenir, du moins. Certains métiers ne sont compréhensibles qu'à l'aide de commentaires.

— Noircisseur de pattes de dindons, s'intitulait un prévenu que M⁰ Cresson assistait de sa parole.

Le volatile prédestiné aux truffes passant pour d'autant plus succulent qu'il est d'un âge moins avancé, des peintres auxquels on ne demande pas d'avoir séjourné à la villa Médicis teignent en noir les extrémités trop vénérables, afin de les rajeunir. Un client de M⁰ Ferré dévoilait une autre industrie oubliée par Privat d'Anglemont :

— Votre profession ?

— Barbouilleur de lapins, monsieur le président.

Quand la chasse est fermée, d'ingénieux polissons enduisent d'un caustique les lapins de garenne tués en fraude et les font passer à l'octroi comme lapins de basse-cour.

Professions quasiment innocentes, comparées à celles qu'on n'avoue pas. Les filles et les ruffians assis coude à coude sur le banc correctionnel parlent en général très haut de leur vertu. En tant que « souteneurs, » les « souteneurs » échappent à la loi. Ce sont eux, cependant, qui font les prostituées, comme le représentait au conseil municipal de Paris M. Levraud, en demandant contre ce mal un remède législatif. Délicates questions que toutes celles qui touchent à la police des mœurs. Le législateur hésitera à créer un nouveau délit, tant qu'il n'aura pas vu diminuer les chances de méprise à propos des délits existants. Les affaires de mœurs ne mettent pas toujours assez en éveil le flair du juge. Il est trop convenu que les affirmations des agents ne doivent point être suspectées. Encore une fois, le juge n'a pas le temps d'approfondir. Il questionne les dossiers beaucoup plus que les prévenus. Quarante fois sur cent, ces derniers se sont déjà assis là. Je crois avoir indiqué ailleurs cette proportion. Un magistrat s'écriait, parodiant le mot d'un général illustre :

— Ce sont toujours les mêmes qui se font juger!

Le récidiviste se trahit par le déhanchement de sa désinvolture. Sa face blême fuit le prétoire pour se tourner vers la salle ; son œil erre, inquiet, jusqu'au moment où il se fixe sur un ami. Les anciens camarades, les complices d'hier, ne manquent jamais à ce rendez-vous. Fouillez du regard le fond de l'auditoire, vous reconnaîtrez des physionomies aperçues sur les bancs. Le coupable qui a payé sa dette retourne au palais pour voir juger les autres. Circonstance remarquable : ses prédilections le poussent vers l'enceinte même dans laquelle il a été condamné.

Des allures timides, le front courbé, les paupières mi-closes signalent ou l'hypocrite ou le novice chez qui le sens du bien n'est pas encore atrophié. Comment distinguer ? Tous les caractères sont confondus. L'homme qui garde un reste de vergogne cache à la foule ses traits tourmentés. La femme et l'enfant semblent implorer du geste les indifférents assemblés autour de leur honte. Dans cette tourbe, cependant, il y a une aristocratie : ceux à qui leurs moyens permettent de payer un avocat.

Devant la juridiction du grand criminel, la présence de l'avocat est de rigueur. Si les proches de l'accusé ne lui désignent pas de défenseur, lui-même est mis en demeure de faire un choix sur le tableau de l'ordre. On le lui soumet dans la prison. Le détenu peut s'adresser par lettre au bâtonnier pour obtenir un avocat d'office. Le président des assises lui en imposera un, s'il le faut. Devant la juridiction correctionnelle, au contraire, la défense n'est pas obligatoire. L'avocat, même, est mal écouté. Ah ! s'il parlait à un jury ! Mais les cas sont bien rares où, comme dans celui d'Aimé Magot, le jury peut être substitué aux juges.

Aimé Magot était un employé de la poste qu'un commis libraire, convaincu de s'être approprié des timbres d'affranchissement pour une somme considérable, dénonçait comme l'ayant aidé dans ces détournements. Le 20 novembre 1879, ils comparaissaient ensemble en police correctionnelle et ils étaient l'un et l'autre frappés de six mois de prison, malgré les protestations du premier se redressant de tout l'orgueil de son honneur intact. Il lui restait une ressource. Simple particulier, il eût été irrémédiablement atteint, à moins qu'en appel... Mais la chambre des appels correctionnels avait alors un sobriquet significatif : on la nommait la *Chambre des Evêques,* à cause de ses nombreuses confirmations. Pour son salut, le préposé de la poste pouvait invoquer l'article 177 du Code pénal, qui vise la corruption des fonctionnaires publics et rend ceux-ci justiciables des assises. Ayant interjeté appel, il posa des conclusions tendant à ce que la juridiction correctionnelle se déclarât incompétente. Ces conclusions furent admises. C'était la contradiction absolue de la sentence prononcée. Pour aplanir le conflit entre les magistrats d'appel et ceux de première instance, la Cour de cassation eut à procéder à un règlement de juges. Par arrêt du 29 janvier 1880, elle soumettait de nouveau la procédure à la chambre des mises en accusation, d'où le renvoi en Cour d'assises devait être ordonné. Aimé Magot allait se sentir plus fort. En première instance, on ne lui avait prêté qu'une oreille distraite ; on s'en était remis aux allégations de son accusateur. Devant la juridiction criminelle, la franchise des explications de l'accusé saisissait tous les esprits ; l'embarras de son co-détenu, cité en témoignage, sautait à tous les yeux. Le ministère public lui-même était converti. M. l'avocat général Bertrand se levait, non pour soutenir l'accusation, mais pour la combattre. Un verdict d'acquittement était rendu en faveur d'Aimé Magot.

Quand des jurés siégeront-ils au Tribunal ? Dans son savant *Traité des délits et contraventions de la parole,* Chassan fait valoir qu'on admet le jury en matière criminelle « parce que le peuple a intérêt à savoir si le pouvoir qui accuse ne se sert pas du prétexte d'un crime pour opprimer un citoyen ». Et il ajoute : « Là, le contrôle du pays est rationnel, il peut être efficace. » N'a-t-on pas le droit d'appliquer aux matières correctionnelles le même argument ? Au-dessus du soupçon d'oppression, d'ailleurs, un autre sujet doit préoccuper : la crainte de l'erreur. Le jury correctionnel institué, la compétence des juges suffirait encore à la masse des menus délits. On simplifierait même la solution, dans les cas embarrassants, en laissant les prévenus opter. Le jury n'aurait de la sorte à statuer que sur des cas spéciaux. Les coupables trop prompts à solliciter son assistance ne tarderaient pas à s'apercevoir, en effet, que sur certains chapitres sa sévérité excéderait celle des juges. On ne recourrait donc au jury qu'avec circonspection.

Irait-on jusqu'à lui accorder l'accès des chambres

civiles, une fois le principe admis ? Ce point serait à examiner. Mais entre cela et ceci l'intervalle est large. On s'en convainc aisément, pour peu qu'on envisage la sphère d'activité des diverses chambres ; car chacune a en quelque sorte sa spécialité.

La 1re chambre du tribunal s'occupe des procès touchant l'état des personnes, la préfecture de la Seine, les communes, l'Etat, les nullités de mariage, la propriété littéraire, les testaments importants. La 2e chambre a les causes secondaires de testaments, les débats très ardus relatifs aux séparations de biens, à la propriété immobilière, à l'enregistrement ; l'audience du mardi est dévolue aux affaires d'ordre et de contribution. La 3e juge les questions de contrefaçon, d'expertises mobilières, d'architecture, les règlements de gros travaux. La 4e, les séparations de corps, les accidents. La 5e, les demandes courantes en paiement de mémoires de fournisseurs, en exécution de baux. La 6e et la 7e règlent les différends intéressant le paiement des petites factures, des loyers ; les appels des jugements de justice de paix sont portés à leur barre.

Voilà pour le civil. Passons au correctionnel.

A la 8e chambre : Appels des jugements de simple police ; affaires de presse, d'octroi, de monopoles de la régie, d'ouverture de débits de boisson sans déclararation, de falsification de denrées alimentaires, de tromperie sur la quantité des marchandises vendues, de mise en vente de viandes insalubres, de jeux de hasard, de tenue de maisons de jeu, d'infraction à la loi sur les machines à vapeur. A la 9e : Infractions aux lois sur la pharmacie et la médecine, à la loi sur les logements insalubres ; délits de chase, outrages aux agents, blessures et homicides par imprudence. A la 10e : Contraventions à la police des voitures dans les gares, infractions à la police du roulage ; délits de pêche, ivresse, outrages aux agents ; infractions à la loi sur le travail des enfants, à la loi du 23 décembre 1874 sur les nourrissons. A la 11ᵉ : Outrages aux agents, encore; infractions aux lois postales, aux lois sur la conscription des chevaux, sur la police des chemins de fer. Ici s'arrête la division du travail. Les procès pour escroquerie, pour abus de confiance, pour adultère, et en général tous ceux qu'a élucidés une instruction, sont déférés à la chambre dont le substitut a reçu du Procureur de la République la mission de dresser le réquisitoire de l'affaire.

La comparaison établie, l'extension du jury aux matières civiles répond-elle à une nécessité ? Quand le point de fait se confond avec le point de droit, il n'appartient de discerner qu'aux légistes. Comment le juré saisirait-il les subtilités de l'usufruit, les finesses de la tacite reconduction ? Comment apprécierait-il les beautés du bail emphytéotique et goûterait-il le charme des biens paraphernaux ? Jusqu'à ce que ses aptitudes soient au niveau de toutes les solutions, le jury s'arrêtera donc au seuil des prétoires où la loi rentre au fourreau son glaive et se contente de garder sa balance à la main.

XIX

BIZARRERIES LÉGALES.

Les acteurs inconnus. — Mémoires et devis. — Un détournement d'entrechats. — Discoureurs convaincus. — Vive le
roi ! — Un fusil sans poudre. — Batailles d'avocats. — Bethmont et Jules Favre. — Chaix d'Est-Ange et Paillet. — L'injure
à la barre. — Clients lâchés par le Code. — Deux centimes
pour vingt francs. — Les tableaux-annonces. — « Attendu »
et « Considérant ». — Le sens commun et la chicane. — Martial Deloménie. — Fou au civil, raisonnable au criminel. —
Spéculations sur les testaments. — Le suicidé Couvreux.
— La succession Mellerio. — Portrait au fromage. — La
part de Dieu. — Moak. — Le nez d'une Anglaise et la peau
d'un Yankee. — La chambre des mariages. — Contradictions. — Trop de procès !

Refuge des contestations pécuniaires, des dissensions intestines, des conflits d'humeurs, la justice
civile ne vise pas l'ordre public directement. Mais elle
y touche par la tangente. En interposant son indépendance à propos, elle protège le faible contre les empiètements du fort, elle préserve le fort des récriminations
imméritées du faible. Parfois, comme dans les questions de tutelle, d'interdiction, d'usurpation de titre,
elle dispose de l'honneur des noms. Parfois, comme
dans les instances en adoption ou en séparation, elle
est maîtresse de l'avenir des familles. De vastes intérêts sont débattus dans ses enceintes. Le gros public,
pourtant, paraît s'en soucier peu. Que lui importent
la tragédie et la comédie sans leurs personnages ! Il
veut la vie prise sur le fait. Avec la juridiction civile,
— soit tribunal, soit cour d'appel, — pas de figures
grimaçantes ; ou bien, si elles grimacent, c'est confon-
dues parmi les indifférents de la galerie. Honnis
soient les acteurs qui jouent *incognito !* Les parties

ont comparu, peut-être, mais dans la chambre du conseil. Des témoignages ont pu être entendus, mais par un juge en son particulier, durant les investigations d'une enquête.

On a autographié des mémoires, aligné des devis, armé des expertises, gréé des contre-expertises; car la juridiction civile a aussi ses consultants empruntés à toutes les professions : architectes, tapissiers, carossiers, couturières, médecins, chirurgiens, ingénieurs, peintres, sculpteurs, littérateurs, musiciens. On compte, au tribunal, jusqu'à un contrôleur en surdi-mutité. Il fallut même, il y a quelques années, confier à un bachelier ès danse la vérification d'un différend chorégraphique, dans une de ces revendications de propriété devenues si communes en matière d'art. Un maître de ballet applaudi en France autrefois avait émigré au pays des roubles. Revenu à Paris entre deux saisons de l'opéra russe, M. Perrot assiste, à l'Académie de musique, à une représentation de Mme Petipa. Rapt audacieux! La ballerine ose mimer une figure, « la cosmopolitana », dont il est, lui, l'inventeur. Un pas que tout Pétersbourg a acclamé! Perrot s'indigne de ce détournement d'entrechats à son préjudice, plaide contre la plagiaire par l'organe de Me Carraby, et obtient 300 fr. de dommages-intérêts. L'attrait serait vif, en de pareils jours, si les expériences avaient lieu à la barre. On voit, à la vérité, certaines affaires de contrefaçon ou de concurrence déloyale obliger l'avocat à joindre à son dossier un produit industriel, un modèle de machine; mais le plaidoyer au civil n'est habituellement qu'un champ d'arides démonstrations.

Des paroles seulement; point d'action. Toute la saveur de l'audience est dans les condiments dont l'assaisonnent les orateurs. Aussi, nulle part l'avocat ne confond-il davantage sa personnalité avec celle du client, — si ce n'est dans les causes politiques.

— Vive le roi! s'écriait Berryer en se levant pour combattre devant un petit tribunal du Midi une poursuite correctionnelle pour cris séditieux, sous l'empire.

Et l'assistance électrisée de répéter : « Vive le roi! » Puis, l'enthousiasme calmé :

— Voilà, messieurs, le cri qu'on nous accuse d'avoir proféré...

Cette assimilation établie par l'avocat entre sa propre individualité et celle qu'uil défend engendre de prodigieuses surprises ; mais qu'elle amène aussi des effets désastreux! L'Intimé semble avoir quatre pattes et se tordre dans la niche du chien, lorsqu'il gémit :

On brise le cellier qui nous sert de refuge!

M. Frédéric Thomas raconte avoir entendu tomber des lèvres d'un confrère cette phrase. excessive :

— Enfin, messieurs, on ne songea à apposer les scellés que cinq jours après ma mort !

« Le morceau était pathétique, » ajoute l'auteur des *Vieilles lunes d'un avocat*, « il devint burlesque. » Nul n'y contredira. Un de ces énergumènes de la barre narrait une histoire de fusil déchargé sur son client. Dans le feu de l'improvisation, il imitait le geste du tireur et couchait en joue les juges.

— Avocat, fit le président, tirez plus bas, vous pourriez blesser la Cour.

L'autre avait de la répartie ; il riposta lestement :

— Que la Cour se rassure, le fusil n'est point chargé à balle.

La solidarité étroite qui lie parfois à la cause celui qui lutte pour elle a fourni à Mᵉ Cléry un dramatique épisode des *Souvenirs intimes sur Bethmont*, dans le *Bulletin de l'association des anciens secrétaires de la conférence des avocats du barreau de Paris*, parvenu en 1881 à la troisième année de sa publication. Un prêtre insurgé contre le miracle de la Salette avait pris à partie une dévote considérée comme l'héroïne de l'apparition de la Vierge à deux bergers, Mlle Constance Saint-Féréol de la Merlière. Celle-ci avait attaqué M. l'abbé Déléon en diffamation. Le tribunal l'avait déboutée de sa demande. Le 27 avril 1857, Jules Favre plaidait pour Mlle de la Merlière devant la cour d'appel de Grenoble; Bethmont représentait l'abbé. Ils s'envoyèrent de terribles bordées d'invectives. « C'était là, dit le biographe, une de ces rares mais solennelles occasions où l'identification est complète entre l'avocat et le client, où les arguments s'échangent comme des coups d'épée, où les éclairs de la voix remplacent pour ainsi dire l'acier des lames. » Il y eut réconciliation. Trente ans auparavant, Paillet et Chaix d'Est-Ange avaient préludé à une longue et inaltérable amitié par un cartel, au sortir d'une audience.

Bienheureux les plaideurs, quand c'est d'avocat à avocat que sont assénés les horions. En général, ils partent avec une destination différente. Les personnalités bafouées, vilipendées sont celles mêmes des clients. Une ordonnance de 1291 avait beau enjoindre aux avocats d'exposer les faits sans injurier les parties, elle n'était guère plus obéie que cette autre ordonnance de 1276 leur prescrivant de parler « briesvement, justencieusement et honnestement ». Tous les affidés du barreau ne sont pas versés dans l'art délicat de la prétérition. Trop fréquemment, aussi, les parties s'efforcent d'astreindre ceux qui les chaperonnent à se faire les interprètes de leurs fureurs. Un avoué se targuant de circonspection lançait ce mot d'une candide scélératesse :

— Quand j'ai des grossièretés à risquer, je les fais signer par le client!

Les plaideurs voient volontiers dans les immunités

de la barre un prétexte à des satisfactions de rancunes. De même s'imaginent-ils que le Code a pour mission de couvrir leurs imprudences les mieux avérées ou leurs plus sottes erreurs. Les juges, quelquefois, réfutent cette thèse. En janvier 1878, le tribunal de Mont-de-Marsan renvoyait indemne un colporteur du nom de Vinsonneau qui lui était déféré pour s'être fait rendre dans une auberge 19 fr. 30 c. sur une pièce de 20 centimes présentée au comptoir pour 20 francs : « Attendu, disait la sentence, que la loi pénale ne doit pas protéger les citoyens contre leurs propres fautes, mais seulement contre les voies de fait et les fraudes auxquelles leur prévoyance n'a pu les soustraire... » Deux ans plus tard, le tribunal correctionnel de la Seine était saisi d'une cause provoquée par deux cents plaignants. Eux aussi durent être tentés de traiter le Code de lâcheur.

Procès instructif.

Un commis vêtu avec élégance se présente chez un honnête boutiquier :

— Monsieur, je viens vous proposer des annonces.

— Des annonces ? C'est que...

— Oh! vos objections tomberont. J'ai des prix qui défient toute rivalité.

Le visiteur déplie un paquet :

— Voici mes prospectus. J'opère sur des tableaux muraux, des tableaux-baromètres, des tableaux-couvertures. Chacun de mes tableaux est divisé par cases. Voulez-vous deux cents cases des tableaux-couvertures ? Excellente propagande, spécialité pour cercles, cabinets de lecture, cafés...

— Les conditions ?

— Six francs.

— Six francs, deux cents annonces ! En vérité, cela est pour rien... Prenez, voici la somme.

— Préférez-vous mon tableau mural, qui va dans les

gares ; mon tableau-baromètre, qu'on accroche aux coins des rues ? Le tarif est encore plus bas.

— Non, non, je m'en tiens à ce que j'ai dit. Les six francs sont à vous.

— Conservez-les, je ne vous demande qu'une signature... Notre petit traité sera exécuté fidèlement.

Le commerçant signe, — la commerçante plutôt, — car le plus souvent c'est aux femmes que s'adresse le tentateur, à l'heure où les maris sont dehors.

La semaine suivante, un autre employé vient à l'encaissement. Il exhibe une quittance fort inattendue, par exemple! Ce n'est plus d'un écu qu'il s'agit, mais de 3,600 francs.

— Trois mille six cents francs! Ah ça! vous voulez rire ?

Le garçon de recette, au contraire, a tout son sérieux. C'est que le souscripteur a omis, en signant, quelques détails. D'abord, il s'est lié pour trois ans, en vertu d'une stipulation qui a échappé à son regard distrait. Ensuite, le chiffre de six francs s'appliquait à une case. Deux cents cases, c'est deux cents fois 6 francs. Multipliez par trois années, le total n'est plus douteux. Ce qui l'est, c'est la probité de l'inventeur du contrat qui n'a eu qu'à remplir les blancs pour se constituer 1,200 fr. de rentes. Mais si les commerçants se sont engagés au delà de ce qu'ils croyaient, tant pis pour eux : ils n'avaient qu'à lire avec plus de soin les clauses soumises à leur appréciation.

Ainsi en décidait le Tribunal par un jugement établissant que, quelque répétés qu'aient pu être les mensonges des courtiers d'annonces, on ne les pouvait considérer comme des manœuvres au sens de la loi. L'absolution était donc donnée aux prévenus, mais en des termes assez flétrissants pour ouvrir aux victimes le chemin d'une action civile en résiliation de contrats.

Le ministère public interjetait appel. La Cour confirmait la décision : « Considérant... » Les cours disent
considérant, comme les tribunaux disent *attendu ;* mais
on va voir que la divergence des formules ne nuit en
rien à la similitude du fond :

Considérant qu'il résulte de l'instruction et des débats que
c'est en trompant un grand nombre de commerçants sur l'importance réelle des engagements qu'il leur faisait contracter,
que X... a obtenu la signature de ces commerçants sur
des formules de souscription ayant pour objet des annonces à
insérer dans des tableaux, divisés par cases, dont la femme C...
avait l'entreprise ;

Mais considérant que si l'unanimité des témoignages
recueillis ne laisse aucun doute sur l'existence des allégations
mensongères par lesquelles X... a surpris la bonne foi de
ces commerçants et sur le dol dont les actes dudit X... sont
entachés, il n'est cependant pas possible de reconnaître
dans les faits constatés à sa charge les manœuvres fraudu-
leuses qui sont, au terme de l'art. 405 du Code pénal, un élément nécessaire et constitutif du délit d'escroquerie...

De pareilles sentences doivent-elles demeurer comme
les professions de foi de magistrats plus épris des inspirations du sens commun que des beautés de la
chicane, ou faut-il les considérer comme les indices de
lacunes à déplorer dans nos textes répressifs ? Le
Code a ses étrangetés. Il advient aussi que des dispositions pénales tirent de l'application qu'elles reçoivent
un caractère inopiné. Le 25 janvier 1877, le soldat
Martial Deloménie coupable, ayant bu plus que
de raison, de s'être révolté contre un officier à l'occasion du service, était condamné par le 2º conseil de
guerre de Paris :

1º A cinq francs d'amende pour ivresse ;

2º A la peine de mort pour voies de faits envers un
supérieur.

Ces bizarreries de la loi et des adaptations qu'en font
les juges se manifestent surtout dans les causes où est

révoquée en doute la sanité d'esprit d'un des plaideurs. Autant la justice criminelle se montre complaisante à frapper quand il ne lui est point surabondamment prouvé que l'accusé n'a pas agi dans la plénitude de son libre arbitre, autant la justice civile est prompte à invalider les actes d'un individu, à le priver de la direction de ses intérêts, de sa personne, de ses biens, dès que pèse sur lui la moindre tare intellectuelle. D'un côté, les juges sont rebelles à l'évidence ; de l'autre, ils se contentent de présomptions. Dès lors, par une contradiction inique, l'être qu'une aberration constatée peut mettre hors d'état de gérer ses affaires semblera suffisamment intelligent pour répondre d'un acte criminel.

La tendance de la justice civile à réformer tout ce qui dépasse, à son gré, l'alignement mental est particulièrement exploitée dans les spéculations basées sur les dernières volontés des mourants. Il est certain que des familles sont frustrées par des dispositions signées à l'heure suprême sous la pression de l'intérêt, ou émanant d'une raison troublée, d'une conscience incomplète. Il n'est pas moins positif que, tout respectables qu'ils soient, des ordres écrits ou dictés *in extremis* sont méconnus.

La terre à peine refermée sur le cercueil, les convoitises entrent en branle autour des dépouilles. Les résolutions finales du défunt sont attaquées parfois ʳdans leur expression la plus authentique.

Où est le criterium d'un sain jugement ? Les tâtonnements se traduisent par des décisions irréfléchies, tantôt dans un sens, tantôt dans l'autre. — « Les tribunaux français, a écrit M. le docteur Legrand du Saulle, livrés à leurs propres inspirations et à leur droiture habituelle, se montrent d'une très grande timidité, toutes les fois qu'ils ont à apprécier des dispositions entachées de délire ou considérées comme telles ... »

— Cette opinion est empruntée à une curieuse *Étude médico-légale sur les testaments contestés pour cause de folie*, dont la doctrine fondamentale est celle-ci : que le testateur commande en maître et soit obéi, s'il a dressé un acte intelligent et libre ; que sa volonté, au contraire, soit annulée, si sa raison n'a pas été entière au moment où il a arrêté la distribution de ses biens.

Selon les dispositions de l'article 901 du Code civil : « Pour faire une donation entre vifs ou un testament, il faut être sain d'esprit. » La loi française n'a cependant pas enfermé l'insanité d'esprit dans le cercle étroit d'une définition.

Elle a laissé aux tribunaux le droit d'apprécier les circonstances et de se prononcer selon la gravité des faits révélés.

Mais qui éclairera les tribunaux, en matière de testaments ? Le notaire ne convaincrait personne. Interprète du testateur, il ne saurait être l'appréciateur de sa capacité. « Il ne voit son client qu'un moment, a dit Merlin, — *Répertoire de jurisprudence ;* — pénétrerait-il en un instant dans le fond de son cœur et dans le secret de son âme ? » Les intéressés seraient suspects. Il suffit que l'enquête recueille leurs dépositions.

C'est donc des médecins traitants, des médecins experts consultés ou désignés d'office que dépendent les témoignages désisifs.

Parmi d'autres souvenirs, l'auteur de l'*Étude médico-légale sur les testaments* évoque l'affaire Couvreux, dont le retentissement fut énorme.

Le 24 avril 1862, dans un hôtel de Castellamare, en Italie, Henri Couvreux mettait fin à ses jours à l'aide d'une guillotine qu'il avait construite lui-même et à la confection de laquelle il avait appliqué les deux dernières années de sa vie.

Cet homme avait, en 1847, été enfermé par autorité administrative dans une maison de santé ; il avait, en 1851, été interdit par le Tribunal de Langres pour cause de démence. On trouva chez lui une note rédigée la veille de sa mort et conçue en ces termes incohérents :

Pour l'exécution de ma dernière volonté :

Cette dernière est écrite encore et toujours sous l'influence de cette nécessité dérisoire, comédie odieuse dont m'environne ostensiblement pour moi, depuis quinze années, l'espèce humaine.

Les mille preuves les plus mathématiquement positives s'en produisent à toute heure, à tout moment : 1° L'imprudente et grossière licence de la gravure frontispice que je trouve ici placée en tête d'un ouvrage (les fables de Florian) qu'on met aux mains de l'enfance la plus chastement instruite ; 2° Les termes mêmes du blason ; 3° Les lettres de l'alphabet (voir Musée des familles, 1842, pages 366 et suivantes), démontrant surabondamment que l'espèce humaine met partout, veut qu'on voie partout l'idée procréative, son incessante préoccupation. De là à la pensée d'améliorer, il n'y avait qu'un pas. Et le pas n'a rien coûté à la férocité, à l'égoïsme implacable du genre humain vis-à-vis d'un seul. De là mes tortures.

De là l'emploi journalier du poison pour surexciter les nerfs, endolorir jour et nuit les entrailles ; de là les accusations les plus folles ; de là les dénigrations irritantes des faits les plus patents, et aussi et encore les changements de noms, les divers déguisements portés ici et là par une seule et même personne.

Cela posé, si, par une fatalité quelconque, j'échappais une seconde fois à la mort acceptée, même sous la forme terrible que l'on m'a forcé de lui donner, les personnes d'ici auraient droit, sans doute, à me taxer d'indélicatesse si je ne pouvais leur présenter aucun papier codicille, exprimant une volonté positive et dernière ; car, à l'un, j'ai laissé entendre que je me souviendrais qu'il s'est chargé volontairement de très nombreuses acquisitions que mon état de maladie ne me permettait plus de faire moi-même ; aux autres, qui avaient la garde de mes effets, chaque fois que j'étais absent de mon domicile, que cette protection à tous objets meubles que je possède ne sera pas stérile.

Il serait donc séant si, pour un motif que j'ignore, cette comédie horrible, à laquelle je tente d'échapper par la mort se prolongeait au-delà de mon existence, que M. Charles Couvreux remît :

A M. Dionig Calvacino, qui s'est chargé de toutes mes acquisitions pendant plus d'une année, tant à Naples qu'à Castellamare, la somme de mille francs, ci. . . . . .   1,000 fr.

Aux personnes de l'hôtel qui m'ont pris en pension de l'année 1853 à 1854, mille francs, ci. . .   1,000

Total. . . .   2,000 fr.

Les sommes à distribuer entre les diverses personnes, maîtres de l'hôtel, seraient plus importantes si les derniers temps du service n'eussent été mauvais et même, en divers points, tout à fait nuisibles à mon état sanitaire.

Fait à Castellamare, albergo della Grande-Bretagne, maison particulière Cunnavaccinolo, et recommandé à l'observation exacte de M. Charles Couvreux.

22 avril 1862.

HENRI COUVREUX.

Le triage d'autres papiers révéla l'existence d'un testament notarié en date du mois d'août 1843, par lequel M. Couvreux instituait une cousine à lui sa légataire universelle. Ce testament fut attaqué. Les frères et les neveux du défunt montrèrent celui-ci atteint, dès 1836, d'une monomanie qui lui avait fait prendre en haine sa famille. Le Tribunal de la Seine prononça l'annulation de l'acte. Malgré l'appel de Mlle Lucile Couvreux, soutenu par Me Busson-Billault, combattu par Me Hébert, la Cour confirma le jugement. Il peut donc advenir que les magistrats ne se résolvent pas à invalider des dispositions testamentaires sans des motifs d'une gravité constatée.

Le 30 avril 1870, M. Antonio Mellerio tombait du faîte de son château de Tailleville et se brisait le crâne sur le pavé de la cour. Il venait de faire atteler; il semblait qu'il se disposât à une promenade en voiture, quand, soudain, il était monté à ce belvédère. Se croyant appelé par les anges, il s'était élancé dans le vide. Le défunt léguait 200,000 fr. à un monastère et le surplus de son opulence à une personne qui lui tenait de près par les liens du cœur. Cette femme, il avait tenté de la quitter. En 1868, dans un accès de mysticisme, il avait précipité au feu un coffret rempli de lettres écrites par elle et, plaçant ses propres mains au milieu du brasier, il s'était écrié :

— Brûle, brûle et purifie mon passé !

On n'était parvenu à le soustraire aux flammes que les dix doigts carbonisés. Force fut de recourir à l'amputation. Démence absolue, d'après les spécialistes. Le testament fut discuté par les légitimes héritiers. Les juges de première instance le validèrent. En appel, le procureur général conclut à la certitude de la volonté du testateur. Le 28 juillet 1873, un arrêt de la Cour de Caen, ratifiant ces conclusions, confirmait le jugement primitif.

La loi devrait exiger que l'acte du testateur soit libre, réfléchi, et pardonner beaucoup, lorsqu'il remplit ces conditions. Un malade mort en état de démence avait, par un écrit antérieur de quelques années, disposé d'un legs important en faveur d'une femme à son service. La famille attaqua cette donation. Son avocat produisait d'étranges lettres du défunt ; celle-ci, par exemple, tracée sur un feuillet de papier à musique et adressée à un avoué :

Jouissant, quoi qu'on dise, de mes facultés physiques et morales, M. le docteur B.. médecin distingué de la Faculté de Paris, n'hésite plus à me permettre d'écrire, mais seulement à mes bons, vrais et intimes amis de Sens, Provins et Paris. Je ne dirai pas ici qu'on interprète lâchement mon innocente correspondance à seule fin de lui donner une petite odeur de sainteté, c'est-à-dire de capucinière et de jésuitique.

Infâmes abdéritains des bords de l'Yonne, vous m'avez chassé

de vos remparts de six pieds d'épaisseur ! Je ne soutiendrai
plus bêtement, contre l'avis d'un vrai sage qui mérite si bien
d'être l'historien de son pays, je ne soutiendrai plus, dis-je,
qu'Agendicum Senonum a été bâtie par le grand Jules. Mais
je dirai que je suis tenté de croire qu'il l'a été par le diable.
Voyez au surplus tous les D qui ornent tous les murs de sa
charmante abbaye de Cœur-Tendre.

Conclusion : Je vous autorise formellement à vendre ma maison de Sens et mon jardin du Taux, le plus cher possible,
mais pas à moins de 60,000 francs comptant et payables, de
rigueur, à mon domicile à Paris.

Et cette autre, expédiée de Paris à un coiffeur, à
Sens :

J'ai l'honneur de remercier M. P..., l'ami barbier de cette
ville que je renie pour ma ville natale. Je compte en faire venir
un de Paris qui ne sera ni tartuffe ni congréganiste. M. P...
se fera payer par Jeannette, mon esclave, laquelle je dois affran-
chir bientôt et épouser sollennement en dépit de tous les calo-
tins du monde.

Enfin, ce mot encore, destiné à la légataire :

Madame,

Un de vos respectueux et admiratifs pensionnaires, mais
qui, malheureusement, est, comme d'Asnières, original de
Champagne, ose cependant prendre,
> Non pas la liberté
> Mais la témérité,
De vous envoyer son portrait sculpté
> En bas-reliefs,
> Si ce n'est traits pour traits,
> C'est au moins à peu près.

Ce chef-d'œuvre, comme vous le devinez, vient d'être fait
en déjeunant.

Le « chef-d'œuvre » consistait en une rondelle de
fromage de gruyère sculptée assez adroitement, et of-
frant l'effigie de l'auteur. Cette pièce à conviction fut

apportée devant le tribunal. Il n'en confirma pas moins le testament.

Comment n'approuverait-on pas les magistrats de juger dans le sens le plus large, alors que les intéressés eux-mêmes se soumettent de leur plein gré à des volontés bizarrement exprimées ?

Le 23 avril 1861, s'éteignait à Neufchâtel, à l'âge de quatre-vingt-deux ans, le notaire suisse Isaac Vuagneux, marié et sans enfants. Il laissait un pli à décacheter après la mort de sa femme survivante. Celle-ci décéda quatre ans plus tard, instituant pour héritière une nièce élevée par les époux Vuagneux. Le pli scellé fut alors ouvert. Voici ce qu'il contenait :

CONTRAT DE SOCIÉTÉ.

Entre le grand Dieu souverain, l'Eternel tout-puissant et tout sage, d'une part ;

Et moi, soussigné, Isaac Vuagneux, son très chétif, très misérable et très soumis serviteur et zélé adorateur, d'autre part, a été fait et arrêté le contrat de société dont la teneur suit :

Art. 1er. Cette association a pour but le commerce en spéculation des liquides.

Art. 2. Mon très respectable et très magnanime associé daignera, comme mise de fonds, verser sa bénédiction sur notre entreprise dans la mesure qu'il jugera le mieux convenir à ses vues paternelles et à l'accomplissement des décrets immuables de sa sagesse éternelle.

Art. 3. Moi, soussigné, Isaac Vuagneux, promets de m'engager de mon côté à verser dans l'association susdite tous les capitaux qui seront nécessaires ; de faire toutes les transactions pour les loyers de caves, achats et ventes, tenue d'écritures, comptabilité, et, en un mot, de consacrer mon temps, mon travail et mes moyens physiques et moraux, au bien et à l'avantage de cette première ; le tout en conscience et de bonne foi.

Art. 4. Les livres tenus en partie simple constateront toutes les opérations qui auront lieu ; et les sommes portées au débit et au crédit du compte seront bonifiées des proratas d'intérêt calculés jusqu'au 31 decembre de chaque année, époque à laquelle le règlement des comptes sera arrêté.

Art. 5. Les bénéfices nets seront partagés, par moitié, entre mon haut et puissant associé et moi.

Art. 6. Il sera ouvert à celui-là un compte particulier dans lequel figureront au crédit sa part des bénéfices, et au débit les diverses sommes qui auront été délivrées par moi, soussigné, soit à des pauvres collectifs ou en particulier, soit enfin à toutes œuvres pies que l'esprit de mon Dieu me suggérera de faire.

Art. 7. Lorsque mon Dieu jugera bon de me retirer de ce monde, la liquidation des affaires de notre association sera immédiatement confiée et remise aux soins de mon neveu, M. Frédéric Preud'homme-Favarger, qui est dès cet instant prié de ma part de bien vouloir s'y prêter. Eprouvant ainsi la plus vive satisfaction à associer mon Dieu à mes travaux, je m'en remets, pour le succès, aux sages dispositions de sa Providence.

Ainsi fait, convenu et réglé à Neufchâtel, dans mon domicile, sous ma signature privée et le sceau de mes armes, le dix-septième septembre de l'an de grâce mil huit cent quarante-sept (1847).

J. VUAGNEUX, notaire.

Notre entreprise ayant été bénie, le solde actif avenant à mon grand et magnanime associé, tel qu'il se trouve exister feuillet 79 de mon livre (comptes courants), et au feuillet 60 (comptes de mon associé), devra être remis trois mois après ma mort, ou celle de mon épouse, à MM. les pasteurs comme sus est dit. L'exécuteur de mes volontés, mon neveu Frédéric Preud'homme, étant décédé, ce sera à mes successeurs à se conformer au prescrit du présent contrat social, en remettant ce solde à MM. les pasteurs, si, comme je l'espère, ils veulent bien s'en charger, en le plaçant pour le rendre productif d'intérêts, tout en faisant et du capital et des revenus l'emploi que leur prudence leur suggérera d'après l'inspiration divine.

J. VUAGNEUX, *notaire.*

Le conseil d'Etat, ayant seul qualité en Suisse pour ratifier un legs, rejeta celui-là comme étant « le produit d'un esprit dérangé ». L'héritière du bonhomme Vuagneux n'en versa pas moins aux pasteurs de Neufchâtel, par respect pour la mémoire de son oncle, une somme de

7,393 fr. 55 c., solde du compte revenant à Dieu comme associé de l'ancien notaire.

Paris n'a pas oublié le testament du commandeur da Gama Machado, gentilhomme de la chambre du roi de Portugal, conseiller de l'ambassade portugaise, mort possesseur d'une immense fortune dont une portion était léguée à des oiseaux. Le docteur Legrand du Saulle a emprunté à la Grande-Bretagne une autre « illustration », comme on dit là-bas, de ces tendresses posthumes pour les animaux :

Un nommé Gothard mourut vers la fin d'août 1849 à Walworth, près Cheltenham, où il avait fait une espèce de fortune dans le commerce de verdurier ou marchand de légumes. Le défunt avait conservé une vive affection pour un âne, compagnon soumis de ses travaux pendant 26 ans; il l'appelait son cher Moak, et lorsqu'il célébrait, comme tout bon Anglais, les fêtes de Noël par un repas solennel, il faisait placer son âne à table et lui donnait la première tranche de plum-pudding.

Ce vieux serviteur n'a point été oublié dans le testament de Gothard; une rente a été léguée pour lui assurer, pendant le reste de sa vie, une existence confortable.

Mais ce n'est pas tout; le testateur a exigé, sous peine d'exhérédation de ses légataires et de restitution de son exécuteur testamentaire, que Moak figurât à la cérémonie de ses funérailles comme conduisant le deuil, affublé d'une espèce de manteau avec des pleureuses et un crêpe autour de ses oreilles.

Les ecclésiastiques de la paroisse et les autorités se sont refusés à cette profanation; mais les légataires, et particulièrement celui à qui était confiée la garde de l'âne, ont positivement déclaré qu'ils ne voulaient point perdre les bénéfices du testament, et que la force seule les empêcherait d'en accomplir les charges. Le cortège s'est donc acheminé vers l'église à l'heure fixée pour se rendre ensuite au cimetière. L'âne marchait gravement derrière le corps à la tête des quatorze parents ou légataires, rangés deux par deux et montrant l'air le plus recueilli.

La nouveauté et la bizarrerie du cérémonial avaient attiré une foule immense; on s'attendait à une émeute, et les gardes de police de renfort s'apprêtaient à contenir, tant qu'ils le pourraient, plusieurs milliers de curieux.

Enfin, pour empêcher que l'entrée de l'église ne fût forcée, on entra en accommodement. Il fut convenu que l'âne s'arrêterait sur la place, à l'entrée du temple, et qu'il ne dépasserait pas le seuil du cimetière.

Le service divin a été célébré selon le rite protestant, et, après l'enterrement, Moak a été conduit en grande pompe jusqu'à l'écurie où il doit finir paisiblement ses jours.

Ne point trop rapprocher le testament du marchand de verdure, — car la comparaison serait blessante, — de celui de cet autre Anglais qui légua plusieurs millions à une gracieuse personne dont il n'était pas le moins du monde connu. « Je supplie miss B..., écrivait-il, d'accepter le don de ma fortune, trop faible auprès des inexprimables sensations que m'a fait éprouver pendant trois ans la contemplation de son nez. » La légataire craignait une mystification. Avant que le testateur fût inhumé, elle se fit conduire à sa demeure. « C'est lui, s'écria-t-elle en apercevant le visage du défunt ; c'est l'homme qui me poursuivait de ses hommages et de ses vers en l'honneur de mon appendice nasal ! » Miss B... accepta les millions.

Un Américain apportait plus d'imprévu encore dans ses dispositions finales. M. Sanborn, chapelier du Massachusset, donnait, en 1877, par testament, son corps à deux professeurs d'anatomie, avec prière de le préparer convenablement et de le placer dans un musée universitaire. Le Yankee désirait que l'on fît deux tambours de sa peau ; il les offrait à « son ami le patriote distingué Warren Simpson, » à la condition qu'il fît battre sur ces caisses l'air national de *Yankee Doodle* tous les ans, le 17 juin, au lever du soleil et, en outre, qu'il veillât à ce que l'on inscrivît, sur l'un des tambours, la « prière universelle » du poëte Pope, et sur l'autre la « déclaration de l'indépendance, » telle qu'elle surgit dans l'esprit de l'illustre Thomas Jefferson.

9*

Mais nous avons quitté le domaine de la folie pour entrer dans celui de l'excentricité pure. Folie ou excentricité, ici la foule sort de son apathie. Elle se presse à la première chambre pour assister aux batailles livrées autour des testaments, comme elle va suivre les péripéties des procès en séparation à la quatrième chambre, plaisamment baptisée : chambre des mariages. Ces sortes de litiges ont le don de passionner. On y apporte de part et d'autre une ardeur entraînante. Les magistrats l'encouragent-ils là plus· qu'ailleurs ? Les observateurs impartiaux ont toujours signalé le monde contentieux comme organisé presque exclusivement pour les collisions. Pas un routier de la basoche ne refuse de convenir qu'en fait de procès le meilleur vaut peu de chose. On ne tente rien, cependant, pour enrayer l'essor des procès.

Un voyageur, après avoir étudié en Hollande le mécanisme du « tribunal des faiseurs de paix », rapportait qu'on y commençait par jeter à la porte avocats et procureurs « comme on ôte le bois d'un feu qu'on veut éteindre ». Le moyen est brutal. Sans offenser ni procureurs ni avocats, que n'élargit-on les voies de la conciliation ; que ne met-on en honneur l'arbitrage ? On dépense chez nous un temps précieux à semer dans les lois des incompatibilités. On émancipe la pensée et on s'évertue à encombrer de gérants de journaux les prétoires. On repousse le divorce et on punit l'adultère de quelques semaines de prison, on n'atteint le proxénétisme que lorsqu'il touche à des mineures. On prétend ajuster les textes anciens aux nécessités nouvelles et on applique encore des règlements qui remontent à Charles VI. On grossit sans cesse le Code de lois supplémentaires, au lieu de codifier tous les vingt ans les lois éparses en tenant compte de l'évolution des mœurs.

Qu'on parcoure le cycle des réformes à entreprendre,

on aboutira toujours à ces conclusions : développement d'une justice plus débonnaire, moins lente, moins onéreuse ; augmentation, s'il le faut, du nombre des juges de paix ; accroissement de leurs attributions, extension de leur compétence. Ainsi serait accélérée la marche de nos magistrats d'instance et d'appel, alourdie maintenant par les milliers d'affaires en permanence aux rôles des tribunaux et des cours.

XX

GENS DE ROBE ET GENS DE PLUME

Les vacances. — La justice à cheval. — Sergents et bedeaux. — Chasse et vendanges. — Les chambres des vacations. — La rentrée. — La messe rouge. — Steeple-chase. — Juges commerciaux et conseils des prud'hommes. — Un notaire égaré. — Les costumes. — Cour de cassation, Cour d'appel, Tribunal. — Dans la Sainte-Chapelle. — Les préséances. — Les discours. — Au rideau ! — La chronique judiciaire. — Le trait d'union. — Les procès qui ne sont jamais plaidés et les procès dont on ne parle pas. — Les ancêtres du chroniqueur. — Réalités et fictions. — La littérature du Palais.

Pour être la plus haute et la plus robuste des institutions de ce monde, la justice n'en a pas moins ses lassitudes. Aux hommes qui la rendent, les fatigues de l'esprit, les défaillances du corps ne font pas plus grâce qu'aux autres représentants de l'espèce. La santé et l'entendement seraient sujets à de funestes mécomptes, si chaque année la vie judiciaire n'était interrompue par un repos. Bien avant l'heure sonnée, on évoque ce moment heureux. Les chaleurs estivales ont assoupi les échos du Palais. L'approche des vacances met dans l'air d'allègres rumeurs. On ne prend pas encore son vol, mais on essaie volontiers ses ailes, en attendant la liberté.

— Après vacations !

Ce mot, généreux *exeat* délivré par Thémis à ses disciples, devient le refrain de chaque audience, à la Cour et au Tribunal. Il est le signal que les impatients attendaient pour boucler leur valise. Dans les salles où l'on juge, flotte une envahissante torpeur. Le magistrat, sur son fauteuil, paraît succomber à l'exténua-

tion. C'est qu'elle a été rude la pente gravie pendant
les dix mois laissés en arrière. Rude pour ceux qui
plaident et pour ceux que la majesté de leurs fonctions
immobilise au milieu de la lutte, dans l'enchevê-
trement des problèmes et les difficultés des solutions.
Les éloquences ont besoin de se retremper, les cervaux
de se détendre. Les causes abandonnées à mi-côte sont
remises à des temps moins lourds. Magistrats, avocats,
stagiaires, greffiers, avoués, maîtres-clercs, huissiers
se disent au revoir et s'éparpillent. Il y a toujours eu
une saison où les hôtes des prétoires ont préféré à la
poudre des dossiers la poussière des grands chemins.

Jadis, l'année entière prêtait à cette préférence.
Aux siècles où l'écriture était un art luxueux, les juges
poursuivant en personne l'exécution des sentences rendues verbalement chevauchaient à travers le pays,
escortés de sergents, de bedeaux. A dater de 1350 seulement, le Parlement de Paris et d'autres justices
comme lui ambulatoires devinrent sédentaires peu à
peu. Encore, quoique la pratique de la calligraphie se
propageât, le triomphe des décisions judiciaires était-il
trop lucratif pour devenir l'apanage de ministres
subalternes. Le dispensateur des arrêts était payé
proportionnellement aux distances à parcourir, au
nombre de personnes, de chevaux, de colis que sa dignité comportait. Habitudes nomades qui ne laissaient
pas d'être gênantes à mesure que les procès s'accumu-
laient, plus compliqués et plus nombreux. Il advint
que les audiences manquèrent aux justiciables parce
que les juges étaient en commission. « On défendit »,
— lit-on dans *les Mœurs judiciaires de la France*,
par Charles Bataillard, ancien clerc et principal clerc
d'avoué au Palais de Paris, ancien avoué à Troyes,
ancien avocat à la Cour d'appel de Paris, ancien juge
de paix suppléant, membre de la Société des Anti-
quaires de France, de la Société Philotechnique de

Paris, de l'Académie des sciences, arts et belles-lettres de Caen, des Sociétés académiques de Troyes, d'Evreux, etc., etc., « tiré à 300 exemplaires, » indique le titre, — « on défendit aux conseillers de s'absenter avant le jour de l'Assomption de la Vierge (15 août); on leur ordonna de rentrer au plus tard à la Saint-Martin (11 novembre). » Cette borne imposée aux expéditions lointaines des magistrats marque évidemment l'origine du congé annuel moderne. Seulement, les absences d'autrefois n'étaient guère affectées à des promenades oisives. Ceux qui les avaient bien employées reprenaient, au contraire, le cours des travaux habituels pour se débarasser des vacances, comme on a pris, depuis, les vacances pour secouer le joug du travail. La loi ne s'en portait pas mieux, et l'on souhaita longtemps que cette ardeur cupide et vagabonde se calmât. Si aujourd'hui le principe des vacances n'est plus discuté, une question de dates a suscité des divergences. S'en ira-t-on pendant septembre et octobre, suivant la coutume du passé, ou bien adoptera-t-on août et septembre, comme des innovateurs le souhaitent? Ceux qui penchent pour le maintien de la période en vigueur invoquent la vendange et la chasse, encore bien qu'ils n'aient pas tous des vignes à faire valoir ou du gibier à jeter bas. Les autres dénigrent octobre, souvent un vilain mois, trop froid pour la vie en plein air, et auquel août serait avantageusement substitué. Dès septembre l'on chasse, d'ailleurs, et même, en beaucoup d'endroits, l'on vendange. Du reste, ajoutent-ils, doit-on mettre en balance avec quelques bêtes de poil ou de plume et quelques grappes de raisins l'affection des enfants, les félicités de l'existence en commun ? Août correspond aux vacances scolaires. C'est l'époque des joies du revoir, des effusions de la famille. C'est le moment aussi où la monotonie des études et les délabrements des veillées trou-

vent leur contrepoids réparateur dans la pure atmosphère des plaines, dans l'air salubre de l'Océan. Les
filles et les fils fuient la ville, en compagnie des mères
que les sauteries de l'hiver ont harassées. Les pères ne
sont pas uniformément d'humeur à prendre, quand
vient le dimanche, ce convoi tant plaisanté qu'on
nomme le train des maris. Mais la vieille mode a pour
elle le pli pris, le droit qui résulte de toute tradition.
Si le Palais se recueille durant septembre et octobre,
d'ailleurs, il ne chôme pas tout à fait. La Justice ne
dort que d'un œil. Les chambres des vacations liquident
chaque jour un peu de l'arriéré. Et puis, il y a « le courant ». C'est une transition entre le départ et le retour.

Le 3 novembre est la date fatidique. En attendant,
chaque matin qui luit voit poindre quelques figures
nouvelles, gaies ou soucieuses, indifférentes ou préoc-
cupées. Les uns reviennent à contre-cœur, convives
quittant une fête pour retomber dans les réalités de la
vie ; les autres reviennent enthousiastes, athlètes retrempés pour la lutte. Il en est qui regagnent le
bercail la tête basse, charriant péniblement le bagage
des regrets ; il en est qui réapparaissent le front haut,
ne rapportant que des espérances. Tel reprend le collier
du même air flegmatique dont il l'avait quitté ; tel ne
se résigne que timidement, l'esprit tendu vers les souvenirs ; tel autre se présente en conquérant, plein de
l'oubli d'hier, n'envisageant plus que demain.

La messe du Saint-Esprit appelle ces dispersés de la
veille ; la solennelle messe rouge, où l'archevêque de
Paris pontifie en personne. Le Palais, ce jour-là, s'in-
génie à être séduisant. Ceux qui vivent dans lui et de
lui ont préparé leurs yeux aux splendeurs de la pompe
officielle, leurs oreilles aux surprises que leur réservent
de savants diseurs.

Dans la galerie Mercière, une compagnie de la garde
républicaine fait la haie. Du tympan de la salle des

Pas-Perdus à la terrasse de la Sainte-Chapelle s'étend comme une avenue où, à droite et à gauche, derrière la double ligne du piquet d'honneur, les curieux se pressent, — les curieuses surtout. A quelques-uns et à quelques-unes, une carte péniblement obtenue et d'autant plus précieuse permet d'abandonner le rôle de spectateurs pour devenir acteurs dans la cérémonie qui se prépare. Le billet indique onze heures. On s'est fait matinal afin de ne rien perdre du tableau. Ceux qui s'attendent à le contempler là, pourtant, doivent être quelque peu déçus. Il y a toujours du désarroi dans la hâte des arrivées. La palme n'est pas aux plus vénérés; elle est aux plus alertes. Les robes noires l'emportent singulièrement en nombre sur les robes rouges, parmi les magistrats que l'on aperçoit émergeant des vestiaires, pendant les minutes effarées du ralliement. La magistrature debout dépasse en célérité la magistrature assise ; le jeune Barreau défie les aînés ; dans ce steeple-chase des Cours et Tribunaux, les Tribunaux battent les Cours.

Une clameur montant du dehors domine un instant les autres bruits. Le Tribunal de commerce passe d'un bord à l'autre du boulevard du Palais, à travers la foule. Ponctualité de négociants rigoureusement respectueux de l'échéance. La plupart ont fort bon air, sous la robe en drap de soie noire à revers de velours et à rabat plissé serrée à la taille par une ceinture en faille noire, coiffés de la toque cerclée de deux galons d'argent, pour le président, d'un galon pour les juges et les juges suppléants. Des habits à la française se confondent-ils avec les robes? Ce sont quelques membres des conseils des prud'hommes réunis, pour la circonstance, aux magistrats consulaires. A un ruban noir qu'ils portent au cou est suspendue la médaille d'argent, insigne de leur dignité: au recto de cette médaille, un œil, deux mains entrelacées, une balance

avec un caducée pour fléau, et, en exergue, des faisceaux
de rayons surmontant le mot *équité ;* au verso, deux
inscriptions : *Servat et Conciliat — Conseil des pru-
d'hommes ;* au-dessous, une couronne de chêne enca-
drant un triangle. Une année, un uniforme inconnu
s'était égaré parmi le cortège : habit, jabot, manchettes
plissées, culotte courte, bas de soie, souliers vernis à
boucles dorées, demi-manteau vénitien, épée en ver-
rouil, chapeau frégate à plumes noires et à cocarde
tricolore retenue par des aiguillettes d'acier. On con-
sidérait avec étonnement le personnage. C'était un
notaire, tout bonnement. Eux aussi ont leur costume.
Ils l'endossent si peu souvent que les tabellions se
transmettent entre eux la défroque avec l'étude.

Tandis que la corporation marchande gravit les
degrés du perron, en haut le conseil de l'Ordre des
avocats, bâtonnier en tête, débouche de la galerie des
prisonniers.

Les membres du tribunal de première instance s'assemblent, cependant : robe en étamine noire à simarre
de soie, toque en drap noir à galon d'argent, rabat en
batiste, ceinture en soie noire, — appendice parisien ; la
ceinture est bleue en province ; — les juges autour du
président, le parquet autour du procureur de la République. Procureur et président revêtent, aux solennités, le costume des conseillers à la Cour d'appel ;
leurs toges voyantes servent là comme de fanions.

A proximité du tribunal civil, se rangent les juges
de paix, habillés du même uniforme que ses
membres.

Plus près, l'escalier qui descend de la Cour d'appel
disparaît sous l'entassement des robes rouges, sorties
seulement, là aussi, aux grands jours.

A menus pas, par petites troupes, on va se masser
vers l'ouverture qui met de plain-pied la Sainte-
Chapelle en communication avec la galerie Mercière.

Par delà cette porte, aux arceaux du parvis en terrasse, de vieilles tapisseries des Gobelins secouent frileusement à la bise leurs figures ternies : fragiles ornements qu'on n'extrait guère qu'une fois l'an du garde-meuble du Palais. Vers le berceau grisâtre que forment ces rideaux aux teintes douces balancées par le vent, les retardataires se précipitent : fonctionnaires et gens de loisirs, robes de juges et robes de femmes, le frou-frou des toilettes se mêlant au frôlement des draperies sur les dalles ; les notes discrètes d'une plume de chapeau ou d'un nœud de ruban piquant la pénombre du portail gothique, parmi la cohue plus sévère des ajustements masculins ; les caquetages des jolies désœuvrées mettant les arpèges et les trilles d'une indéchiffrable partition au-dessus du ronflement de basse des conversations à mi-voix tenues entre hommes. Tout autour, on se cherche, on s'appelle, les mains se rencontrent, les visages se sourient. Le Palais a décidément un air de fête. Les plaideurs lui accordent encore vingt-quatre heures de répit.

Subitement, cependant, tout se tait. Un bruissement de marche lente et grave a résonné au loin. Une poussée silencieuse jette dans la chapelle les derniers invités, pêle-mêle avec la basoche : clercs ou avoués, agréés ou huissiers, que tente le spectacle de la Cour de cassation pénétrant dans le temple précédée de l'archevêque, des prêtres qui l'assistent et des officiants. Dans l'allée, entre les sentinelles, une escouade de gardiens de la paix sous la conduite d'un officier a fait le vide. Les soldats présentent les armes. Les chapes raides fouettent le sol ; la traînée écarlate ondule majestueusement. Les invités jaloux de suivre de près le cortège se hâtent. Le sanctuaire achève de s'emplir. Tout au fond, des flammes légères dansent comme des feux-follets entre les colonnettes du chœur.

De là-bas, embrassé de face, le coup d'œil est pres-

tigieux. Il explique ce nom de « messe rouge » qui
s'est perpétué jusqu'à nous. Par quel singulier dédain
aucun de nos peintres amoureux de « modernisme »
n'a-t-il encore fixé sur la toile cette vision destinée
quelque jour, peut-être, à s'évanouir pour jamais ? Les
premières rangées de banquettes sont comme un vaste
parterre sanglant. D'un côté, la Cour de cassation ; de
l'autre, la Cour d'appel. Ici les grands dignitaires en
robe de mérinos rouge, simarre de soie noire, revers et
épitoge en fourrure blanche tachetée de noir, ceinture
en moire noire, rabat plissé, toque en velours noir à
quatre minces galons d'or pour le premier président et
le procureur général, à trois galons pour les présidents
de chambre; les conseillers à la Cour d'appel, les
avocats généraux et les substituts du procureur
général : robe rouge à simarre de soie, épitoge fourrée
sur l'épaule gauche, ceinture frangée, rabat, toque en
velours à deux galons. Là, le premier président, le
procureur général, les présidents de chambre à la Cour
de cassation : robe en drap de casimir rouge à simarre
de soie noire, manteau écarlate garni d'hermine, rabat
de dentelle, pèlerine en fourrure blanche, toque
mortier en velours noir ornée de deux larges galons
d'or; les conseillers, les avocats généraux : robe écarlate, rabat de dentelle, épitoge à un rang d'hermine,
toque mortier ornée d'un galon d'or, ceinture en soie
moirée ponceau à frange d'or.

Les premiers plans tout entiers sont submergés sous
le rouge. C'est comme un flamboiement qui, brusquement, s'en va mourir plus loin, dans la trouée
sombre des robes noires : le Tribunal civil derrière la
Cour de cassation, le Tribunal de commerce derrière
la Cour d'appel. Le long de la paroi latérale droite, le
Conseil de l'ordre des avocats. A l'arrière-plan, les
bigarrures des étoffes noyées dans une sorte de crépus-
cule vaporeux. A travers les hauts vitraux, la lumière

filtre, tamisée, avec çà et là un éclair, un rayon de soleil accrochant une étincelle à une arête de la voûte, faisant scintiller comme une paillette la saillie d'une frise, irradier en escarboucle un ornement sacerdotal; incendiant, par moments, un coin de cette nef merveilleuse avec son ciel d'azur étoilé d'or, ses fines nervures polychrômes, son maître-autel qu'on dirait ciselé dans un morceau de l'Alhambra, ses saints qui semblent taillés dans les métaux précieux, les joyaux et la pourpre.

Tout est théâtral dans ce déploiement des forces judiciaires prosternées devant le pouvoir divin. Quand, après les génuflexions préliminaires du chanoine qui officie, l'archevêque, debout devant son fauteuil, dit les premières notes du *Veni Creator*, et que le chœur entonne l'hymne, l'assistance, se levant par un mouvement automatique, paraît obéir à quelque invisible metteur en scène. Des fronts se découvrent ; à d'autres, opiniâtrement, la toque demeure rivée. A l'église, la toque n'est pas plus une coiffure pour le magistrat que, pour le soldat, le schako. Le juge reste couvert devant Dieu comme il reste couvert devant la loi. Tous, au surplus, n'apportent pas une âme également recueillie à cette solennité. Il en est qui écoutent, la mine renfrognée. Chez certains, l'impatience se dissimule mal sous l'empois de la gravité. On voit des têtes dodeliner narquoisement et des pieds s'agiter, fougueux. Si notre magistrature est dévote par éducation, elle est, par tempérament, voltairienne.

Les chants se succèdent. Un enfant de chœur sonne le salut. Les servants manient les burettes. Le prêtre élève l'ostensoir. La maîtrise attaque le *Domine salvam fac Rempublicam*. L'archevêque bénit. Quelques genoux touchent terre. L'orgue et la harpe exhalent leurs suprêmes accords. *Ite, missa est.* Un remuement de sièges, un frémissement de toges qu'on secoue,

qu'on ramène ou qu'on étale, quelques toux contenues
qui éclatent, le bourdonnement des colloques du dehors
s'engouffrant par la porte rouverte : c'est fini. Le chef
du diocèse s'éloigne le premier, précédé de son porte-
croix, suivi de ses grands-vicaires. C'est le moment
attendu des initiés.

Il en va ici comme aux revues : après, seulement, le
défilé commence. L'ordre des préséances est strictement
observé, cette fois. Entre l'autel et le portique, dans la
symphonie du noir et du rouge, le rouge, fièrement,
égrène ses notes stridentes ; le noir ombre la voie frayée.
Premiers présidents et procureurs généraux, avocats
généraux et présidents de chambre, conseillers, juges,
substituts — chacun est à son rang et s'y cantonne.
Lentement, le cortège se déroule, sous la lumière
violette qui emprisonne dans les plis des toges des mou-
chetures irisées. Il oblique, au porche, pour regagner
la galerie ; tantôt accélérant son allure, tantôt subis-
sant un temps d'arrêt, refluant du centre vers les ailes,
et, figé en avant des murailles, ressemblant, dans
le clair-obscur, à une fresque d'un extravagant relief.

Goutte à goutte, la nef se désemplit. Sur la terrasse,
les tentures des Gobelins continuent à grelotter. Le
défilé serpente, replié sur lui-même, en demi-cercle,
jusqu'à la haie des gardes immobiles à leur poste. Les
curieux qui ferment la marche entendent de nouveau
le commandement : « Présentez armes ! » Les canons
des fusils miroitent dans le jour crû de la galerie
de pierre. Le cortège se perd à travers les couloirs. A la
Cour de cassation et à la Cour d'appel, les harangues
de la rentrée vont retenir la foule une heure encore.
Demain, les grandes causes endormies dans la paix des
greffes affronteront les tumultes du réveil.

Et demain, à son tour, la chronique judiciaire regardera la toile se lever sur cette reprise, feuilletera les
programmes, pointera sa lorgnette sur le spectacle

attendu. Car le sort du compte rendu est lié au sort de
la justice. Que deviendrait celui-là, si celle-ci ne l'ap-
provisionnait ? Entre gens de robe et gens de plume,
l'audience est le véritable trait d'union. Ailleurs, les
petits mystères qui s'ébattent derrière le décor peuvent sans trop de péril faire la culbute dans la hotte
de la publicité. Au palais, les secrets coudoyés par le
publiciste dans les coulisses, le plus souvent il est
contraint de les garder pour lui. Quels chapitres on
ferait des causes dont tout le tapage tient dans quelques
chuchotements de la salle des Pas-Perdus ! Ce seraient
les récits extraordinaires entre tous, ces procès demeu-
rant à l'état de menace et n'osant pas franchir la porte
de la salle où on les devait plaider.

Combien de hontes expirent ainsi au seuil des prétoires ! Combien d'autres éclatent, autour desquelles
le chroniqueur erre silencieux ! Il a ses pudeurs, ses
dégoûts ; il a ses scrupules et ses apitoiements. Pourquoi parlerait-il, quand de sa discrétion peuvent
dépendre l'honneur et le repos d'une maison ? Oserait-
il seulement refuser sa neutralité à un de ces solliciteurs pour lesquels l'amitié est l'art de tirer parti des
amis ? La notoriété donnée à la cause criminelle,
correctionnelle ou mondaine constitue-t-elle toujours
une aggravation aux yeux du condamné ou du plaideur, cependant ? Il faut bien croire qu'en quelques cas
elle est un adoucissement. D'aucuns ne se plaignent-ils
pas aux avocats ou aux geôliers de ce que les gazettes né-
gligent leurs faits et gestes ? Un héros de Cour d'assises
faisait bravement demander à un membre de la presse
une entrevue pour lui proposer ses mémoires ; il avait la
bonté d'ajouter qu'il ne réclamerait pas de droits d'auteur.

En ces matières, on doit l'avouer, la propension
du « reportage » est d'outrer l'information plutôt
que de la restreindre. Toute arrestation importante

met en campagne un corps d'infatigables éclaireurs. A peine l'inculpé sort-il de sa première entrevue avec le juge d'instruction, que des feuilles avides narrent par le menu la rencontre. A peine la date des débats est-elle fixée que d'autres, trop vigilantes, prétendent dicter au jury son verdict.

Ces prématurités désolent les défenseurs : je veux dire ceux qui ont coutume de plaider pour le client et non pour la galerie. Ce sont deux catégories fort distinctes. Que de mandataires sont prêts à sacrifier leur soif de réputation à la tranquillité de leurs mandants ! Les plus neufs, ceux qui auraient le plus besoin d'un peu de bruit autour de leur nom sont les plus obstinés, quelquefois, à réclamer l'étouffement d'une cause. Presque toujours, cette abnégation coïncide avec une sérieuse valeur. Le compte rendu a aussi pour tâche de suivre dans leur ascension les jeunes talents chez lesquels on la rencontre. Les signaler à la foule est une de ses consolations. Ainsi, du jour au lendemain, un nom conquiert-il la gloire, pendant que celui qui la donne reste obscur.

Malgré tout, il est des causes dont le journaliste ne saurait se désintéresser : on l'accuserait de défection. Il en est, de même, dont il ne s'abstiendra jamais trop rigoureusement : l'ennui les préserve de ses atteintes. Le bagage du compte rendu demeure assez sortable encore pour satisfaire même les lecteurs exigeants. N'est-il pas tenu d'éliminer force procès, parmi la masse de ceux qui se déroulent au jour le jour ? L'art consiste, non à tout dire, mais à choisir et à dire avec goût. Cette condition fait partie de la métamorphose de l'article judiciaire, singulièrement transformé depuis l'époque où il était le monopole d'organes spéciaux. Il n'y a pas beaucoup plus d'un quart de siècle que le public lisant apprécie tout ce que peut contenir d'humour, d'aperçus ingé_ nieux, de rectitude dans l'idée, de souplesse dans la phrase, un compte rendu intelligemment compris.

Jadis, l'homme de plume et l'homme de robe ne faisaient qu'un. A de brillantes exceptions près, quelque juge somnolent, quelque substitut à qui la maigreur de ses requisitoires créait des loisirs, quelque greffier dont les instincts littéraires trouvaient dans cette besogne un exutoire, se chargeait de dresser le bilan de l'audience. La justice est trop occupée, aujourd'hui. Il a fallu séparer les attributions; et d'ailleurs, un procès-verbal, quelque fidèle qu'il soit, ne suffit plus. Cela est trop et cela est trop peu. Trop par l'étendue, trop peu par la forme. Le journal ne saurait se passer de sa revue des tribunaux, mais il n'a qu'une place déterminée à lui offrir. Dans cet espace réduit, le *tribunalier* doit condenser le récit du débat le plus grave, embrasser d'un coup d'œil et éclairer les situations, sauver par le ton de la bonne compagnie les divulgations scabreuses, mettre en relief les faits principaux, jeter sur les faits accessoires un voile qui ne les enveloppe qu'à demi. Juré avec le jury dans les procès criminels, juge avec le magistrat dans les affaires civiles, partout rapide, vivant, précis, il a dans la même heure à extraire la quintessence de la cause, à en déduire les conséquences, à en tirer la moralité. La masse soupçonne-t-elle ce que cet auxiliaire déploie, à de certains jours, de diplomatie pour se procurer un document utile, de tact pour éviter le froissement de susceptibilités légitimes? Collaborateur dangereux, s'il n'est expérimenté : une légèreté, un écart de plume s'expient parfois chèrement.

Mais qui n'acquerrait l'expérience, à ce contact quotidien du Palais où toutes les embûches sont dévoilées, toutes les fourberies éventées, toutes les surprises percées à jour? Et qui, témoin incessant du duel entre les soldats du Code et les indisciplinés sociaux, ne se passionnerait pour une telle lutte? On vante l'imagination des romanciers. Il faut aller au Palais pour s'apercevoir que la vie réelle est plus fertile en péripéties que le roman. Quels que soient les efforts du chercheur, qu'il fasse pleurer comme Mme Beecher-Stove ou qu'il fasse rire comme Paul de Kock, rarement il invente des situations où la gaieté éclate et où les larmes coulent avec le même imprévu, avec la même abondance que dans certaines causes de l'aspect le plus simple.

L'homme se consume par les sens plus que par l'imagination. Si volontiers qu'il se repaisse de chimères, son esprit réclame une alimentation plus substantielle. Entre cette ombre : la fable, et cette proie : la vérité, lequel, même parmi les plus crédules, hésitera ? Deux ivrognes se livrant à un pugilat indécis intéresseront plus que les formidables gourmades échangées entre les Titans et les Dieux. Un gendarme dégaînant contre un coquin fournira un tableau infiniment supérieur aux prouesses d'Hercule en face de l'hydre aux cent têtes. Rien n'est mieux combiné pour captiver qu'un imbroglio filé avec adresse. Mais rien n'est plus saisissant qu'une intrigue vécue, fût-elle vulgaire, qui met aux prises deux forces, deux intelligences, deux volontés.

Qu'importe que le romancier s'évertue à façonner pour son cadre des événements réels? Il aura toujours contre lui l'étiquette de la fiction et on se défiera de ses contes. Je pourrais citer tel roman d'aventures dont l'auteur s'était attaché à grouper autour d'une action principale des invraisemblances puisées exclusivement dans les annales judiciaires. Les amis qui suivaient au jour le jour le développement de l'intrigue attribuaient à l'imagination du feuilletoniste l'honneur de ces épisodes dont tout le mérite, précisément, résidait dans l'absence d'invention. D'un bout à l'autre, le récit était vrai. On eût pu remplacer par des noms authentiques les noms d'emprunt des personnages ; assigner à chaque fait, ou à peu près, une date précise ; reprendre à part l'un après l'autre les incidents, en indiquer l'heure et le lieu. Mais allez donc persuader au lecteur que vous n'inventez pas, quand vous vous intitulez romancier !

La littérature judiciaire, au surplus, présenterait un curieux sujet de comparaisons à l'écrivain soucieux d'en tirer parti pour une étude. Même en laissant de côté la matière incalculable fournie par les légistes aux historiens, aux philosophes, aux compilateurs, aux commentateurs, aux doctrinaires, aux médecins, aux moralistes, aux dramaturges, combien, à elle seule, la pratique courante ne soulève-t-elle pas de problèmes! Le Palais est un microcosme où tout événement reçoit son contre-coup. Ces répercussions ont-elles aujourd'hui plus de violence qu'autrefois ? Notre temps vaut pour le moins ceux qui l'ont précédé. Il est plus prolixe, voilà tout. Le compte rendu fait frémir plus souvent qu'il n'amuse ? C'est que la presse est un miroir fidèle. Elle reflète les images sans les embellir.

Mais interrogez les ancêtres de la chronique judiciaire et comparez ; vous reconnaîtrez où est le mieux et où est le pire, lorsqu'ils vous auront révélé les secrets de leurs fouilles dans les entrailles de ce monde en raccourci que l'on appelle: le Palais.

FIN.

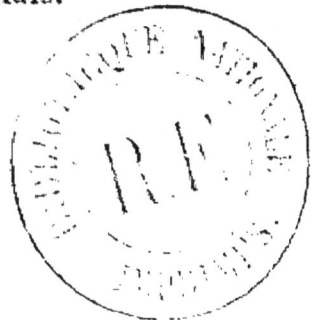

TABLE DES MATIÈRES

XIII. — EN COUR D'ASSISES.

XIV. — ARTICLE DOUZE.

XV. — L'ECHELLE DES PEINES.

XVI. — LA SCIENCE ET LA LOI.

XVII. — MESSIEURS LES ABONNÉS.

XVIII. — DU CORRECTIONNEL AU CIVIL.

XIX. — BIZARRERIES LÉGALES.

XX. — GENS DE ROBE ET GENS DE PLUME.

POITIERS. — TYPOGRAPHIE OUDIN.